현대중국어 현실공간의
인지연구

현대중국어 현실공간의
인지연구

齐沪扬 저, 이운재·주기하 역

學古房

서문

이 책은 중국어 학습자와 언어학을 전공하는 학생들이 중국어의 공간 위치에 관한 다양한 표현 방법을 위해 소개한 것이다. 최근 들어 언어의 사용과 기능에 중점을 둔 인지언어학에 대한 관심이 증대되고 있지만 이와 관련된 서적이 많지 않다는 아쉬움이 있었다. 그러다가 齐沪扬의 『现代汉语现实空间的认知研究』를 공부하면서 번역에 이르게 되었다.

현실공간에 대한 인지연구는 네 가지 부분으로 다루었다. 첫째, 공간 위치체계에 관한 인지연구에서는 공간위치를 정태적 위치와 비정태적 위치로 구분하여 공간위치구문에 들어가는 구성성분과 이에 대응되는 구문에 대해 설명하였다. 둘째, 방위참조를 나타내는 '上', '下'의 비대칭적 분포와 문법화 과정에 대한 설명을 하였다. 셋째, 정태위치와 관련된 문법형식에 관한 인지연구에서는 정태위치를 나타내는 영동사구문, '着' 구문, '在'구문의 구조적 유형과 인지·의미적 분석을 하였다. 넷째, 동태 위치와 관련된 구문형식에 관한 인지연구에서는 장소목적어를 가지는 '把'구문의 기본적 의미와 공간위치모형을 설명했으며, 공간위치에서 주관적 참조를 나타내는 '来'와 '去', 객관적 참조를 나타내는 구문에 대해 인지·의미적 관점에서 구체적으로 설명하였다.

이 책은 현실공간에 관해 인지언어학적 방법론을 토대로 공간위치구문에 대해 화자 또는 청자의 입장에서 설명했으며, 이러한 이유로 독자들이 다양한 언어환경에서 유용하게 적용할 수 있기를 바란다. 마지막으로, 이 책을 편집해주신 학고방 조연순 팀장님과 하운근 대표님께 감사드린다.

목차

제1장
공간위치체계에 관한 인지연구

제2장 공간방위체계에 관한 인지연구

제3장 정태위치에 관한 통사형식의 인지연구

제4장
동태위치에 관한 통사형식의 인지연구

01

공간위치체계에 관한 인지연구

공간위치는 다음과 같은 세 가지 요소로 구성된다. 첫째, 공간에서 주체에 속하는 사물이고, 둘째, 사물이 존재하는 장소이다. 만일 장소사가 없으면 사물의 객관적 존재는 설명하기 어려울 것이다. 셋째, 사물의 존재방식이다. 존재방식은 사물이 공간에서 어떻게 위치하는지를 설명해준다. '桌子上放着一本书'와 '一个人向我走来'에서 사물[1]은 '一本书', '一个人'이고, 장소는 '桌子上', "'我'를 향해 이동되는 방향"이며, 존재방식은 '放着'와 '走来'이다. 공간위치에 관한 표현연구는 어떤 언어를 연구 대상으로 하든 간에 이 세 가지 요소를 고려해야 한다.

위에서 제시한 세 가지 요소의 내적 상황은 복잡한데, 참여요소가 몇 개인지에 따라 공간위치의 특징과 표현에 영향을 미치기 때문이다. '桌子上有一只杯子'와 '桌子上掉下一只杯子'에서 '桌子上'은 존재장소이며, 후자는 전자보다 새로운 참여요소가 더 있기 때문에 '一只杯子'의 위치가 달라졌다.[2] 즉, '一只杯子'는 각각 정태적 상태와 동태적 상태에 있다.

본 연구는 물체의 다양한 위치에 대한 특징을 살펴본 후, 공간위치에 관한 표현방법을 논할 것이다. 공간위치와 표현방법 간에 대응규칙을 토대로 사물의 위치표현에 관한 특징도 체계적으로 살펴볼 것이다.

1. 절대적 정태 공간위치

절대적 정태 공간위치는 언어표현에서 제시한 개념이기 때문에 물리

---

1) 원본에서 '사물'과 '물체'로 혼용해서 쓰고 있으며, 이에 대해서는 원본을 토대로 번역하였다.
2) '桌子上有一只杯子'에서 '一只杯子'는 '掉'의 이동을 하게 되는데, 이러한 이동은 문장에 출현하지 않은 행위자에 의해 초래된다. 위에서 '새로운 참여요소'란 문장에 출현하지 않은 행위자를 가리킨다.

학에서의 절대운동, 상대정지와는 필연적인 관계를 갖지 않는다. 아래에서 공간위치에 관한 문제를 살펴보기로 한다.

1) 동사가 없는 구문
(1) 술어 위치의 명사구
가. 명사구 특징
가) 불가산성

① 山下一片好风光。
② 小镇上一派繁荣景象。
③ 山顶上一块不大的平地。
④ 地板上一块块依稀可见的血迹。

위와 같은 구문에서 동사가 쓰이지 않기 때문에 술어로 쓰인 명사구가 중요하다. 이러한 구문에 쓰인 명사구의 특징을 살펴보기로 하자.

첫째, 수량사의 수식은 필수적이다.

둘째, 대부분 무생명사이다. ①, ②는 추상명사인 반면, ③, ④는 구체명사이다. 목적어 위치에 유생명사가 출현하면 완전한 의미를 나타낼 수 없다. 다음의 예문을 비교해 보자.

⑤ 山脚下一条新修的公路。
⑥ 山脚下一队才参军的士兵。

⑤는 완전한 의미를 나타내는 반면, ⑥은 '行进着'류의 동사를 보충해야만 완전한 의미를 나타낼 수 있다. '장소+무생명사'에서 장소는 지시대상인 반면, '장소+유생명사'에서 장소는 발화의 배경이고, 명사는 지시대상에 해당된다. 일반적으로 지시대상이 선행하고 서술이 후행해야 완전한 의미를 나타낼 수 있다.

나. 수량구 특징

위의 구문에 쓰이는 수량구는 다음과 같은 특징을 지니고 있다.

가) 불가산성

(가) '一+양사 중첩'

⑦ 地板上一块块依稀可见的血迹。

⑧ 山坡上一层层错落的梯田。

(나) '一+片'

⑨ 山脚下一片广阔的平原。

⑩ 山坡下一片汪洋。

불가산성 수량사의 수식을 받는 명사는 일반적으로 구체명사이다.

나) 비지시성

비지시성 수량사는 명사에 대한 수량 개념을 나타내는 대신, 명사를 수식하는 기능을 한다. 비지시성 수량사는 주로 '一+片(派)' 형식이 쓰인다.

⑪ 山下一片好风光。

⑫ 长城外一派萧瑟秋色。

비지시성 수량사의 수식을 받는 명사는 일반적으로 추상명사이다.

(2) 술어 위치의 형용사구
가. '장소+형용사구'와 '장소+명사구'의 기능

'장소+형용사구' 구문이 공간위치표현에 쓰일 때 '장소+명사구' 구문

과 동일한 기능을 한다. 술어 위치의 형용사구는 '수량사+쌍음절 형용
사'가 쓰인다.

　　⑬ 小镇上一派繁荣。
　　⑭ 会议室里一片寂静。
　　⑮ 被抄了家的卧室里一片混乱。
　　⑯ 病房里一片沉寂。

　위의 예문은 형용사 자체에 '景象', '气氛', '局面'과 같은 명사의 의미
를 함의하고 있기 때문에, '繁荣'은 '繁荣景象', '繁荣气象'의 의미를 나
타내고, '寂静'은 '寂静的气氛'의 의미를 나타낸다. 중심어를 삭제하더라
도 그 의미는 보전된다.

나. '수량구+형용사구'의 특징
　'수량구+형용사구' 구문에서 형용사는 비지시성 수량사 '一片', '一
派'의 수식만을 받을 수 있다. 이러한 수량사는 '景象', '气象', '风景'
등의 추상명사와 결합해 비지시성 수량사 '一片', '一派'의 의미제약을
받으며, '繁荣', '寂静', '混乱' 등이 함의하고 있는 '景象', '气氛'의 의미
가 훨씬 더 강조된다. 다음의 예문을 비교해 보자.

　　⑰ 卧室里一片混乱。
　　⑱ 卧室里一阵混乱。

　⑰은 '卧室里'에 존재하는 '混乱'의 정태적 국면을 나타내는 반면, ⑱
에서 '一阵混乱'은 동태적 국면을 나타낸다.

(3) 동사가 없는 공간위치구문의 특징

'장소+명사구'와 같은 공간위치구문은 묘사적 특징을 나타내며, 사물은 정태적 위치에 처해있음을 나타낸다. 이러한 구문은 장소에 있는 사물의 존재방식을 나타내기보다는, 정태적 위치에 있는 사물을 묘사한다.

'장소+형용사'는 묘사적 특징을 나타내며, 정태위치에 존재하는 사물이라는 의미를 지니고 있다. 이 구문에는 '景象', '气氛' 등의 추상적 사물이 출현하고, 중심어는 생략 형식으로 표현된다.

2) 동사 '有'/'在'/'是' 구문

(1) 공간 특징

가. 정태적 위치

동사 '有', '在', '是'를 사용해 정태적 위치를 나타낼 수 있다.

> ① 屋子里有很多人。
> ② 很多人在屋子里。
> ③ 上海的西南角有上海师范大学。
> ④ 亚洲大陆的东部是中国。

위에서 사물의 존재방식은 동사 '有', '在', '是'로 표현하였다. 이러한 구문은 정태위치에 존재하는 사물에 대한 판단을 나타낸다.

나. 장소구는 한정적 지시를 나타낸다

위의 ①~④에서 장소구는 한정적 지시를 나타낸다. 朱德熙(1982)는 '중국어의 강력한 경향성은 주어는 이미 알고 있는 특정한 사물이고, 목적어는 불확정한 사물이다'라고 지적한 바 있다. 이에 따르면, '有'구문과 '是'구문에서 장소구는 주어 위치에 출현하며 한정적 지시를 나타내는 반면, '在'구문에서 장소구는 목적어 위치에 출현하며 '불확정성'을 나타낸다고 할 수 있다. 그런데 '在'구문에서 장소구가 목적어 위치에 출현했을 때, 朱德熙가 언급한 것처럼 '불확정한 사물'인지에 대해 살펴볼 필요가 있다. 여기서는 '在'구문에서 사물의 존재를 나타내는 장소구를 한정적 지시라고 여기고 있다. 이는 두 가지 측면에서 설명할 수 있다.

　가) 동사 '在'의 목적어는 장소구만 출현한다. 예컨대, '这件衣服在箱子里', '北京来的客在屋子里'에서 방위사 '里'는 생략할 수 없다. '在'의 목적어로 '箱子', '屋子'와 같은 일반명사는 출현할 수 없기 때문이다.
　나) '一+양사+명사'는 비한정적 지시를 나타낸다. 예컨대 '来了一位客'에서 '一位客'는 비한정적 지시를 나타낸다. 그런데, '在'구문에서 '在' 뒤를 따르는 장소구는 비한정적 지시를 나타내는 수량사가 올 수 없다. 따라서 '*这件衣服在一个箱子里'와 '*北京来的客在一个屋子里'는 각각 '这件衣服在那个箱子里'와 '北京来的客在这个屋子里'로 바꿔야 한다. '这个'와 '那个'는 한정적 지시를 나타낸다.

(2) 두 가지 표현 형식

　동사 '有', '在', '是'가 있는 공간위치구문은 ①, ②의 '장소+비장소명사' 형식과 ③, ④의 '장소+장소명사' 형식으로 구분된다. 정향(定向) 위치구문에서 '是' 뒤의 목적어로 비장소성 명사는 출현할 수 없다.

　　⑤ 箱子里是一件衣服。
　　⑥ 台上是两个穿着戏装的演员。

위에서 '是'는 판단이 아니라 '인정' 의미를 나타낸다. 즉, 화자가 장소에 어떤 사물이 존재한다는 것을 인정한다는 의미이다. 따라서 ⑤는 '상자 안에 물건은 옷 한 벌'이라는 의미를 나타내고, ⑥은 '무대 위의 사람은 무대 의상을 입은 배우'라는 의미를 나타낸다. 따라서 위의 '箱子里'와 '台上'은 사물의 존재장소로 볼 수 없다.

(3) '장소'와 '장소' 간의 관계

가. '장소+장소명사'에서 두 장소의 범위

'장소+비장소명사' 구문에는 구체적, 추상적 사물이 출현하는 반면, '장소+장소명사' 구문에는 구체적 사물만 출현할 수 있다. '장소'와 '장소'는 '장소'와 '비장소'의 관계보다 훨씬 복잡하다.

이제 '장소'와 '장소명사'에서 두 장소의 범위가 불일치했을 때 '有/在/是' 구문의 상황을 살펴보기로 하자.

가) '有' 구문에서 주어 장소는 목적어 장소의 범위보다 크다. 따라서 '有' 구문은 '前〉后'로 나타낼 수 있다.

⑦ 宿舍前有一个网球场。
⑧ 山顶上有一块平地。
⑨ 上海的西南角有上海师范大学。

'一个网球场', '一块平地', '上海师范大'의 범위는 '宿舍前', '山顶上', '上海的西南角' 보다 작다.

나) '在' 구문에서 주어 장소는 목적어 장소의 범위보다 작다. 따라서 '在' 구문은 '前〈后'로 나타낼 수 있다.

⑩ 一个网球场在宿舍前。

⑪ 一块平地在山顶上。

⑫ 上海师范大学在上海的西南角。

위에서 '在'는 '位于'로 교체할 수 있다. 예를 들어, ⑩은 '一个网球场 位于宿舍前'으로 표현 가능하다. '在'와 마찬가지로 '位于' 역시 주어 장소사가 포괄하는 범위가 목적어 장소구의 범위보다 작을 것을 요구하 기 때문이다. '有'구문에서 '有'는 '位于'로 바꿀 수 없기 때문에 '*宿舍 前位于一个网球场'은 적격하지 못하다.

다) '是'구문에서 주어 장소와 목적어 장소가 포괄하는 범위는 동일 하다. 따라서 '前=后'로 나타낼 수 있다.

⑬ 山顶上是一块平地。

⑭ 淮南市的北边是淮河。

⑮ 空军政治学院的东侧是第二军医大学。

나. '장소+비장소명사'에 대한 인지적 해석

'장소+비장소명사' 구문에서 '비장소명사'가 '크기'를 가질 때 '有', '在', '是'의 분포는 위의 상황과 유사하다. 일반적으로 공간위치에서 '几个人'이 차지하는 범위는 '屋子里'의 범위보다 작다. 따라서 '有'구문 은 '屋子里有几个人'으로, '在'구문은 '几个人在屋子里'으로 표현할 수 있다. 이에 반해 '是'구문으로는 표현할 수 없다.

'장소+장소명사' 구문에서 두 장소는 서로 참조관계를 나타낸다.

青海柴达木盆地的边缘有中国的核试验场 → 中国的核试验场的边缘有青海 柴达木盆地

空军政治学院的东侧是第二军医大学 → 第二军医大学的西侧是空军政治学院

위에서 장소는 공간, 기구, 실체라는 이중적 특징을 지니고 있으며, 방위사와 방위명사 기능을 나타내는 어휘는 지시적 특징을 지니고 있다. 장소구와 방위사 또는 방위명사가 공기하는 경우 장소를 나타내는 반면, 장소구만 출현하는 경우 장소에 존재하는 사물을 나타낸다. 예컨대, '青海柴达木盆地的边缘有中国的核试验场'에서 '青海柴达木盆地' 뒤에 방위사와 동일한 기능을 하는 '边缘'을 부가할 경우 장소를 나타낼 수 있다. 반면, 방위사가 없는 '中国的核试验场'은 장소에 존재하는 사물을 나타낸다. 마찬가지로, '中国的核试验场' 뒤에 '边缘'를 부가할 경우 장소를 나타내는 반면, '青海柴达木盆地'는 장소에 존재하는 사물을 나타낸다.

다. '有' / '在' / '是' 구문의 특징

李英哲(1990)에 의하면 중국어에서 존재나 방위를 나타낼 수 있는 동사는 '有', '在', '是' 뿐이라고 하였다. 그는 공간위치의 '有', '在', '是'는 판단의미를 나타낸다고 했는데, 앞서 언급했던 공간위치에 대해 묘사성을 지닌다는 설명과 모순된다. '장소구+형용사' 구문 '街上一片寂静', '小镇一派繁荣'에 '有'를 부가할 수 없는 이유는 형용사의 묘사성과 동사 '有'의 판단성이 서로 모순되기 때문이다. '장소구+명사' 구문 '山顶上一块不大的平地'에서 명사구 '一块不大的平地'는 묘사적 특징을 나타내는데, 만일 동사 '有', '是'를 삽입하면 명사구의 묘사성은 판단의미로 바뀐다.

3) 상태동사가 있는 구문

(1) 상태동사 구문 유형

상태동사가 있는 구문은 다음과 같은 세 가지 유형으로 나뉜다.

A류 : 床上躺着一个人。
　　　门外蹲着两只狮子。
B류 : 墙上挂着一幅画。
　　　竹竿上晾着几件衣服。
C류 : 黑板上写着几行大字。
　　　袖口上绣着一朵小花。

　위의 구문에서 상태동사는 사물이 정태적 위치에 존재하고 있음을
나타낸다.

(2) 동사와 동사구의 특징
가. 동사의 특징

　중국어에서 동사는 단독으로 상태를 나타낼 수 없다. 상태동사는 동
형(同形)의 동작동사를 가지고 있으며(李临定 1990), 동사 뒤에 '着'를
써서 상태를 나타낸다. 朱德熙(1980)는 동사가 '부착', '보류 상태'의 특
징을 동시에 가지고 있는 경우에 상태동사로 쓰일 수 있으며, 'V+着'
형태로 표현한다고 하였다. 동사에 '着'를 부가하지 않을 경우 동작 또
는 상태를 나타내는지는 확정시킬 수 없다.

나. 'V+着'의 의미 특징
가) 지속성

　'着'의 지속성은 정태 의미와 동태 의미로 나뉜다. 동사는 정태지속을
나타내는 '着'와 결합해야만 상태의 특징을 지니게 된다. 戴耀晶(1991)
은 '지속은 상태의 특징'이라고 했으며, 马希文(1987)은 동사 뒤에 '着'
를 부가하면 상태 의미로 바뀐다고 하였다. 따라서 공간위치에서 사물
의 상태는 'V+着' 형식으로 표현한다. 다음의 예문을 비교해 보자.

① 床上躺着一个人。/ 床上躺着一个人(, 沙发上再坐一个人)。
② 墙上挂着一幅画。/ 墙上挂了一幅画(, 还可以挂两幅画)。
③ 袖口上绣着一朵花。/ 袖口上绣一朵花(, 领口上再绣几条花边)。

위에서 동사 뒤에 '着'를 부가하지 않은 경우 구체적 동작을 나타낸다.

나) 시간의 현재성

'着'의 시간성은 현재와 관련된다. 따라서 'V+着'가 나타내는 지속상태는 사물의 현재를 나타낸다. 현재를 나타내는 '床上躺着一个人', '墙上挂着一副画'는 각각 '一个人在床上躺着', '一副画在墙上挂着'로 바꿀 수 있는데, 이 경우 반드시 'V+着' 형식으로 출현해야 한다. 반면, 현재를 나타내는 '墙上挂了一副画'의 경우 *一副画在墙上挂了'로 바꿀 수 없다.

(3) 상태동사가 있는 '장소+비장소명사' 구문의 특징

가. 비장소명사는 비한정적 지시이다.

상태동사가 있는 공간위치는 '장소+비장소명사' 구문에서만 쓰인다. '비장소명사'는 목적어 위치에 출현하기 때문에 비한정적 지시의 형식으로 표현해야 한다. 어떤 경우 목적위치에 비장소명사이면서 한정적 지시를 나타내는 고유명사('身旁躺着赵小丽', "墙上挂着'岁寒四友'")와 인칭대사가 올 수 있다. 인칭대사는 구정보로 그것이 지시하는 대상은 앞 문장에 출현해야 한다. 다음의 예문을 살펴보자.

④ 他谈锋甚健地址着美国的见闻, 忽地想起和他一起来的江峰怎么好长时间不听声响了, 忙用眼光往客厅四周扫了一遍, 发现靠墙拐的沙发上坐着他。
⑤ 王长华与这女人一路小跑着, 只要听喘气声, 就知道身后跟着她。

위의 '한정적 지시' 용법은 비한정적 지시로 표현하는 경향을 보이고

있다. 예컨대, '身旁躺着赵小丽', '身后跟着她'는 관습적으로 목적어 앞에 '一个', '一位' 등을 부가하는 경향이 있다.

나. 상태동사가 있는 구문의 공간 특징

상태동사가 있는 공간위치는 '장소+비장소명사' 구문을 써야 한다. 상태위치상에 있는 물체와 물체의 존재방식은 상태지속 간의 관계를 기준으로, 위의 세 가지 유형의 구문으로 구분할 수 있다. A류에 들어가는 동사는 '坐, 站, 趴, 跪, 钻, 住, 卧, 藏, 混, 围' 등이다. '躺着', '蹲着'의 상태지속은 장소 '床上', '门外'에 존재하며, 사물 '一个人'과 '两只狮子'는 상태지속의 주체에 속한다. B류에 들어가는 동사는 '放, 摆, 排, 铺, 吊, 盛, 架, 停, 垫, 堆, 埋, 盖, 穿, 戴, 带' 등이다. 예문에서 '一幅画', '几件衣服'는 상태지속 '挂着', '晾着'과 관련된 대상이다. '挂着', '晾着' 형식을 써야만 '一幅画', '几件衣服'가 '墙上', '竹竿上'에 존재하고 있음을 나타낼 수 있다. 여기서 사물은 상태지속의 객체에 속한다. C류에 들어가는 동사는 '刻, 印, 织, 抄' 등이다. C류의 구문은 정태적 공간위치 '黑板上', '袖口上'에서 상태지속의 결과로 '几行大字', '一朵小花'이 생성된다는 의미를 나타낸다. 동작 '写', '绣'가 종료된 후 '几行大字', '一朵小花'가 생성되며, 이들은 상태지속의 존재물에 해당한다.

아래의 〈표 1-1〉에서 상태동사가 있는 구문의 세 가지 하위부류를 살펴보자.

〈표 1-1〉

사 물	동 사	예 문	의 미
상태지속의 주체	躺, 坐, 站	床上躺着一个人。	정태적 위치에서의 상태지속은 사물이 수행함
상태지속의 객체	挂, 亮, 堆	墙上挂着一幅画。	정태적 위치에서 상태지속은 사물을 유지시킴

사 물	동 사	예 문	의 미
상태지속의 존재물	写, 绣, 画	黑板上写着几行大字。	정태적 위치에서의 상태 지속 결과는 사물을 생성

4) 절대적 정지의 공간위치의 특징

(1) 정태적 공간위치구문

다음의 〈표 1-2〉에서 정태적 공간위치구문을 살펴보자.

〈표 1-2〉

	사물 (명사)	존재방식 (동사)	존재장소 (장소구)	구 문	예 문	구문 의미
1	+	-	+	장소구+명사	山下一片好风光。 山顶上一块不大的 平地。	정태적 위치의 사물을 단순한 묘사
				장소구+형용사	小镇上一派繁荣。 病房里一片沉寂。	
2	+	+ (존재)	+	장소구+'有', '在' +비장소명사	屋子里有很多客人。 很多客人在屋子里。	정태적 위치에 사물의 존재
				장소구+ '有', '在', '是' +장소명사	宿舍前有一个网球场。 一个网球场在宿舍前。 亚洲的东部是中国。	
3	+	+ (상태)	+	장소구+ 상태동사+'着'+ 비장소명사	墙上挂着一幅画。 床上躺着一个人。 黑板上写着几行大字。	정태적 위치에 상태지속의 사물의 존재

(2) 구성요소의 특징

위의 분석에서 보듯이, 정태적 공간위치를 이루는 세 가지 구성요소
는 다음과 같은 특징을 지니고 있다.

가. 사물명사의 특징
　가) '수량사+명사' 형식이 쓰인다.
　나) 사물을 나타내는 명사는 일반적으로 문미에 위치하며, 문장에서
목적어를 담당한다. 목적어는 일반적으로 비한정적 지시를 나타내지만,
동사 '在"로 이루어진 구문에서 사물을 나타내는 명사는 문두 주어에
위치한다. 주어 위치에 한정성을 부여하기 위해 명사 앞에 '有'를 부가
해 '有很多人在屋子里'라고 표현할 수 있다.

나. 존재장소를 나타내는 장소구의 특징
　사물의 존재장소를 나타내는 장소구의 특징은 다음과 같다.

　가) 존재장소 앞에 개사 '在'를 부가할 수 있다.
　　　桌子上有一本书 → 在桌子上有一本书。
　　　箱子里装着一些不穿的衣服 → 在箱子里装着一些不穿的衣服。

　개사 '在'는 공간위치체계에서 정태적 위치 표지이다.

　나) 정태적 공간위치구문에서 사물의 존재장소는 문두에 위치해 소개
문(presentive on presentational sentence)을 이룬다. '桌子上放着一本
书', '屋子里有很多书' 등이 이에 속한다. 소개문은 사물이 존재하는 장소
뒤에서 공간위치에서 다양한 운동 상태에 처해 있는 물체를 이끌어낸다.

다. 사물 존재방식을 나타내는 동사의 특징
　정태적 공간위치구문에서 존재방식은 주로 비동작성 동사가 쓰인다.

　　① 山下有一块草地。

② 上海师范大学在上海的西南角。

동사 '是', '有', '在'는 존재를 나타내는 반면, 동작성을 지니고 있지 않다.

③ 床上躺着一个人。
④ 墙上挂着一幅画。

'躺', '挂'는 각각 '위치'와 '부착' 의미의 상태동사에 속하며, 상태의 특징은 동사 뒤에 '着'를 부가해 나타낼 수 있다. 상태동사는 비동작성의 특징을 지니고 있다.

(3) 절대정지(静止)의 공간위치

가. 절대정지의 공간위치

절대정지는 상대정지에 대한 상대적 개념으로, 절대정지의 공간위치에 있는 사물은 위치이동을 하지 않는다는 사실을 함의하고 있다. '山下一块不大的平地', '宿舍前有一个网球场', '上海师范大学在上海的西南角', '墙上挂着一幅画'에서 사물 '一块不大的平地', '一个网球场', '上海的西南角', '一幅画'는 위치이동을 하지 않는다. 이러한 구문은 '절대정지 공간위치'라고 불린다.

나. 절대정지

정지(静止)는 운동의 초기상태로, 물체의 운동은 먼저 절대적 정지가 있은 후에 비로소 운동을 설명할 수 있다. 마찬가지로, 절대정지는 상대정지의 초기상태이며, 먼저 절대정지가 있은 후에야 상대적 정지에 대해 설명할 수 있다. 절대정지에서 상대정지, 정지에서 운동은 공간위치에서 단순함에서 복잡함으로 발전하는 과정이다. 따라서 절대정지의 공간위치는 공간위치에 대한 기본적 인식이라 할 수 있다. 언어표현에서 볼 때, 절대정지의 공간위치 표현형식은 기타 형식의 공간위치의 표현에 비해 비교적 단순하다.

절대정지 공간위치의 표현형식은 기본적 요소로 이루어졌지만, 새로운 참여요소가 출현하게 되면, 공간위치표현은 매우 복잡해진다. 공간위치에 대한 분석은 기본적 구성요소를 출발점으로 삼기 때문에 절대정지의 공간위치에 대한 분석은 매우 중요하다.

2. 상대정지의 공간위치

1) 시간운동개념의 도입 후 공간위치에 대한 인식

(1) 공간위치이동과 시간위치이동의 상관성

물리학 이론에 의하면, 객관적으로 존재하는 물체는 절대운동의 상태에 처해 있다. 물체의 운동은 공간상의 변화를 경험할 뿐만 아니라 시간상의 변화도 경험한다. 따라서 공간위치 표현형식을 논할 때 물체운동의 시·공간의 일치성을 고려해야 한다. 공간위치이동에서 참조는 공간에서의 어떤 참조점일 것이고, 시간위치이동에서의 참조는 시간에서의 어떤 참조점일 것이다. 동일한 물체의 공간이동과 시간이동은 서로 관련된다. 즉, 공간운동은 시간운동을 수반해 수행된다. 공간위치표현에서 이러한 관점을 증명할 수 있다. 다음의 예문을 살펴보자.

    ① 小王从学校回来。
    ② 台上演着一出戏。

①에서 '小王'의 공간위치이동은 화자의 발화 장소를 참조점으로 설정했으며, '学校'에서 화자가 발화한 장소까지의 거리는 '小王'이 이동한 궤적이다. '小王'은 공간위치이동과 동시에 시간위치이동을 하였다. ②에서 '一出戏'는 공간위치이동에서 정지상태로 존재한다. 참조점에서 살펴보면 '一出戏'는 계속해서 '台上'에 존재하며, 시간위치이동에서 살펴보면 동작 '演'은 시작과 종료의 과정을 겪는다. 이러한 과정에서 시간의 흐름은 필연적이다. 물체 '一出戏'에서 살펴볼 때, 공간위치이동과 시간위치이동은 서로 관련된다고 할 수 있다.

(2) 시간과 공간이 다른 운동 상태의 상황
가. 공간위치의 세 가지 상황

물체 운동의 초기상태를 '0'으로 표시하고, 초기상태를 초과한 운동상태를 '1'이라고 표시하기로 하자. 수학 항렬규칙에 의하면, 시간과 공간의 운동상태는 다음과 같이 나타낼 수 있다.

〈표 1-3〉

시간운동	0	0	1	1
공간운동	0	1	0	1

〈표 1-3〉은 시간과 공간에서의 운동 상태를 (0, 0) (0, 1) (1, 0) (1, 1)로 표시하였다. 여기서 (0,1)은 존재하지 않는데, 그 이유는 시간특징에서 볼 때 운동의 초기상태이기 때문이다. 물체로 하여금 공간이동을 할 수 없게 하는 상황은 상상하기 어렵다. 따라서 공간위치에 관한 논의는 시간개념을 도입한 위의 세 가지 상황을 살펴보기로 한다.

나. 세 가지 조합의 좌표도식

물체의 운동 상태로 인한 시간 변화는 X축에, 공간변화는 Y축에 있다고 가정해보자. X와 Y의 좌표축에서 (0, 0) (1, 0) (1, 1)의 세 가지 조합은 다음과 같이 나타난다.

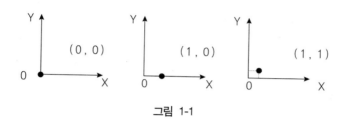

그림 1-1

(3) (0, 0)과 (1, 0)

가. (0, 0)은 절대정지의 공간위치

(0, 0)은 절대정지의 공간위치를 나타낸다. 절대정지의 공간위치에 있는 물체는 공간이동과 시간이동의 최초 상태에 처해 있다. '山脚下一条新修的公路', '小镇上一派繁荣'은 운동방식을 나타내는 동사가 결여되었기 때문에 시간이동과 공간이동을 구현할 수 없다. '屋子里有很多客人', '一个网球场在宿舍前', '亚洲的东部是中国'에서 동사는 존재동사 '有, 是, 在'가 쓰였다. '존재'는 구체적인 동작을 나타내지 않기 때문에 시·공간축에서 '0'으로 표시된다. '墙上挂着一幅画'에서 동사는 비동작성 운동을 나타내며, 'V+着'은 상태의 지속을 나타낸다. 이러한 문장에서 물체는 공간위치에서 어떠한 상태로 존재하고 있다. 예컨대 '墙上挂着一幅画'에서 물체 '一幅画'가 공간위치에 출현했을 때 '挂着'의 상태로 존재한다. 이 경우 시간운동의 궤적은 구현되지 않는다.

나. (1, 0)은 상대정지의 공간위치

공간이동이 정지상태에 있으면서 시간이동이 있는 운동은 상대정지 공간위치에 존재하며, (1, 0)으로 표시된다. 상대정지 공간위치의 결정적 요소는 존재방식을 나타내는 동사이다. 이러한 동사는 다음과 같은 특징을 지니고 있다. 동작성을 지닌 동사로, 동작은 반드시 공간위치에서 진행하되 정태적으로 진행되며 물체의 이동을 수행시킬 수 없다. 아래에서 상대정지의 공간위치표현구문을 살펴보기로 한다.

2) 동작동사가 있는 구문
(1) 구문의 동사 특징

A. 台上演着梆子戏。	B. 台上演了一小时梆子戏。
门外敲着锣鼓。	门外敲了一下午锣鼓。
体育馆里进行着篮球比赛。	体育馆里放映了好几场电影。

'演, 敲, 进行, 放映'은 동작동사에 속하지만, 공간위치에서 비이동성의 특징을 지닌다. 동작동사의 비이동성은 다음과 같은 특징이 있다.

가. 비이동동사가 있는 구문에서 장소는 정태위치를 나타내는 '在'를 부가할 수 있는 반면, 비정태적 위치를 나타내는 '从, 到' 등은 부가할 수 없다.

　　① 在台上演着梆子戏。/ *到台上演着梆子戏。
　　② 在门外敲着锣鼓。/ *从门外敲着锣鼓。

위의 비이동성 동작동사는 정태위치에서 물체의 운동 방식만을 나타낸다.

나. 비이동성 동사 뒤에는 방향동사 '来/去'를 부가할 수 없기 때문에

'*演来/去', '*敲来/去'는 성립되지 않는다. '来/去'는 공간위치에서 동태적 의미, 동작 방향을 나타낸다.3) 동사의 방향은 이동의 조건 중의 하나인데, '演', '敲'류 동사는 공간위치에서 물체를 이동시키는 작용을 하지 못한다.

(2) 'V+着'이 상대정지의 공간위치를 나타낼 때의 특징
가. 상대정지의 두 가지 표현 방식

동작동사의 일반적 특징은 상대정지의 공간위치에서 물체의 운동방향을 나타낼 때 특수한 형식이 존재하는데 있다. 이러한 형식은 'V+着'와 'V+了'의 두 가지 형식이 있으며, 위에서 제시한 A류와 B류가 이에 속한다. 아래에서 두 형식이 상대정지의 공간위치를 나타낼 때 어떻게 작용하는지 살펴보기로 한다. 먼저 'V+着' 형식을 살펴보자.

나. '着'는 동작 지속을 나타낸다

동작동사 뒤에 '着'는 동작의 지속을 나타낸다. '台上演着梆子戏', '体育馆里进行着篮球比赛'가 이에 속한다. 여기서의 '着'는 '墙上挂着一幅画'와 달리, 동태적 의미를 지니고 있으며 동작지속을 나타낸다. 이러한 동사의 동작지속은 다음과 같은 두 가지 측면을 함의하고 있다.

가) 물체의 존재방식을 나타내는 동사는 동작성을 지니고 있으며, '着'를 부가한 후에도 여전히 동작을 나타낸다.

나) 동사 뒤에 '着'를 부가한 후 동작의 과정을 나타낸다. 동작지속은 시간부사로도 나타낼 수 있다. 따라서 'V+着'는 다음과 같이 바꿀 수

---

3) 이에 대해서는 아래에서 상세히 논할 것이다.

있다.

> 台上演着梆子戏 → 台上正在演梆子戏
> 体育馆里进行着篮球比赛 → 体育馆里正在进行篮球比赛

한편, '墙上挂着一幅画'는 '*墙上正在挂一幅画'로 바꿀 수 없다.

다. 'V+着'의 동작 과정은 시간축에서만 구현된다

동사 뒤에 '着'를 부가한 후 동작 과정은 기점과 종점이 불분명한 과정에 속한다. 이러한 과정은 시간축에서만 구현되고 공간축에서의 동작 과정은 '점'에서 진행하기 때문에 동작과정에 영향을 받은 물체는 위치 이동을 하지 않는다. 예컨대, '体育馆里进行着篮球比赛'에서 물체 '篮球比赛'는 동작 과정이 있지만, 시간축에서 기점과 종점은 불분명하고, 운동은 '进行着'를 통해 표현된다. '进行着'를 분석해 보면, 시작에서 종료가 있는 과정으로 이해할 수 있으며, '墙上挂着一幅画'에서 '挂着'의 의미와 차이가 있다. 즉, '挂着'는 시간상에서 운동 과정을 분석할 수 없다. 위의 예문에서 '篮球比赛'는 시종일관 '体育馆里'에 존재하며 위치이동이 발생하지 않는다. 따라서 이러한 구문은 (1, 0)으로 표시된다.

(3) 'V+了+기간'의 상대정지의 특징
가. 'V+了+기간'에서 '了'는 동작의 완성을 나타내지 않는다

'着'가 지속의 의미를 지니고 있는 반면, '了'는 이러한 기능을 지니고 있지 않다. 그렇다면 'V+了+기간'에서 '了'의 의미는 무엇인가? 여기서는 '了' 뒤의 기간(시간량)의 제약으로, 'V+了+기간'에서 '了'는 '동작이 이미 시작되었음'을 나타낸다고 여긴다. '台上演了一小时戏', '门外敲了一下午锣鼓'에서 물체 '戏'와 '锣鼓'는 공간축에서 이동을 하지 않는 반

면, 시간축에서 '동작이 이미 시작되었음'을 나타낸다. 이러한 사실은 다음과 같이 설명할 수 있다.

위의 구문에서 '了'는 '车上掉了一个包'의 '了'와 완전히 동일하지 않다. '车上掉了一个包'는 영어 'A bag was gone in the bus'로 번역되며, 그 중에서 '掉+了'는 완성태 'was gone'로 쓰인다. '台上演了一小时戏'는 'The play has been performed for one hour on the stage'로 번역된다. 사실상, '演+了'는 'has been being performed'의 의미로 'The play has been being performed for one hour on the stage'라고 번역하는 것이 훨씬 자연스럽다. 'has been being performed'의 상(aspect)의미는 어떤 시간에 시작해서 현재까지 진행된다는 사실을 나타내며, 이미 한동안 지속되어 동작이 끝날 가능성이 있거나 여전히 진행될 가능성이 있음을 나타낸다. 따라서 '台上演了一小时戏'는 동사 뒤에 '了'를 부가한 후 '동작이 이미 시작되었음'의 의미를 나타낸다고 할 수 있다.

나. 'V+了+기간'에서 기간은 공간위치에서의 중요한 작용을 한다

'V+了+기간' 구문에서 기간은 '동작이 이미 시작되었음'을 나타내는데, 이러한 의미는 매우 중요하다. 다음을 비교해 보자.

③ 台上演了一小时戏。/台上演了戏。
④ 门外敲了一下午锣鼓。/ 门外敲了锣鼓。

오른쪽 예문처럼 시간사가 없을 경우 '동작이 이미 시작되었음'의 의미를 나타낼 수 없다. 이러한 문장은 의미가 완전하지 않기 때문에 후속절이 주어져야 한다.

다. 두 가지 부류의 '着'구문

　동작동사가 쓰인 문장에서 사물을 나타내는 명사 앞에 통상적으로
수량사가 출현하지 않는다. 이는 '墙上挂着一幅画'와 차이가 있다. 소개
문 뒤에 출현하는 명사는 대체로 '수량사+명사' 형식으로 쓰이며 비한정
적 지시를 나타낸다. 반면, 동작동사가 쓰인 문장에서 명사는 대체로 한정
적 지시를 나타내는데, 어떤 경우 비한정적 지시가 출현할 수도 있다.

> 台上演着梆子戏 → 台上演着一出梆子戏
> 体育馆里进行着篮球比赛 → 体育馆里进行着一场篮球比赛

　만일 수량사를 소개문에 쓰이는 명사의 표지로 간주한다면, 본 절에
서 논의되는 구문의 명사는 무표지적 특징을 지닌다고 볼 수 있다. 이러
한 특징은 다음과 같은 원인에서 기인한다.

　가) 'V+了+기간'에서 명사는 한정적 지시를 나타낸다.
　'동작이 이미 시작되었음'이라는 존재방식에 영향을 받은 물체는 담
화에서 화자와 청자에게 분명하게 인식된다. 이러한 사실은 영어 번역
문에서도 확인할 수 있다. 정관사 'the+명사' 사이에 비한정적 수량구를
부가할 수 없다.

　나) 'V+着' 구문에서 목적어는 한정적 지시를 나타낸다.

> ⑤ 台上演着《沙加浜》。
> ⑥ 台上演着大家都已熟悉的那出戏。

　어떤 경우 'V+着' 구문의 명사 앞에 수량사를 부가할 수 없다. 예컨대
'门外敲着锣鼓'가 그러하다. 이러한 상황은 '무표지'를 이루는데 영향을

미친다. 만일 특별하게 지시할 필요가 없을 경우 비한정적 지시를 나타내더라도 '墙上挂着一幅画'처럼 표현할 필요는 없지만, '수량사+명사'의 형식으로 표현해야 한다.

위의 분석에서 보듯이, 'V+着'구문은 공간위치에 있는 물체가 지속상태에 처했음을 나타낸다. 동작지속은 시간축에서 물체가 운동 상태에 있음을 나타낸다. 'V+了+기간'에서 물체의 존재방식은 동작이 이미 시작되었음을 나타내며, '동작 지속'의 의미로도 볼 수 있다. 동작을 이미 시작했지만 아직 끝나지 않은 상황을 '지속'으로 개괄할 수 있기 때문이다. 따라서 위의 두 구문은 상대적 정지의 공간위치에 지속동작에 처해 있는 물체가 존재함이라는 의미를 나타낸다고 할 수 있다.

3) 이동동사가 있는 구문
(1) 구문의 동사 특징

① 马路上走着一群人。
② 天空中飞着一群鸟。
③ 污浊的水里漂着几根木头。
④ 明暗的沟里爬着许多小虫。

위의 문장에는 '走, 飞, 爬, 漂' 등의 이동동사가 출현한다. 이동동사는 본 절 두 번째 부분에 논의된 동작동사와 차이가 있다. 이동동사의 특징은 다음과 같다. 공간위치에서 이동하며, 동사 뒤에 방향동사 '来/去', '上/下' 등을 부가해 '走来/去, 飞来/去, 漂来/去, 爬来/去'로 표현할 수 있다. 이러한 동사는 대체로 자동사에 속하고, 목적어가 올 수 없으며, 동작 발생은 주로 동작주체에 의해 초래된다. 이 외에도 '奔, 蹦, 逛, 挤, 骑, 跑, 游, 跟' 등이 있다.

(2) 구문의 공간의미

　이동동사가 있는 구문이 모두 동태적 위치를 나타내는 것은 아니다.
위의 ①~④는 상대정지의 공간위치를 나타낸다. 이러한 구문은 다음과
같은 두 가지 특징이 있으며, 이는 이동조건을 제약한다.

가. 물체의 존재방식인 '이동동사+着'

　이동동사가 있는 구문에서 물체의 존재방식은 '이동동사+着' 형식이
쓰인다. '走, 飞'류 동사 뒤에 방향동사 '来/去'를 부가할 수 있지만, 구
체적 언어환경에서 '이동동사+着'와 '이동동사+來/去'는 하나의 문장에
동시에 출현할 수 없다. 이러한 점에서, 이동동사가 있는 정태위치구문
에서 '着'는 여전히 동작지속의 특징을 나타내고, 동작의 지속성은 동작
의 위치이동과 서로 배척된다는 사실을 알 수 있다. 이동동사 뒤에 '了'
를 부가한 후에는 이동의 기능은 상실되며, 공간축에서 부정향(不定向)
이동으로 전환된다. 부정향 이동은 지속의 동작상태를 나타내기 때문에
동작동사 뒤에 '着'를 부가한 것과 같은 특징을 보인다. 예를 들면, '走
着', '飞着' 등은 시간축에서만 운동이 구현되며, 공간축에서는 운동이
구현되지 않는다.

나. 물체의 존재장소는 정태적 위치

　이동동사가 있는 상대정지구문에서 물체가 존재하는 장소는 정태위
치에 속한다. 이러한 장소구 앞에 정태위치를 나타내는 개사 '在'만 부
가할 수 있다.

　　　马路上走着一个人 → 在马路上走着一个人 → *从马路上走着一个人
　　　天空中飞着一群鸟 → 在天空中飞着一群鸟 → *向天空中飞着一群鸟

이동동사가 있는 구문이 만일 'V+着' 형식으로 쓰이면 정태위치와 관련되고, 'V+来/去'으로 쓰이면 동태위치와 관련된다. '在'는 기점, 종점의 개념을 나타낼 수 없으며, '走着', '飞着' 역시 이동궤적을 구현할 수 없다.

다. 이동동사구문과 동작동사구문의 차이

'马路上走着一群人'과 '台上演着梆子戏'의 두 문장에서 물체의 존재 방식은 동작지속의 특징을 지니고 있다. 전자에서 물체의 동작지속은 부정향 이동을 나타내는 반면, 후자에서 물체의 동작지속은 정태공간에서 보류된다. 예를 들어, '马路上走着一群人'에서 물체 '一群人'은 시간축에서 '走着'와 같은 부정향 이동을 하는데, 이러한 운동상태는 시간축에서 지속되는 반면, 공간축에서 '一群人'의 '走着'는 '马路上'에서 진행되며, '马路上'의 공간위치를 벗어나지 않는다. 앞에서 분석한 이동동사가 있는 구문은 공간위치체계에서 '상대적 정지 공간위치에서 부정향 이동을 하는 물체'라는 의미를 나타낸다.

4) 장소가 주체와 객체를 겸하는 구문
(1) 구문에서 '在'의 지위

위에서 논의한 문장에서 공간위치에서 물체는 동작주체이든 동작객체이든 하나만 존재한다. 만일 하나의 참여요소를 추가하면 공간위치에 물체는 동작주체이거나 동작객체일 것인데, 이러한 문장은 물체가 하나만 존재할 때 보다 복잡해진다.

① 他在黑板上写字。
② 他在飞机上看海。
③ 王小明在火车上遇见彭慧。

④ 周善在人群中找到妹妹。

위에서 '在'는 정태적 공간위치를 나타낸다. 동작주체와 동작객체가 있는 문장에서 장소구 앞에 '在'를 부가하지 않으면 완전한 문장을 이루지 못한다.

⑤ 他在黑板上写字 → *他黑板上写字[4]
⑥ 周善在人群中找到妹妹 → *周善人群中找到妹妹。

(2) 존재방식을 나타내는 동사의 특징

가. 동사의 비이동성 특징

이러한 구문에서 동사는 동작동사에 속한다. 이는 본 절 두 번째 부분에서 논의한 '台上演着梆子戏'에서의 동사처럼, 비이동성의 특징을 지니고 있다. 동작주체 또는 동작객체의 운동이 시간축에서는 구현되는 반면, 공간축에서의 운동은 '0'으로 한정되며 상대정지를 나타낸다. 예를 들어, '他在黑板上写字'에서 동작 '写'는 과정이 있으며 '写'의 영향을 받아 '他'와 '字'는 시간축에서 운동을 한다. 공간축에서 '他'와 '字'는 '写'의 영향을 받지 않기 때문에 운동이 초래되지 않는다. '黑板上'의 위치에서 보면, '他'와 '字'는 모두 상대정지에 처해 있다.

나. 목적어가 필수적이다

중국어의 동사는 목적어가 있는지에 따라 자동사와 타동사로 나뉜다. 중국어의 타동사 뒤에 목적어가 반드시 출현해야 하는 것은 아니지만, '在'구문에서 동사는 반드시 목적어를 동반해야 한다. 이러한 구문은 두

---

4) 위에서 '*'를 부가한 문장은 후속문이 있어야만 성립된다는 것을 의미한다.

개의 명사성 성분이 출현해서 공간위치상의 두 개의 물체를 나타낸다.

다. '在' 구문에서 '着'는 필수적이 아니다

  동작동사가 있는 공간위치구문에서 상(aspect)을 나타내는 경우 'V+着' 또는 'V+了+기간' 형식으로 표현한다. 위에서 언급했듯이, 두 형식에 쓰이는 동사는 지속성의 특징을 지니고 있으며, 시간성은 현재를 나타낸다. '在'구문에서 '着'의 출현은 필수적이지 않은데, 이 구문이 시태에 대한 표현이 불확정적이기 때문이다. 다음의 예문을 살펴보자.

  ⑦ 他在教室里讲课(, 连下课的铃声都没听见)。[진행]
  ⑧ 他在教室里讲课(, 已经讲完了)。[기실현]
  ⑨ (明天)他在教室里讲课。[미실현]

  위에서 동사 뒤에 '着'를 부가했지만, 지속을 나타내는 '着'의 출현여부가 문장의 적격성에 영향을 미치지 않는다.

(3) 물체와 존재장소의 관계
가. 직접관계와 간접관계

  앞서 논의한 구문에는 하나의 물체만 출현하며, 이 물체는 문장이 나타내는 '존재장소'에 위치한다. 만일 두 개의 물체가 참여하면, 물체와 물체의 존재장소 간에 다음과 같은 두 가지 상황이 존재한다. 하나는 물체가 장소에 존재한 상황으로 이를 직접관계라고 부르며, 다른 하나는, 물체가 장소에 존재하지 않는 상황으로 이를 간접관계라고 부른다.[5] '在'구문은 정태위치를 나타내며 직접관계와 간접관계의 다양한

-----

  5) 王还(1957), 戴浩一(1981), 朱德熙(1990), 范继淹(1982)참조.

관계가 존재한다. 서술의 편의를 위해, 직접관계는 (+)로, 간접관계는
(-)로 표시하기로 한다.

나. 출현 가능한 다섯 가지 상황
   물체와 존재방식 간의 관계에 따라 물체를 동작주체와 동작객체로
구분하였다.

  가) 동작주체(+), 동작객체(+)

    ⑩ 他在火车上遇见朋友。
    ⑪ 他在教室里讲故事。
    ⑫ 我们在全市最高级的饭店里举行婚礼。

  나) 동작주체(+), 동작객체(-)

    ⑬ 他在飞机上看海。
    ⑭ 他在床上听流行音乐。
    ⑮ 车轮滚动起来, 代表团的每个人都静静地坐着, 在开往北京的火车上, 回
       想才过去的那几天, 回想到莫斯科后的见闻。

  다) 동작주체(-), 동작객체(+)

    ⑯ 他在墙上挂画。
    ⑰ 他在书本里找例句。
    ⑱ 这两个人都以"时间效率为第一"做为座右铭, 他们每天规定通话一次, 时
       间不得超过十分钟, 所以时间一到, 他们就开门见山地在电话里讨论起生
       意经来。

  라) 동작주체(-), 동작객체(-)

    ⑲ 他在桌子上写信。
    ⑳ 他在屋梁上挂灯笼。

㉑ 小林光一瞅了一眼坐在对面的马晓春, 过了足足五分钟, 还一动不动。

위의 분포에 따르면, 두 종류의 물체와 물체의 존재방식 간의 관계는 위와 같이 네 가지 상황이 있지만, 실제로는 다섯 가지 상황이 존재한다. 즉, 동작주체와 동작객체와 존재장소와의 관계가 불분명한 경우인데, 이를 (?)로 표기하기로 한다.

마) 동작주체(?), 동작객체(?)
㉒ 他在人群中发现了她。

위에서 '他'와 '她'가 인파 속에 있는지는 불분명하다. 둘 다 인파 속에 있거나, '他'는 인파 속에, '她'는 인파의 밖에 있을 가능성이 있으며, 그 반대일 수도 있을 것이다.

范继淹(1982)은 '在' 구문에서 물체와 존재장소와의 관계는 객관적 현실에 제약을 받는다고 하면서, '小明在桌子上写字'를 네 가지 상황으로 설명하였다.[6] 여기서는 范继淹이 제시한 네 가지 상황에서 '小明坐在桌子前, (往纸上写字)'이 가장 적합하고, 나머지는 객관적 현실의 제약을 받기 때문에 특별한 언어환경을 도입해야 자연스러워진다고 여긴다. 그가 제시한 '객관적 현실의 제약'이란 특수한 언어환경을 배제하는 것을 선결조건으로 하며, 현실생활의 상식에서 선택한다는 것을 의미한다. 그렇지 않으면 다수의 예문은 설명하기 어렵다.

....

6) 위의 예문에 대한 네 가지 상황은 다음과 같다. (1) 小明坐在桌子上写字, (字在别处) ; (2) 小明坐在桌子前写字, (把字写在桌子上) ; (3) 小明坐在桌子上, (把字写在桌子上) ; (4) 小明坐在桌子前, (往纸上写字)。

(4) 상대정지의 공간위치의 세 가지 구문

'在'구문에서 물체의 공간위치는 상대정지의 특징을 지니고 있다. 상대정지에 있는 두 물체는 적어도 하나의 물체와 존재장소 간에 직접관계를 이루며 시간축에서 운동한다.

여기서는 〈표 1-4〉와 같이 세 가지 구문으로 정리하였다.

〈표 1-4〉

	물체 (명사)	물체의 존재방식 (동사)	물체의 존재장소 (장소구)	구 문	예 문	구문 의미
1		+ (동작)	+	장소구+ V+着+N	台上演着梆子戏。 门外敲着锣鼓。	상대정지의 공간위치에서 물체는 지속동작에 처해 있음
				장소구+ V+了+ 기간+N	台上演了一小时梆子戏。 门外敲了一下午锣鼓。	
2	+	+ (이동)	+	장소구+ 이동동사+ 着+N	马路上走着一群人。 天空中飞着一群鸟。	상대정지의 공간위치에서 물체는 부정향 방향에 처해 있음
3	+	+	+ (동작)	+	N+在+ 장소구+ 이동동사+ N	他在火车上遇见朋友。 他在飞机上看海。 他在桌子上写信。	상대정지의 위치공간에서 적어도 하나의 물체는 시간축에서 운동을 함

5) 정태위치표현의 특징

(1) 정태위치표현의 세 가지 필수요소

절대정지의 공간위치와 상대정지의 공간위치는 정태위치에 속한다.

본 절에서 제시한 여섯 가지 구문은 모두 정태위치를 나타낸다. 그중에서 순수한 절대정지의 공간위치구문은 물체와 물체의 존재장소의 두 가지 구성요소로 이뤄졌으며, 존재방식을 나타내는 동사는 결여되었다. 그 외의 구문이 나타내는 공간위치에서 세 가지 구성요소는 필수적이다. 세 가지 구성요소를 갖춘 상황에서 정태위치는 다음과 같은 세 가지의 필수요소는 다음과 같다.

가. 객관적 존재를 나타내는 동사

이러한 동사에는 '有', '在', '是'가 있다. 이 동사들은 구체적인 동작을 나타내지 않지만, 특수한 의미에서 '운동'이라고 할 수 있다. 이러한 동사가 있는 구문은 의미상 정태위치를 나타낸다.

나. 지속을 나타내는 조사 '着'

'着'가 상태동사 뒤에 쓰이면 상태지속을 나타내는 반면, 동작동사 또는 이동동사 뒤에 쓰이면 동작지속을 나타낸다. 엄밀히 말해서, '지속'은 상태지속이고, 동작지속은 '상태'로 이해할 수 있다. '동사+了+기간'은 '동작동사+着'와 의미적으로 유사하다. 따라서 동사에 '着'를 부가하면 정태위치만을 나타낸다는 것을 알 수 있다.

다. 정태위치를 나타내는 '在'

'在'는 물체의 존재장소를 나타내는 장소사 앞에 위치한다. '在+장소구'에서 장소에 존재하는 물체는 시간축에서만 이동을 하는(만일 이동을 한다면) 반면, 공간축에서는 운동을 하지 않는다. 따라서 '在'는 정태위치 표지라고 이해할 수 있다.

(2) 필수요소의 등급

위에서 제시한 세 가지 필수요소는 등급이 있다. 첫 번째 부류는 1급 필수요소이고, 두 번째 부류는 2급 필수요소이며, 세 번째 부류는 3급 필수요소이다. 이들은 상호관계는 1>2>3이며, 이를 다음과 같이 설명할 수 있다.

필수요소를 갖춰야만 이 문장이 정태위치를 나타내는지를 분명히 표현할 수 있다. 만일 1급 필수요소가 없으면, 문장에 출현하는 2급 필수요소에 의해 제약을 받는 반면, 1급 필수요소와 2급 필수요소가 없으면 3급 필수요소에 의해 제약을 받는다. 반대로, 1급 필수요소만 있으면 2급 필수요소와 3급 필수요소는 참여할 수 없으며, 2급 필수요소가 있으면 3급 필수요소는 참여하지 않아도 된다.

분석에 의하면, 위의 세 가지 필수요소로 통제할 할 수 없는 문장은 정태위치를 나타낼 수 없다.

(3) 필수 요소와 구문의 관계

정태위치표현의 필수요소와 구문의 관계는 다음의 〈표 1-5〉와 같다.

〈표 1-5〉

	1급 필수요소	2급 필수요소	3급 필수요소
장소+有+N	山下有一条路。		
N+在+장소	一条路在山下。	/	/
장소+是+장소	亚洲东部是中国。		
장소+V(상태) +着+N		墙上挂着一幅画。	
장소+V(동작) +着+N	-	台上演着梆子戏。	/
장소+V(이동)		马路上走着一群人。	

	1급 필수요소	2급 필수요소	3급 필수요소
+着+N			
(장소+V+了+ 기간+N)		(台上演了一小时梆 子戏。)	
N+在+장소+ V(동작)+N	-	-	他在火车上遇见朋友。 他在飞机上看海。 他在桌子上写信。

(표에서 '/'는 출현하지 않아도 되고, '-'는 출현하지 않는다는 것을 나타낸다.)

3. 기점과 종점 개념의 공간위치

1) 기점, 종점 개념의 표시 방법

(1) 공간위치의 두 가지 조건

동태위치는 대부분 정태위치에서 발전한 것이다. 동태위치에 있는 물체는 운동방향이 있고 이동궤적을 구현한다. 공간위치를 나타내는 위치이동은 다음과 같은 두 가지 조건이 필요하다.

가. 이동의 기점과 종점이 있어야 한다

형식적 측면에서 기점과 종점은 '从, 到, 向, 沿, 着' 등과 장소구와 결합해 표현할 수 있다.

나. 이동방향이 있어야 한다

형식적 측면에서, 이동방향은 동사 뒤에 방향동사 '来/去', '上/下' 등을 쓰거나, '来/去', '上/下'가 직접 쓰거나 혹은 일부 이동동사로 이동방향이 있는 운동이 보여주는 이동궤적으로 나타낼 수 있다. 정태위치에 위의 새로운 참여요소를 추가한 후에야 물체의 이동을 수행할 수 있다.

본 절에서는 기점과 종점에 관한 문제를 살펴보기로 한다.

(2) 기점과 종점이 있어야 이동궤적이 구현된다

가. 전형적 이동도식

기점과 종점은 '물체의 존재장소'라는 구성요소에 새로운 참여 요소이다. 기점과 종점이 있으면 반드시 이동궤적이 구현되며, 이동궤적이을 통해 원점과 종점의 개념이 구체적으로 드러날 수 있다. 전형적 위치이동은 〈그림 1-2〉와 같다.

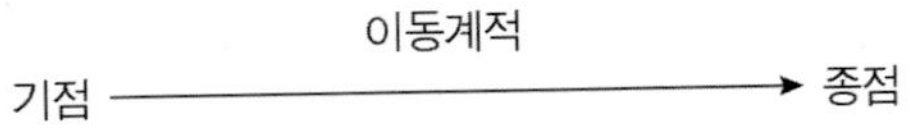

이동계적

기점 ————————————→ 종점

그림 1-2

나. 정태위치와 동태위치

기점과 종점의 개념이 있으면 정태위치와 동태위치에 대해 설명할수 있다. 〈그림 1-2〉에서 '기점→이동궤적→종점'의 순서에 따라 출현하는 경우를 (+)로, 출현하지 않을 경우를 (-)로 표시한다면, 정태위치는 (+-+)로 표시된다. '墙上挂着一幅画'에서 '一幅画'가 처한 장소는 '墙上'이다. 이론적으로, 기점과 종점의 개념을 분석할 수 있지만, 동사 '挂'에 '着'를 부가한 후, 이동궤적이 구현되지 않기 때문에 원점과 종점이 통합된 것으로 볼 수 있다. 따라서 기점과 종점은 '墙上'이다. 이와 달리, 동태위치는 (+++)로 표시된다. '他从学校来'에서 '来'는 물체 '他'의 이동을 초래시키며 이동궤적이 구현되기 때문에 기점과 종점은 통합될수 없다.

(3) 기점, 종점 개념의 표현

가. 기점, 종점의 표현 방식

현대중국어에서 기점과 종점은 일부 개사에 장소구를 부가해 나타내 거나, 일부 동사 또는 방향동사에 장소구를 부가해 나타낼 수 있다. 예를 들면, '他从北京来'에서 '从'은 개사이며 '从北京'은 기점을 나타낸다. '他来到北京'에서 '到'는 방향동사이며 '到北京'은 종점을 나타낸다. 〈표 1-6〉에서 기점과 종점의 표현방법을 살펴보자.

〈표 1-6〉

	개사+장소사	동사/방향동사+장소사
기 점	从北京(来), 自上海(起飞)	下楼, 出门, 离开这一块土地
종 점	(走)向北京, (开)往上海	到北京, 上楼, 进门, 回家, 来上海, 去非洲
기점·종점의 불분명	从桥上(通过), 沿着马路(走来)	(穿)过马路

'개사+장소사'가 나타내는 기점과 종점, '동사/방향동사+장소사'가 나타내는 기점과 종점은 공간위치표현에서 기능의 차이가 있다. 전자는 필수요소가 아니고, 단순히 기점 또는 종점의 개념을 나타내며 이동방향과 직접적인 관련이 없다. 이와 달리, 후자는 필수요소이며, 기점 또는 종점의 개념을 나타낼 뿐만 아니라 이동방향과 직접적인 관련이 있다.

나. 개사, 동사, 방향동사의 기능

기점과 종점의 개념을 나타낼 때, 위에서 제시한 개사, 동사, 방향동사는 장소구가 기점인지 종점인지를 판단하는 가능이 있다. 일반적으로 문장에서 이러한 개사 또는 동사, 방향동사는 삭제할 수 없으며, 그들을 삭제한 후 문장은 대체로 성립하지 않는다. 다음과 경우 개사 '从'은 삭제할 수 있다.

从北京来了一位青年教师 ➝ 北京来了一位青年教师。

그러나 개사 '从'을 삭제한 후에는 중의성이 발생한다. 만일 장소사 '北京'이 기점이면 '一位青年教师从北京来'으로, 종점이면 '一位青年教师到北京'으로 이해된다.

다. 기점, 종점의 출현 상황

문장에 기점 또는 종점이 반드시 출현해야 하는 것은 아니다. 어떤 경우 기점만 출현하고 종점은 출현하지 않는 경우도 있다. '从上海来了一位客'에서는 기점만 출현한 반면, '他回到家里'에서는 종점만 출현한다. '他从上海到北京'은 기점, 종점이 모두 출현하며, '沿着小河走来了一个老汉'은 기점과 종점이 모두 출현하지 않는다. 수학의 배열규칙에 의하면, 기점만 출현 (+, -), 종점만 출현(-, +)으로 표시하며, 기점과 종점이 모두 출현하는 경우는 (+, +)으로, 모두 출현하지 않은 경우는 (-, -)로 표시된다.

2) 기점 또는 종점 구문과 표현 의미

(1) 기점 개념만 있는 문장

가. 기점만 있는 구문의 수의 축

만일 이동궤적만을 고려 대상으로 삼았다면, 기점 개념만 있는 문장이 나타내는 공간위치는 (++-)으로 표시된다. 이러한 공간위치는 〈그림 1-3〉으로 나타낼 수 있다.

그림 1-3

위에서 I는 기점, E는 종점을, 화살표는 공간축을, 화살의 방향은 공간의 이동방향을 나타낸다.

나. 기점 개념만 구문의 공간 의미

기점 개념만 있는 구문에서 물체가 기점에서 출발한 경우 수의 축에서 I 구간은 실선으로 표시된다. 종점은 불분명하기 때문에 E 구간은 점선으로 표시되며, 이동의 종료되면 점선 위에 어떤 점으로 표시된다.

① 他从北京来。

'他'가 위치 이동했을 때의 기점은 '베이징'이며, 종점은 불분명하다. 만일 '他'가 '베이징-광저우' 노선을 따라 남쪽으로 이동했다면, '他'의 이동 종점은 베이징 남쪽의 어떤 점일 것이다. 위와 같은 문장은 종점에 대해 명확히 설명할 필요는 없다.

다. 기점 개념만 있는 구문에 출현하는 동사

기점만 있는 구문에서 동사는 이동성을 지닌 이동동사가 출현할 수 있다. '他从北京来', '那边走过来一个人'에서 '来', '走'는 이동동사이다. 다음의 예문을 살펴보자.

② 从他眼里看出一种悲哀。

'一种悲哀'의 위치이동은 기점 '他眼里'에서 화자의 심리적 거리 내에서 진행된다. '看' 자체는 실제 이동의미가 없기 때문에 공간에 이동궤적을 남길 수 없다. 본 절에서는 이러한 추상적 이동은 논하지 않기로 한다.

(2) 종점 개념만 있는 문장
가. 종점만 있는 문장의 수의 축 표현

종점만 있는 문장이 나타내는 공간위치는 (-++)로 표시된다. 공간이동의 상황은 〈그림 1-4〉의 수의 축과 같다.

그림 1-4

나. 종점만 있는 문장의 공간 의미

종점만 있는 구문은 물체의 공간이동에 의해 종점에 도달한 것을 명확하게 표현할 수 있다. 따라서 수의 축에서 E 구간은 실선으로 표시된다. 그러나 물체가 이동을 시작했을 때의 기점이 불분명하기 때문에 I 구간은 점선으로 표시된다. 이동의 기점은 점선 위의 어떤 점일 것이다.

③ 火车开向北京。/火车开到北京。

위의 두 예문에서 '火车'의 위치이동 종점은 '北京'인 반면, 기점은 '上海, 济南, 天津' 등 모두 가능하다. '火车开向北京'과 같은 문장 역시 기점에 대해 설명할 필요가 없다.

'火车开向北京', '火车向北京开'는 공간위치표현에 의미 차이가 있다. 전자의 '北京'은 기차가 도달하는 종점이며, 후자의 '北京'은 기차가 도달하는 장소가 아니라 기차가 운동했을 때 마주하는 방향이기 때문에 종점의 개념과 관련되지 않는다. 후자의 '北京'은 방위사로 바꿀 수 있어서, '火车向北开', '火车向前开'처럼 표현할 수 있다. 여기서 '北'와 '前'은 방향을 나타낸다. 전자의 '北京'은 '北', '前'으로 바꿀 수 없기 때문에 '*火车开向北', '*火车开向前'처럼 표현할 수 없다.

다음의 예문에서 '朝', '往'은 방향을 나타낸다.[7]

　　④ 他朝南站着。
　　⑤ 他往前走了几步。

다. 종점 개념만 있는 구문에 출현하는 동사

　종점 개념의 표현은 대부분 동사 또는 방향동사에 장소구를 부가하는 방식을 채택한다. 개사 '向', '往'과 공기하는 동사는 '走, 奔, 冲, 飞, 流, 飘, 滚, 转, 倒, 驶, 通, 划, 放, 推' 등 소수의 단음절 동사와 결합 가능하다. 이들은 모두 이동동사에 속한다.

(3) 기점, 종점 있는 문장
가. 기점, 종점이 있는 수의 축 표현

　기점, 종점 개념이 있는 문장이 나타내는 공간위치는 (+++)로 표시되며, 공간위치 이동 상황은 〈그림 1-5〉의 수의 축과 같다.

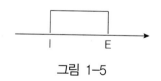

그림 1-5

....

7) 위치와 방향은 밀접한 관계가 있다. 廖秋忠(1989)은 '위치는 일정한 공간의 점, 선, 면, 체적을 차지하며, 방향은 마주하는 어떤 위치'라고 했으며, '위치를 정하는 것은 방향을 정하는 것보다 우선한다'라고 하였다. 공간개념은 방향을 포함하지만, 방향은 위치와 관련되는 것으로 단순 방향은 본 장에서 논하지 않기로 한다.

나. 기점, 종점이 있는 문장의 공간 의미

　문장에서 물체 위치이동의 기점과 종점이 명확하기 때문에 수의 축에서 I에서 E까지 실선으로 표시된다. 이러한 문장은 공간이동의 이동궤적과 과정이 존재한다.

　　⑥ 他从学校走到车站。

　물체 '他'의 위치이동은 기점 '学校'와 종점 '车站'의 거리 내에서 진행된다. 기점과 종점을 나타내는 구문은 주로 '从……到' 형식으로 표현하는데, '从'은 개사이고 '到'는 동사 또는 방향동사이다.

(4) 기점, 종점이 출현하지 않은 문장

가. 기점, 종점이 출현하지 않은 문장의 수의 축 표현

　기점, 종점이 출현하지 않은 문장의 공간위치는 (-+-)로 표시된다. 이러한 문장은 물체의 기점과 종점이 불분명하기 때문에 수의 축에서 I에서 E까지 점선으로 표시된다. 그러나 물체의 위치이동은 정지상태가 아니기 때문에, 기점과 종점이 불분명하더라도 물체의 위치이동은 어느 정도 표시된다. 이러한 이동은 이동궤적에서 구간이나 점에서 진행한다. 이는 〈그림 1-6〉과 같다.

그림 1-6

나. 기점, 종점이 출현하지 않은 문장의 공간 의미

⑦ 沿着河边走来一个人。

‘一个人’의 위치이동은 운동 ‘走来’로 나타냈다. ⑦은 기점, 종점이 불분명하며, 위치이동은 ‘河边’의 일정한 거리 내에서 진행된다. 다음의 예문을 살펴보자.

⑧ 他从窗户里穿出去。

‘他’의 위치이동은 ‘穿出去’로 나타냈다. 기점과 종점 모두 불분명하며, 위치이동 ‘穿出去’는 ‘窗户里’의 점에서 진행된다.

기점과 종점 모두 출현하지 않은 문장에서 공간위치를 표현할 때 중의성이 발생해서, 동태위치를 나타낼 수도 있고, 정태위치를 나타낼 수도 있다. 위의 두 예문은 동태위치를 나타내는 것은 문장에 이동방향을 나타내는 ‘来/去’ 등을 사용했기 때문이다. 동사는 아래의 형식으로도 나타낼 수 있다.

⑨ 小船顺着运河行驶。[V]
⑩ 汽车沿着新修的公路奔驰着。[V+着]

위에서 물체의 위치이동은 운동방향이 구현되지 않는다. 기점과 종점이 불분명하기 때문에 상대정지를 나타내는 공간위치로 이해할 수 있다. ⑩에서 ‘汽车’의 운동 ‘奔驰着’는 줄곧 ‘沿着新修的公路’의 정태위치에서 진행되며, 공간에서 위치이동이 없는 것으로 간주할 수 있다. ‘火车从桥上通过’ 역시 기점과 종점이 없으며, 중의성이 발생해서 ‘火车从桥上通过(去了)’의 의미는 동태위치를, ‘火车(正在)桥上通过’의 의미는 상대정지를 나타낸다.

(5) 기점, 종점 및 기점과 종점이 불분명한 세 가지 상황의 문장에서의 공기 규칙

가. 두 가지 상황의 공기 배열

문장에서 기점, 종점이 불분명한 상황은 '선형'의 특징을 지니고 있어서, 방향이 있는 위치이동은 일정한 거리 내에서 진행된다. 위에서 첫 번째, 두 번째 유형의 기점과 종점의 상황은 '점'의 특징을 지니고 있으며, 이러한 이동은 어떤 점에서 시작해서 어떤 점에서 종료된다.[8] 기점, 종점 및 기점과 종점이 불분명한 거리는 동일한 문장에 출현할 수 있다. 만일 세 가지 종류를 1(기점), 2(종점), 3(기점과 종점이 불분명)으로 표시했을 때, 1, 2, 3이 문장에 동시에 출현하면 다음과 같은 두 가지 순서로 배열된다.

(1) 1+3+2
(2) 3+1+2

나. '1+3+2' 순서의 분포 상황

'1+3+2' 순서의 분포 상황은 다음과 같이 두 가지로 나타난다.

(가) 문두 위치 1 + 문중 위치 3 + 문미 위치 2
① 从长江的出海处吴淞口沿着黄浦江轮船慢慢地驶向十六铺码头。

(나) 문중 위치 1 + 문중 위치 3 + 문미 위치 2
② 她从楼上顺着扶梯一步一步地走到底层客厅。

....

8) 이에 대해서는 〈그림 1-3〉, 〈그림 1-4〉과 그에 대한 설명을 참고하기 바란다.

다. '3+1+2' 순서의 분포 상황

'3+1+2' 순서의 분포 상황은 두 가지로 나타난다.

(가) 문두 위치 3 + 문중 위치 1 + 문미 위치 2

⑬ 沿着回家的路线我们从城东走到城西。

(나) 문중 위치 3 + 문중 위치 1 + 문미 위치 2

⑭ 王菲顺着落水管一下子从三楼落到一楼院子里。

(가), (나)의 배열순서는 음절규칙의 제약을 받는다. 이에 대해서는 많은 학자들이 지적한 바 있다.9) 중국어에서 '양측 짧은 음절, 중간에 긴 음절(两少夹多)'10) 현상은 드물지만, 일부 학자는 '3+1+2'가 '1+3+2'에 비해 '우세 어순'이라고 하였다.11) 문제는 음절 크기에서 '1'과 '3' 중에서 어느 것을 앞에 두고, 어느 것을 뒤에 둘 것인지는 '1'과 '3'의 길이에 달려있다는 것이다. 예컨대, 음절 크기에서 가령 '2'가 짧으면, '2' 가까이에 짧은 음절이 위치한다. 다음의 예문을 살펴보자.

⑮ 轿车从新修的虹桥机场沿着虹桥路驶向市区。
　　('1'이 '3'보다 길기 때문에 1+3+2의 배열을 채택)
⑯ 我们顺着这条环城马路从城东跑到城西。
　　('3'이 '1'보다 길기 때문에 3+1+2의 배열을 채택)

....

9) 周小兵(1992)는 '개사구 세 개가 연용될 때 두 음절의 길이가 비슷한 개사를 함께 놓이는 경향이 있다'고 하였다. 刘月华(1983), 戴浩一(1988) 역시 이러한 문제에 대해 논의하였다.
10) 陈建民(1984)는 '两少夹多'이 자연스럽게 들리지 않는다고 하였다.
11) 周小兵(1992) 참조.

3) 물체와 기점, 종점의 관계

(1) 기점만 있는 문장에서 물체와 공간위치의 관계

가. 기점만 있는 문장에는 하나의 물체가 존재한다

공간위치표현에서 기점과 종점은 물체의 존재장소의 두 참여요소이다. 기점 또는 종점이 있는 문장에서 동작의 영향을 받는 물체는 하나일 수도 있고 두 개일 수도 있다. 위의 네 가지 상황에서, 물체와 기점, 종점의 관계는 정태위치의 물체와 존재장소 간의 관계보다 훨씬 복잡한데, 이는 물체의 존재장소에 새로운 요소가 참여하기 때문이다. 물체가 장소와 직접관계가 있는 경우 (+)로, 물체가 장소에서 간접관계로 존재하지 않는 경우 (-)로, 물체와 장소의 관계가 불분명한 경우 (?)로 표시하기로 한다.

먼저 기점만 있는 문장을 살펴보자.

기점만 있는 문장에서 이동과정에 있는 물체는 하나 또는 두 개이다. 아래의 예문은 물체가 하나만 있는 경우이다.

> ① 他从北京来。
> ② 从桌子上掉下来一只茶杯。

위의 예문은 물체와 기점 간에 간접관계만을 이룬다. 동작주체 또는 동작객체는 위치이동이 시작되었을 때 기점에서 벗어나기 때문이다.

나. 기점만 있는 문장에서 두 개의 물체

기점만 있는 문장에서 두 개의 물체, 즉 동작주체와 동작객체가 출현하면 아래의 세 가지 상황이 나타난다.

(가) 동작주체(+), 동작객체(-)

③ 飞机从空中扔下大批救灾物资。
④ 大华从教室里抛出一只排球。
⑤ 小张从地上扛起一袋粮食。

(나) 동작주체(-), 동작객체(-)

⑥ 他从口袋里掏出一支钢笔。
⑦ 蕾蕾从书包里拿出一本书来。
⑧ 杨敏从房间里搬出一张凳子。

(다) 동작주체(?), 동작객체(-)

⑨ 他从树上摘下一只苹果。
⑩ 他从床上蹬下去一条毯子。

다. 두 물체와 기점 간의 관계에 나타난 공간 의미

기점만 있는 문장에서 두 개의 물체와 기점 간의 관계는 아래와 같은 특징을 지닌다.

가) 동작객체와 기점 간에 간접관계를 나타낸다. 이는 이동을 초래하는 동력이 외부로부터 왔거나 부가성분임에도 불구하고 이동의 객체가 문장에서 이동의 주체가 되기 때문이다. 운동이 초기상태에 있을 때, 동작객체는 기점에 위치하지만 일단 운동이 시작되면 기점을 벗어난다. '飞机从空中扔下大批救灾物资'에서 이동객체 '大批救灾物资'는 운동 초기상태에서 '空中'에 처하며, 운동 '扔下'가 시작되면서 기점 '空中'으로부터 벗어난다.

나) 동작주체와 기점 간에는 비교적 복잡해서, 직접관계, 간접관계를 이루거나 불분명한 관계를 이룰 수 있다. 위의 예문에서 보듯이, 동작주체는 반드시 이동의 주체가 아니라 이동객체의 운동을 초래시키는 외재

적 힘인 경우도 있다.

동작주체와 기점의 관계에는 다음과 같은 요소의 제약을 받는다.

(가) 논리의미적 관점에서 볼 때, 동작주체가 차지하는 장소 범위의 크기와 물체가 존재하는 기점 범위 크기는 둘 간의 관계에 직접적인 영향을 미친다. 만일 동작주체가 차지하는 장소 범위가 기점의 범위보다 작으면 직접관계를 이루고, 그와 반대이면 간접관계를 이룬다.

(나) 물체의 존재방식을 나타내는 동사에 '동반' 의미가 있는지 고려된다. '杨敏从房间里搬出一张凳子'에서 동작주체 '杨敏'이 차지하는 장소 범위는 기점 '房间里'의 범위보다 작다. 이 둘은 직접관계를 이루지 않는데, 이는 동사 '搬+出'가 '동반의미'를 지니고 있기 때문이다. '搬出'는 동작주체와 동작객체가 동시에 이동할 것을 요구한다. 따라서 '杨敏'과 '房间里' 간에는 간접관계만을 나타낼 수 있다. 다음의 예문은 이와 유사한 상황을 나타낸다.

⑪ 他从仓库里扛出一袋粮食
⑫ 他从车棚里推来一辆小车。

동작주체와 기점 간의 불분명한 관계는 언어환경의 영향을 받는데, 이는 두 가지 상황으로 이해할 수 있다. 예를 들어, '他从树上摘下一只苹果'는 첫째, '他(坐在树上)从树上摘下一只苹果'에서 동작주체 '他'와 기점 '树上'은 직접관계를 이루는 상황으로 이해할 수 있고, 둘째, '他(站在梯子上)从树上摘下一只苹果'에서 동작주체 '他'와 기점 '树上'은 간접관계를 이루는 상황으로 이해할 수 있다. 이처럼 언어환경에 의해 중의성을 없앨 수 있다.

(2) 종점만 있는 문장에서 물체와 공간위치의 관계

가. 종점만 있는 문장에서 하나의 물체가 있는 상황

　종점만 있는 문장에서 물체와 종점의 관계는 기점만 있는 경우보다 복잡하다. 먼저 문장에 하나의 물체만 출현하는 상황을 살펴보자.

　물체가 하나만 출현하는 문장에서 물체와 종점의 관계는 다음과 같은 두 가지 상황으로 구분할 수 있다.

　첫째, 직접적 관계이다.

　　⑬ 他来到北京。
　　⑭ 她慢慢地挪到王静身后。

　위에서 물체의 이동은 종점에서 종료되었음을 나타낸다. ⑭에서 '她'는 동작 '挪'를 통해 종점 '王静身后'에 도달하였다.

　둘째, 불분명한 관계이다.

　　⑮ 他飞向北京。
　　⑯ 火车开往哈尔滨。

　⑮에서 '他'가 베이징에 도착했는지는 '飞'의 동작이 종료되었는지에 달려있다. '北京'은 '他'가 '飞'의 이동을 통해 최종적으로 도달하는 장소이다. 이 경우 종점은 두 가지 의미를 나타낸다. 하나는 동작이 끝난 종점이고, 다른 하나는 동작이 끝날 종점이다.

나. 종점 개념만 있는 문장에서 두 물체의 상황

　두 개의 물체가 출현하는 문장은 다음과 같이 세 가지 상황으로 구분할 수 있다. 여기서 종점은 동작이 이미 끝났음을 나타낸다.

가) 동작주체(+), 동작객체(+)

　⑰ 他把小黄带到首长面前。
　⑱ 他把车子开到河滩上了。
　⑲ 他把椅子搬到屋里去了。

나) 동작주체(-), 동작객체(+)

　⑳ 他把一封信交到她手中。
　㉑ 小黄把台灯移到桌子边上。

다) 동작주체(?), 동작객체(+)

　㉒ 他把行李运到北京。
　㉓ 她急忙把舅舅推到屋里去。

다. 두 개의 물체와 종점 간의 관계 나타내는 공간 의미

　위에서 보듯이 두 개의 물체가 출현하는 문장에서 물체와 종점의 관계는 다음과 같은 특징을 지니고 있다.

　가) 동작객체는 물체의 존재장소, 즉 종점과 직접관계를 이룬다. 이러한 문장에서 동작객체 역시 이동의 주체이기 때문이다. 운동이 초기상태에 있을 때, 동작객체는 종점에 있지 않겠지만, 운동이 끝났을 때 이동객체는 막 종점에 도달하게 된다. ⑰에서 동작객체 '小黄'은 '带'의 동작이 끝났을 때 종점 '首长面前'에 도달하였다. 동작객체와 물체의 존재장소 간의 관계에서 기점만 출현하는 문장은 종점만 출현하는 문장과 상반된다.

　나) 동작주체와 종점 간의 관계는 직접관계, 간접관계, 불분명한 관계로 나뉜다. 단지 기점만 있는 문장에서처럼, 동작주체는 위치이동의 주체가 아니다. 동작주체와 종점 간에 직접적 관계를 이루는지는 동사의

의미 특징에 달려있다. 즉, 동사에 '동반의미'가 있는 경우 동작주체와 종점은 직접관계를 이룬다. '他把一封信交到她手中'에서 '交'는 동반의미를 지니고 있지 않기 때문에 동작주체와 종점은 간접관계만 이룰 수 있다.

다) 동작주체와 종점 간의 관계가 불분명한 주요 원인은 문장에서 동사의 동반의미가 실현되는지가 불분명하기 때문이다. ㉒에서 '他'와 '北京'의 관계는 동사 '运'에 동반의미가 실현되는지에 달려있다.

(3) 기점, 종점이 출현하거나 출현하지 않는 문장의 물체와 공간위치의 관계

가. 기점, 종점이 없는 문장에서 물체와 공간위치의 관계

기점과 종점이 없는 문장은 통상적으로 하나의 물체만 출현하며, 물체와 존재장소는 직접관계를 이룬다.

㉔ 沿着河边走来一个人。

물체 '一个人'과 존재장소 '河边'은 직접관계를 이룬다. 물체의 위치 이동은 기점과 종점이 불분명한 거리 내에서 진행되는데, 이동이 주체로서 '一个人'이 장소에 존재하지 않으면 안 되기 때문이다.

아래와 같은 문장에서 물체와 존재장소는 간접관계를 이룬다.

㉕ 轮船从桥下穿过去。

위에서 물체 '轮船'은 이미 '桥下'라는 점을 통과했다. 이러한 문장에는 아래와 같이 과거를 나타내는 부사를 부가할 수 있다.

㉖ 轮船已从桥下穿过了。

나. 기점, 종점이 있는 문장에서 물체와 공간위치의 관계

기점, 종점이 있는 문장에서 물체와 존재장소의 관계는 다음의 세 가지 상황이 있다.

가) 물체가 오로지 하나일 때, 물체는 기점과 간접관계를, 종점과는 직접관계를 이룬다.

ⓟ 火车从北京开到南京。
ⓠ 我们从美国回到上海。

물체의 위치이동은 기점에서 시작해 종점에서 종료된다. 이동주체는 최종적으로 종점에 위치한다.

나) 물체가 오로지 하나일 때, 물체와 기점은 간접관계를, 종점과의 관계는 불분명하다.

ⓡ 飞机从纽约飞往华盛顿。
ⓢ 两个团从真如撤向虹口。

물체의 위치이동은 기점에서 시작하지만 종점에 도달하는지는 불분명하다. ⓡ에서 '飞机'는 기점 '纽约'를 벗어났지만 '华盛顿'에 도달했는지는 '飞'의 동작이 종료되었는지에 달려있다. '华盛顿'은 동작이 종료될 장소이다.

(다) 물체가 두 개인 경우 다음과 같이 세 가지 상황이 출현한다.

A. 기점 : 동작주체(-), 동작객체(-)

종점 : 동작주체(+), 동작객체(+)

㉛ 我把小李从大门口领到首长面前。
㉜ 我把椅子从院子里搬到屋里。

B. 기점 : 동작주체(?), 동작객체(-)
   종점 : 동작주체(-), 동작객체(+)

㉝ 我把语言学方面的书从书架底层移到书架上层。
㉞ 小芹把台灯从桌子这边推到桌子那边。

C. 기점 : 동작주체(?), 동작객체(-)
   종점 : 동작주체(?), 동작객체(+)

㉟ 我们把这批货物从北京运回南京。
㊱ 霖霖把爸爸从屋外推进屋里。

위에서 동작객체와 기점은 간접관계를 이루며, 종점과는 직접관계를 이룬다. 이는 물체가 하나만 출현한 상황과 동일하며, 동작주체와 기점, 종점 간에 직접관계를 이루는지는 동사에 동반의미가 있는지에 달려있다. A류에 들어가는 동사는 동반의미를 지니고 있어서 동작주체와 기점, 종점 간의 관계는 동작객체와 동일하다. 반면, B류에 들어가는 동사는 동반의미를 지니고 있기 않기 때문에 동작주체와 종점은 간접관계를 이루며, 기점과는 직접관계를 이룬다. 그러나 이러한 직접관계는 앞서 논의된 논리의미적 조건의 제약을 받기 때문에, 어떤 경우 동작주체와 기점 간에는 간접관계만을 이룰 수 있다. B류에서 제시한 두 예문이 이에 속한다. 이 경우 B의 동작주체와 기점의 관계는 (?)로 표시된다. C류에서 동작주체와 기점, 종점의 관계는 동사에 동반의미가 실현되는지에 달려있다. 만일 동반의미가 있으면 동작주체와 기점은 (-)로 표시되고, 동작주체와 종점은 (+)로 표시된다. 만일 동반의미가 없는 경우 동작주체와 기점은 (+)로 표시되고, 동작주체와 종점은 (-)로 표시된다.

4) 기점, 종점 개념만 있는 공간위치의 특징

(1) 여기서 논의되는 공간위치의 특징은 위치이동 방향과 직접적 관련이 없고, 단순하게 기점, 종점의 개념을 나타낸다. 이러한 특징은 다음과 같이 세 가지로 정리하였다.

가. 불완전성

단순하게 기점, 종점 개념만 있는 공간위치의 특징은 물체의 존재방식이 결여되었기 때문에 완전한 의미를 나타내지 못한다. 예컨대, '*他从北京', '*他向山上', '*他沿着马路'는 성립하지 않는다. 이는 기점과 종점의 개념은 반드시 구체적인 위치이동과 결합하고 위치이동이 없으면. 기점과 종점의 개념이 더 이상 존재하지 않기 때문에 정태위치처럼 원점과 종점이 통합된다는 것을 말해준다. 한편, 위치이동의 방향은 기점, 종점의 개념과 관련된다. 따라서 이동방향을 나타내는 동사 또는 방향동사 '来/去', '上/下' 등이 출현해야만 물체의 공간에서의 위치이동을 나타낼 수 있다. '他来了', '他上来了', '花盆掉下来了' 등이 이에 속한다. 따라서 단순하게 기점과 종점을 나타내는 개념은 불완전하여, 공간위치를 표현하는 필수요소가 될 수 없다.

나. 정태성

단순하게 기점과 종점을 나타내는 개념은 공간위치를 표현할 때 불완전하기 때문에 이동동사와 결합을 해야만 동태위치를 나타낼 수 있다. 이러한 점에서 단순하게 기점과 종점을 나타내는 공간위치는 정태위치임을 알 수 있다. 이른바 '정태적'이란 기점과 종점 개념이 물체의 운동과 관련이 없다는 것을 가리킨다. 문장에서 단순하게 기점, 종점의 개념만 있는 공간위치는 위치이동 상태에 처해있는 물체와 기점, 종점의 관계만을 나타내기 때문에, 물체가 어떤 방식으로 기점을 출발하고, 종점에 도달하는지, 혹은 기점과 종점 간에 이동궤적이 분명하게 드러나는지, 물체가 점의 위치에 있는지는 설명할 수 없다. 예를 들어 '他从北京来'에서 '从北京'은 '他'가 위치이동한 위치와 기점 간의 관계만을 나타낼 뿐, '他'가 기점에서 어떻게 출발했는지에 대해 '从北京'만으로 완전하게 설명할 수 없다. 따라서 기점과 종점은 공간위치에서 단지 정태적 서술의 작용을 한다고 할 수 있다.

다. 준(准)서술성

만일 불완전성과 정태적 특징을 지닌 기점과 종점의 공간위치를 '준서술성'으로 간주한다면, 이동방향을 나타내는 이동동사는 '진(真)서술성'으로 이해할 수 있다. 동태위치를 나타내는 문장에 준서술성이 있으면 반드시 서술이 있어야 한다. 앞서 언급했듯이, 준서술성은 기점과 종점만 있는 공간위치는 불완전하다. 예컨대, '他从北京'은 성립되지 않지만, '北京' 뒤에 이동방향을 나타내는 동사를 부가한 '他从北京来', '他从北京去'는 완전한 동태위치를 나타낼 수 있다. 반대로, 서술이 있으면 반드시 준진술성이 반드시 필요하지는 않다. 단순한 기점, 종점의 개념이 동태적 위치 표현에 필수적 요소가 아니기 때문이다. 예컨대 '他来了'에서 '개사+장소구'의 단순 기점과 종점의 개념은 출현하지 않았지만 동태위치를 나타내는 준진술이 없는 문장이다.

(2) 단순한 기점과 종점 개념의 공간위치 특징

가. 물체 존재방식

단순한 기점과 종점만 있는 경우 동태위치표현은 불완전하기 때문에 '개사+장소구'만 있는 문장에서 동사는 필수적이다. 물체의 존재방식은 공간위치에서 세 가지 구성요소 중의 하나이다. 기점, 종점만 있는 공간위치의 특징은 문장에서 '물체의 존재방식'을 나타내는 동사의 특징과 관련된다.

기점과 종점의 개념은 '위치 변화'를 겪은 후에(邓守信 1983) 구현되는 반면, 위치변화는 주로 물체 운동에 의지해 완성된다. 기점과 종점만 있는 문장에서 동사는 반드시 이동의 특징을 지니고 있어야 한다. 이러한 동사는 두 가지로 나뉜다. 하나는 자주이동동사('走, 跑, 奔, 跳')인데, 이러한 동사는 이동주체를 이동시킨다. 다른 하나는 비자주이동동사('拿, 推, 泼, 取')인데, 이러한 동사는 동작객체를 한 위치에서 다른 위치로 이동시킨다. 이동동사로 구성된 문장은 구체적 위치이동문에 속한다. 이동동사는 동작성을 지니고 있는 반면, 이동의 특징이 결여되어 있는 동사 '看, 想, 说' 등도 포함된다. 이러한 동사가 있는 문장은 추상적 위치이동문에 속한다. 본 절에서 언급되는 공간위치표현과 관련되지 않기 때문에 이에 관해서는 논하지 않기로 한다.

나. 물체 존재장소

'물체의 존재장소'는 정태위치표현에서 필수적인 반면, 동태위치표현에서 반드시 출현하지 않아도 된다. 위에서 들은 예문에서 '개사+장소구', '동사/방향동사+장소구'로 나타내는 기점과 종점의 개념은 명시적 존재장소에 속한다. 형식적 측면에서, 장소표지가 없는 경우 은폐된 존재장소를 암시하고 있다. 예컨대 '他来了'에서 물체의 존재장소는 문장의미에서 은폐되었다. 위의 문장에서 물체 '他'는 '화자가 발화한 장소'로 이동했으며, 화자가 발화한 장소가 '은폐된 장소'인데, 이는 동사 '来'를 통해 표현된다. 은폐된 존재장소는 완전한 동태위치를 나타내면, 명시적 기점과 종점을 나타내는 존재장소는 필수적 요소가 될 수 없다. 다음 절에서 이동방향이 있는 공간위치에 관해 논할 것이다. 이동방향이 있는 공간위치는 완전한 공간위치에 속한다.

4. 위치이동방향이 있는 공간위치

완전한 공간위치표현은 일반적으로 기점(A), 이동궤적(B), 종점(C)으로 이루어졌다. 기점과 종점만 있는 공간위치는 문장의 의미가 불완전한 반면, 이동궤적만 있는 경우 완전한 의미를 표현할 수 있다. 즉, A, C는 단독으로 물체의 공간위치를 표현할 수 없고, B는 단독으로 물체의 공간위치를 표현할 수 있기 때문에 A, C의 도움이 필요하지 않다. 이는 기점이나 종점 개념은 동사와 방향동사 '来/去', '上/下', '进/去' 등으로 나타내는 반면, 이동궤적은 그 자체가 위치이동의 방향을 나타낼 수 있기 때문이다.

1) 이동방향의 표현방식
(1) 수평방향의 위치이동과 수직방향의 위치이동
가. 수평방향과 수직방향

공간에 존재하는 물체는 다양한 방향으로 이동할 수 있다. 물체의 존재장소가 '0'인 경우, 존재장소는 화자가 발화했을 때의 공간위치를 가리킬 수도 있고, 물체가 점유한 공간위치를 가리킬 수도 있다. 예컨대, '他来了'에서 '0'은 화자가 발화했을 때 위치를 가리키는 반면, '他上楼

了'에서 '0'은 '楼'가 점유한 위치를 가리킨다. 이를 좌표로 나타내면 〈그림 1-7〉과 같다.

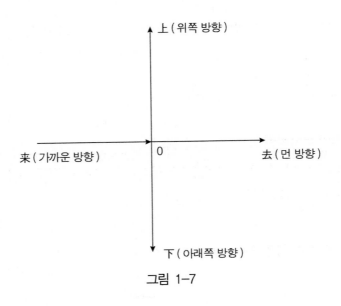

그림 1-7

나. 수평방향과 수직방향의 표현 방법

일반적으로 공간에서 물체의 이동방향은 수평방향과 수직방향으로 나뉜다.

수평방향은 주로 '来/去'로 나타내는 반면, 수직방향은 '上/下', '上来/上去/下来/下去'로 나타낸다. '上/下'는 단일방향으로만 작용을 해서 물체의 상향이동 또는 하향이동만을 나타낸다. '上来/下去' 등은 복합방향을 나타내며, 물체의 상향이동 또는 하향이동 외에 물체의 근접이동 또는 원접이동을 나타낸다. '来/去'가 단독으로 쓰이면 근접이동과 원접이동은 수평방향의 이동만을 나타낼 수 있다. 반면, '上来/下去' 등이 나타내는 근접이동과 원접이동 및 수평운동의 의미는 이미 소실되었으며,

수직방향의 이동만을 나타낼 수 있다.

주목할 만한 것은 위치이동의 수평방향과 수직방향은 '来/去'와 '上/下' 외에 다음과 같은 방식으로 나타낼 수 있다는 것이다.

    ① 他出门了。[수평방향 이동]
    ② 船舱里钻出了一满身油污的人。[수직방향 이동]

(2) 이동동사의 표현기능 위계
가. 이동동사의 위치이동표현 방식

동태위치를 나타낼 때 물체의 이동방향은 다음과 같이 두 가지 방식이 있다.

    (가) 이동동사
    (나) 이동동사+방향동사

나. 이동동사의 표현기능 등급

    ③ 他们来了。
    ④ 我们去那儿。
    ⑤ 他和妹妹都上楼了。
    ⑥ 他们早就下山了。
    ⑦ 火车开往北京。
    ⑧ 飞机从东郊机场起飞。

위의 이동동사는 모두 이동방향을 나타내지만, 표현기능에 등급을 가지고 있다. 등급은 독립적으로 동태적 위치를 표현할 수 있는지와 관련된다. 독립적 표현은 그렇지 않은 표현보다 훨씬 높은 등급이 부여된다.

가) '来/去'는 제1등급에 속한다. '来/去'구문은 공간위치표현 형식이

가장 단순하며, 물체를 나타내는 명사에 '来/去'를 부가하면, 물체의 동
태위치에 대해 표현할 수 있다. '我来了', '他去了'에서 '来'는 물체 '我'
가 화자의 발화시 장소로 이동하고 있음을 나타내는 반면, '去'는 물체
'他'가 화자의 발화시 장소를 등지고 이동하고 있음을 나타낸다. '来/去'
의 출현은 자유롭게 출현할 수 있고 부가조건이 필요하지 않다.

나) '上/下, 进/出, 回, 过'류 동사는 제2등급에 속한다. 동사 '上/下',
'进/出' 등의 구문이 공간위치를 표현할 때, 뒤에 장소구가 출현해야 한
다. 그렇지 않으면 문장은 성립하지 않는다.

⑨ 百货大厦楼梯上乱成一团，你上我下，到处是汗水淋漓的脸。

위에서 '你上我下'는 동태적 위치가 아니라 관용어에 속한다. 만일
'你上', '我下'라고 표현하면 어색하기 때문에 '我上楼', '他下山'처럼 장
소사를 부가해야 한다. 이로부터, '上/下'류 동사가 이동방향을 나타낼
때 일정한 조건이 있음을 알 수 있다. 장소목적어는 존재장소로, 물체
이동의 기점이나 종점 또는 이동궤적에서의 한 점에 해당한다.

다) '开/起飞'류 이동동사는 제3등급에 속한다. 이러한 이동동사가 있
는 구문이 동태위치를 나타낼 때 개사를 써서 장소를 나타낸다. '火车
开', '飞机起飞'는 물체의 운동을 나타내지만, 이러한 운동이 만일 기점
이 없고 종점만 있으면 이동궤적과 이동방향을 구현할 수 없다. 일반적
으로 장소는 반드시 출현해야 하지만, '上/下', '进/出'류 동사로 구성된
문장에서 개사를 통해 물체의 존재장소를 이끌어 낼 필요는 없다. 따라
서 이동동사는 동사 '上/下', '进/出'에 비해 제한조건이 더 많다고 할
수 있다.

가. 이동방향을 나타내는 '이동동사+방향동사'

　이동방향은 이동동사에 방향동사를 부가해 나타낸다.

　　⑩ 前面走来一个人。
　　⑪ 他终于爬上楼了。
　　⑫ 他才从美国飞回来。

　위에서 동사는 운동방식을 나타내며, 방향동사는 운동의 방향을 나타
낸다. ⑩에서 '一个人'은 걷기 방식으로 화자를 향해 이동했으며, 이동
방향은 방향동사 '来'가 나타낸다. ⑪에서 '他'는 오르는 방식으로 이동
을 했으며, 이동방향은 '上'으로 나타냈다. '他'는 오르는 방식으로 이동
했으며, 방향은 방향동사 '上'이 나타낸다. '他'는 '爬'의 운동방식으로
종점 '楼'를 향해 수직방향으로 위치이동을 했다.

(3) 이동동사와 방향동사의 공기 상황

가. 동사 결합능력에 대한 고찰

　방향동사는 일반적으로 세 가지 부류로 나뉜다.[12] 여기서는 이동동
사와 이 세 가지 부류의 방향동사의 결합이 어떠한 경향성이 있는지
살펴보기로 한다. 이를 위해 151개의 단음절 동사를 고찰하였다. 이러
한 동사가 이동방향을 나타내는 이동방향을 나타내는 방향동사와 결합
할 수 있는지는 판별모형을 통해 설명할 수 있다. 『汉语动词用法词典』
에 출현한 이동동사 188개 중에서 쌍음절 동사는 27개이며, '来, 去,
上, 下, 进, 出, 回, 过'처럼 방향동사의 용법을 겸한 동사는 10개인데,
이를 제외한 151개 동사가 논의의 대상이다. 쌍음절 동사는 뒤에 방향

....

12) 胡裕树(1981)은 방향동사를 (1) '来, 去'', (2) '上, 下, 进, 出, 过, 回, 开, 起, (3)
　　'上来, 下去, 进来, 出去, 过去, 回去…'로 구분하였다.

동사와 결합능력이 약하다. 예컨대 '移动, 散步, 游泳' 등의 동사 뒤에 방향동사를 부가할 수 없다. 따라서 단음절동사를 위주로 고찰했으며, 주로 '来/去', '上/下'와 기타 방향동사 '进来', '出去' 등과의 결합능력을 살펴보았다.[13)]

동사의 결합능력은 다음과 같다.

가) '来/去', '上/下'와 결합할 수 있는 동사

挤, 爬, 跪, 扑, 逃, 跳, 走, 搬, 抛, 抬, 拖, 运(12개)

나) '来/去'와 결합할 수 있는 동사

奔, 蹦, 冲, 闯, 飞, 拐, 流, 漂, 射, 探, 踢, 游, 钻, 拨, 扯, 抢, 掸, 夺, 滚, 划, 浇, 推, 砍, 拿, 拧, 扭, 派, 捧, 泼, 拉, 牵, 取, 扔, 扫, 送, 捎, 偷, 投, 抓, 撞, 追, 带, 找, 驶, 抽, 担, 吹, 提, 跟 (49개)

다) '来'와만 결합할 수 있는 동사

采, 递, 钓, 赶, 换, 捡, 交, 接, 搂, 拾, 收, 吸, 陪, 分 (14개)

라) '去'와만 결합할 수 있는 동사

丢, 揭, 挪, 掏, 吐, 喷 (6개)

마) '上/下'와만 결합할 수 있는 동사

....

13) 사실상 '수여 의미'의 동사 '交, 还, 寄, 调, 发' 등 역시 이동을 나타낼 수 있다. "他寄来一封信"에서 '一封信'은 '寄'의 운동 방식을 통해 화자의 방향으로 이동하는 과정이다. 그러나 '수여 의미'는 동사 내부가 비교적 복잡하기 때문에 본 절에서는 분석하지 않기로 하며, 이러한 동사는 이동동사로 귀납하지 않기로 한다.

扶, 搀 (2개)

바) '上'와만 결합할 수 있는 동사

登, 飞, 攀, 担, 钓, 顶, 举, 杠, 捞, 升, 挑, 挂, 托, 提, 乘14) (15개)

사) '下'와만 결합할 수 있는 동사

蹦, 沉, 跌, 踩, 倒, 降, 流, 落, 散, 摔, 踏, 采, 拆, 掉, 丢, 滚, 揭, 漏, 埋, 拧, 扭, 泼, 取, 撒, 吞, 挖, 脱, 压, 咽, 摘, 退, 撤 (32개)

아) 기타 방향동사와만 결합할 수 있는 동사

离(开), 缩(进去), 通(过), 插(进去), 翻(过来), 救(出来), 冒(出来), 拦(过去), 塞(进去), 撬(出来), 渗(下去), 弹(出来), 掀(起来), 咬(下去), 逛(过去), 割(开), 绕(过去), 转(过来)(18개)

나. 동사의 결합능력에 대한 해석

위의 151개 동사를 고찰한 결과, 방향동사와 결합할 수 있는 동사는 비대칭적 분포를 이루고 있다. 먼저, 수평방향을 나타내는 방향동사와 결합 가능한 동사는 수직방향과 결합하는 동사(50>2)를 나타낸다. 수평방향 동사와 결합하는 동사는 '来'와의 결합에 비해 '去'와의 결합비율이 높게 나타났다. 마찬가지로, 수직방향과 방향동사가 결합하는 동사는 '下'와 결합하는 비율이 '上'과 결합하는 비율보다 높게 나타났다 (33>15). 이러한 결합능력의 차이는 어떤 원인이라고 분명하게 말하기 어렵지만, 다음과 같이 설명할 수 있을 것이다.

가) '来/去'의 결합 기능은 '上/下'에 비해 강력하다. '上/下'는 '来/去'

----

14) 아래점이 있는 것은 중복 계산된 것이다.

와 결합해서 복합방향의 방식으로 수직방향으로 이동했음을 나타낸다. '上/下'의 일부 기능은 '上来/上去/下来/下去' 등이 담당한다.

나) 동사에 '来/去'를 부가하면 물체 이동을 나타낼 수 있다. 반면, 동사에 '下/去'를 부가하면 단독으로 물체 이동의 자격을 가지지 못하기 때문에 '동사+上/去' 뒤에 반드시 장소구가 출현해야 한다. 동사의 '上/下'에 대한 선택제약이 있기 때문이다.

다) 근접이동과 결합할 수 있는 동사는 원접이동과 결합하는 동사보다 많고, 하향이동과 결합하는 동사는 상향이동과 결합하는 동사보다 많은데, 이는 객관세계에서 물체이동의 실제상황과 관련해서 생각해 볼 수 있다. 만유일력 법칙에 따라 수직이동시 하향이동의 총량은 상향보이동다 많으며, 이는 중국어의 표현 관습과도 관련된다.

2) 물체와 이동방향의 관계

(1) 한 개의 물체와 이동방향의 관계

① 老师从外面进来了。
② 一种有毒的气体飘过城市的上空。
③ 她喳喳喳地一口气爬上五楼。
④ 他一个人悠悠地逛出了城。

물체가 한 개만 출현한 경우 모두 동작주체이며, 문장에 출현한 이동동사는 다음과 같은 특징을 지니고 있다.

가) 대부분 신체동작을 나타내는 동작동사 '进, 爬, 逛'등이다. 물체자체의 운동을 나타내는 동사 '飘' 등도 있는데, 위의 예문에서 '飘'의 출현빈도는 낮다.

나) 대부분 자주이동동사이다. 자주이동동가 나타내는 동작은 동작주

체가 촉발한다. 이러한 동작은 동작주체에 의해 이동이 초래되며, 동작주체는 곧 이동주체이다. 이동주체와 이동방향은 일치관계에 있다.

(2) 두 개의 물체와 이동방향의 관계
가. 여러 가지 상황

문장에 두 개의 물체가 출현했을 경우 상황은 복잡해진다. 일반적으로 아래와 같은 상황이 출현할 수 있다. 이동방향이 일치하면 (+)로, 일치하지 않으면 (-)로 표시하기로 한다.

가) 동작주체(-), 동작객체(+)

⑤ 我从他手中夺过来一把枪。
⑥ 他把小皮球一下子抛上三楼屋顶。
⑦ 我们把一堆堆石头推下山。

위에서 이동방향은 각각 다르지만, 동작주체와 이동방향은 일치관계에 있으며, 동작주체는 일반적으로 위치이동을 하지 않는다. ⑤에서 동작주체 '我'는 이동방향을 나타내는 '过来'와 어떠한 관계도 발생하지 않고 여전에 원래의 공간위치에 존재한다. 반면, 동작객체 '一把枪'은 위치이동에서 이동방향 '过来'와 일치한다. 이러한 구문에서 동사는 물체 자체의 이동만을 나타낼 뿐 신체동작을 나타내지 않는다.

나) 동작주체(+), 동작객체(+)

⑧ 他把宣传品带出了城。
⑨ 我们把椅子都搬上楼了。
⑩ 他从河对岸划来一只船。

위에서 동작주체와 동작객체는 이동방향과 일치한다. ⑧은 '他出了城 +宣传品出了城'과 같고, ⑩은 '他从对岸来+船从对岸来'와 같으며, 동사 는 물체 자체의 동작을 나타낸다. 이러한 동사는 물체 자제가 동작을 나타내는 동사이다. 이러한 동사는 동반의미를 지니고 있으며, 동작과 정에서 동작주체는 반드시 동작을 해야 한다. 따라서 동작주체와 이동 방향과 일치관계에 있다.

　다) 동작주체(?), 동작객체(+)
　　⑪ 我们把这批货物都塞进屋里。
　　⑫ 大家一齐把小王拥上主席台。
　　⑬ 我们把孩子推出门外。

위에서 동작주체와 이동방향은 일치한다. ⑪에서 동작객체 '这批货 物'는 이미 방안으로 들어왔으며, ⑫에서 동작객체 '小王'은 의장단 쪽 으로 상향 이동을 하는 반면, 동작주체가 이동했는지는 불분명하다. ⑪ 에서 '我们'은 '这批货物'와 함께 방에 들어갔을 수도 있고, 여전히 방 밖에 있을 수도 있다.

나. 동작주체와 이동방향의 일치관계에서 제한조건
　일반적으로 동작주체와 이동방향이 일치하는지는 다음과 같은 두 가 지 측면에 달려있다.
　가) 동사의 동반의미의 실현 여부이다. 위에서 세 번째 부류의 동사가 지니고 있는 동반의미는 두 번째 부류 '带', '搬'에 미치지 못한다.
　나) 화자의 발화시 위치이다. 다음을 비교해 보자.
　　A. 我们把这批货物都塞进屋里。
　　B. 我们把这批货物都塞进屋里来。

C. 我们把这批货物都塞进屋里去。

A에서 동작주체 '我们'이 방에 들어갔는지는 분명하지 않지만, B는 이미 '방 안'에 들어왔으며, C는 여전히 '방 밖'에 있음을 나타낸다. 이는 물체의 존재장소는 이동방향의 관련되기 때문인데, 아래에서 이에 대해 분석하기로 한다.

분석에 따르면, 동작객체와 이동방향이 일치하는 반면, 동작주체는 이동방향과 다양한 관계를 이룬다. 이는 물체 자체의 운동을 나타내는 동사이고, 이동의 주체는 동작객체이며, 동작객체의 운동이 비운동적 특징으로 출현하기 때문이다. 이동주체는 예정된 방향으로 이동을 하며, 이동주체가 초래한 동작이 동작주체에 대해 영향을 미쳤을 때, 동작주체는 비로소 동작객체와 동일한 방향으로 위치 이동할 가능성이 있다. 결과적으로, 문장에 출현한 대부분은 물체 자체에 운동을 나타내는 동사에 속하는데, 이는 위와 같은 분석 결과를 얻은 원인이기도 하다.

다) 화자의 발화 장소는 동작주체의 이동방향과 일치하는지에 영향을 주는 요소이다

이동방향을 복합형식 또는 '进来', '出去' 형식으로 나타냈을 경우 동작주체와 이동방향이 일치하는지는 동사에 동반의미가 있는지에 달려 있다. '来/去'는 화자가 발화했을 때 위치를 나타내는 기능을 하고, 동반의미가 없는 동사이기 때문에 '来/去'의 암시로 동작주체와 이동방향 간에 다른 관계를 나타낼 수 있다. '我们把这批货物塞进屋里来'와 '我们把这批货物塞进屋里去'에 대한 이해를 달리하는 이유는 '来/去'의 영향을 받았기 때문일 것이다. '大家把他抬上主席台'에서 동작주체 '大家'가 '主席台'로 올라갔는지는 분명하지 않다. '大家'가 의장석 밑에서 '他'를

무대 위로 올렸으면 '他'는 의장석 위에 있고, '大家'는 '主席台' 밑에
남아 있었을 것이다. 만일 '大家'가 '他'를 의장석으로 올리면서 함께
올라갈 수도 있을 것이다. 이러한 문장에 '来/去'를 부가한 후 동작주체
와 이동방향의 관계는 명확해진다. '大家把他抬上主席台来'는 '大家'가
원래 '主席台' 위에 있었지만 지금은 동작객체 '他'와 함께 무대 위로
올라왔음을 나타낸다. 반면, '大家把他抬上主席台去'에서 적어도 '大家'
가 '主席台'에 올라갔는지는 불확정하다는 것을 나타낸다.

3) 물체의 존재장소와 이동방향의 관계

(1) 이동방향과 관련된 물체 존재장소의 표현

동태위치표현에서 단순한 물체의 존재장소는 '개사+장소구'로 표현한
다. 반면, 이동방향과 직접 관련된 물체의 존재장소는 동사 또는 방향동사
'来/去', '上/下', '进/出', '回', '过', '起' 등에 장소구를 부가해서 표현해
야 한다. 이는 다음과 같이 두 가지로 나뉜다.

가. 동사/방향동사+'来/去'

① 他来了。
② 我去了。
③ 他送来一本书。

물체 '他', '我'가 존재하는 장소는 화자가 발화시 처한 장소이다.

나. 동사/방향동사+'上/去', '进/出', '回', '过', '起'에 장소구를 부가한다

④ 他上楼了。
⑤ 他下山了。

⑥ 他进城了。

위에서 동사나 방향동사 뒤에 쓰인 장소구는 물체의 존재장소이다.
이 경우 개사를 쓰지 않고, 기점이나 종점의 개념은 장소구 앞의 동사나
방향동사가 결정한다.

이로부터 '来/去'가 있는 물체의 존재장소와 '上/下', '进/出', '回',
'过', '起'가 있는 물체의 존재장소는 차이가 있음을 알 수 있다. 아래에
서 존재장소에 관한 표현과 존재장소와 이동방향의 관계에 대해 분석하
기로 한다.

(2) '来/去'가 존재장소를 나타내는 경우
가. '来/去' 구문은 물체의 이동을 나타낸다
'来/去'가 있는 물체의 존재장소는 화자가 발화한 공간위치로 문장의
기점에 해당한다. 여기서는 '개사+장소구' 형식의 존재장소가 출현할
수 있다. 다음의 예문을 살펴보자.

⑦ 从北京来了一位官员。

'来/去' 뒤에 장소구를 부가할 수도 있다.

⑧ 老张昨天才来北京。

장소구가 출현하지 않는 경우도 있다.

⑨ 来了一位客。
⑩ 他去了。

위의 예문은 모두 물체가 공간에서 이동했음을 나타낸다. '来/去'는

문장에서 물체가 존재하는 장소로 기능을 하지만, 여기서 제시되는 '물체의 존재장소'는 명시적으로 드러나지 않고 암시된다. 즉, ⑨와 ⑩의 두 예문에서 '北京'은 문장 의미에서 화자의 발화시 은폐된 장소이다. 여기서 논의되는 물체의 존재장소와 이동방향의 관계에서 물체의 존재장소는 문장 의미에서 은폐된 장소이다. 아래서는 '来/去'가 가리키는 물체의 존재장소에 대한 다양한 의미를 논할 것이다.

나. '来/去'가 나타내는 존재장소의 공간의미

'来/去'가 가리키는 물체의 존재장소를 화자가 발화한 실재위치인 기점으로 간주한 하면, 화자와 문장의 동작주체 또는 동작객체 간에는 일정한 관계가 성립한다. 이는 직접관계와 간접관계로 나뉜다.

가) 직접관계는 화자와 문장의 동작주체 또는 동작객체의 관계가 분명한 경우이다. 화자는 실재 신분으로 전체 문장에 참여한다.

나) 간접관계는 화자와 문장의 동작주체 또는 동작객체의 관계가 불분명한 경우이다. 화자가 가상의 신분으로 문장에 참여했을 때 동작주체 또는 동작객체의 이동방향은 '가상'의 화자와 관련된 반면, 화자의 위치와는 직접적 관계가 없다. '来/去'가 있는 문장에서 '실재'의 화자가 발화했을 때 실재위치에 근거한 물체의 존재장소는 '실재장소'라고 불린다. 반면, '来/去'가 있는 문장에서 '가상'의 화자가 발화했을 때의 실재위치에 근거한 물체의 존재장소를 '가상장소'라고 불린다. 이는 화자의 신분을 기준으로 나타낸 두 가지 다른 의미를 나타낸다.

(3) '来/去'가 나타내는 실재장소

가. 이동방향은 화자의 주관적 서술이다

다음의 예문에서 '来/去'가 나타내는 이동방향은 화자의 실재장소를 근거로 한다.

⑪ 他来了。
⑫ 这些人都去了。
⑬ 他向前奔去。
⑭ 一本书拿来了。

위에서 동작주체 또는 동작객체의 이동방향은 화자의 주관적 서술에 해당한다. 따라서 화자의 발화시 위치는 '화자가 발화했을 때의 来/去'를 선택하는 근거가 된다. ⑪에서 화자와 동작주체 '他'는 원래 서로 마주보고 있었으며, 이동 '来'를 시작한 후 동작주체 '他'는 화자의 방향으로 이동하였다. ⑬에서 화자와 동작주체 '他'는 서로 동일한 방향, 즉 앞쪽을 향해 서있었으며, 이동 '奔去'를 시작한 후 이동주체 '他'는 화자로부터 멀리 이동하였다. ⑭에서 동작객체 '一本书'는 화자가 발화한 위치에서 이동했으며, '拿'는 이동방식을 나타낸다. 위에서 화자는 출현하지 않았지만, 화자가 존재하고 있음은 분명하다. '他来了'는 '他向我走来了'로, '一本书拿来了'는 '这些人离我而去了'로, '这些人去了'는 '这些人离我而去了'로 이해할 수 있다. 실재장소는 화자의 주관적 태도를 나타낸다. 만일 화자가 문장에 출현하면, 1인칭 '我' 또는 '我们'으로 지칭된다.

나. 인칭이 이해에 미치는 영향

⑮ 他来了。
⑮' 我来了。
⑯ 他们去了。
⑯' 我们去了。

형식적 측면에서 위의 예문은 인칭대사가 다르다. 그러나 실제로 화자가 발화시 처한 위치는 실재장소이며, 문장에 출현하지 않는 화자는 1인칭 '我' 또는 '我们'이다. 이처럼 1인칭 '我/我们' 또는 3인칭 '他/他们'이 쓰인 문장은 이동방향과 물체의 존재장소의 관계를 이해하는데 차이가 있다. '他来', '他们去'에서 '他'와 '他们'의 이동방향은 화자 '我'의 위치와 상대적이며, '我来了', '我们去了'에서 '我'와 '我们'의 이동방향은 화자 '我'의 위치와 상대적이다. 이처럼, 문장 안의 '我'와 문장 밖의 '我'가 동시에 존재하면 상호 영향으로 모순이 발생할 수 있다. 위의 '我来了'와 '我们去了'는 순수하게 성립한다고 말할 수 없고,15) 일정한 언어환경에서만 표현할 수 있다. '일정한 언어환경'이란 화자가 서술한 사건이 반드시 끝났음을 가리키고, 화자의 발화시 공간위치는 반드시 그 사건이 끝났을 때의 위치를 가리킨다. 예컨대, '我来了'는 다른 사람이 베이징에 이미 온 상황에서 발화한 경우이다. '来'는 '我'가 그 당시에 처한 위치를 가리키며, 화자의 위치는 '我来'라는 사건이 종료되었을 때 도달한 장소이다. 마찬가지로, '我们去了'에서 '我们'의 이동방향은 '去'의 동작이 끝난 후 처한 위치를 가리킨다. 따라서 1인칭으로 이루어진 공간위치를 나타내는 문장은 통상적으로 기점, 종점이 있는 어휘를 부가해야 한다. 다음의 예문을 살펴보자.

⑰ 我从北京来。
⑱ 我们到北京去。

위에서처럼 '来/去'를 통해 화자의 발화시 위치를 나타낼 수 있다.

....

15) '我们去了'는 거의 '我们去了, 您再坐会儿吧'로 쓰일 수 있다. 그러나 여기의 '去'는 '떠나다'의 뜻으로 '来'와 상대적 개념의 '어떤 장소에서 어떤 장소로 이동함'의 의미를 나타내지 못한다.

⑰에서 화자의 발화시 위치는 기점 '北京'과 상대적인 종점의 위치에 있음을 나타낸다. 반면, 3인칭으로 이루어진 문장은 언어환경이 필요하지 않다. 黄宣范(1977)에 의하면, '来'는 청자를 향한 이동을 나타낸다고 설명했으며, '我马上过来(你这边)'가 이에 속한다. 여기서는 그가 제시한 상황은 드물고, 일반적으로 대화에서만 사용할 수 있다고 하였다. 대화에서 화자는 상대방을 존중하는 화법을 사용하는데, 청자의 입장을 고려해 상대방이 처한 위치를 물체이동의 방향에 근거로 삼아 표현할 수 있다. '我马上过来'는 더 많은 경우 '我马上过去'라고 말하며, 여기서 '过去'는 화자와 멀어지는 방향을 나타낸다. 이는 화자 자신의 입장에서 문제를 고려한 것으로 '去'는 청자의 방향을 향해 이동한다는 것을 나타낼 수 있다.

(4) '来/去'가 나타내는 가상장소

가. 이동방향이 화자의 객관적 서술인 경우

아래의 예문에서 '来/去'가 나타내는 물체의 방향은 화자가 발화를 했을 때 가정한 장소를 근거로 한다.

> ⑲ 许云峰……迈步向楼下走去。
> ⑳ 王芹芹从遥远的北疆为旦旦带来一张贺年卡。
> ㉑ 通往县城的大路上走来了一老一少两个人。
> ㉒ 孟庄水面上漂来了许多上游村庄人们使用的物品，让人看了心酸。

위에서 동작주체 또는 동작객체의 이동방향은 화자의 객관적 서술에 해당한다. 이러한 가상장소는 두 가지로 나뉜다.

나. 화자와 문장의 인물이 동일한 위치에 있을 경우

　화자가 참여한 문장에서 3인칭으로 출현한 어떤 인물과 화자가 동일한 위치에 있다고 가정하자. ⑲의 '许云峰……迈步向楼下走去'에서 화자는 자신의 위치를 '许云峰'이 있는 곳으로 설정하였다. '许云峰'은 원래 위층에 살고 있는데, '向楼下走去'는 '许云峰'이 있었던 원래의 위치를 등지고 이동했음을 나타낸다. 위의 예문은 다음과 같이 바꿀 수 있다.

　　㉓ 成岗看到, 许云峰……迈步向楼下走来。

　위에서 화자는 자신의 위치를 '成岗'이 있는 '楼下'의 위치로 설정해서 '许云峰'이 '成岗'의 위치로 이동하고 있음을 나타낸다. 마찬가지로, '王芹芹从遥远的北疆为旦旦带来一张贺年卡'에서 화자가 발화한 위치는 문장에 출현한 '旦旦'의 위치와 동일하며, '贺年卡'는 '旦旦'을 향해 이동해 점차 가까워지고 있다. 이와 달리, '王芹芹从遥远的北疆为旦旦带去一张贺年卡'는 화자가 발화한 위치는 문장에 출현한 '王芹芹'의 위치와 동일하며, '贺年卡'는 '王芹芹'에서 먼 방향으로 이동해, 점차 멀어지고 있음을 나타낸다.

다. 화자가 문장에서 제시한 위치에 있을 경우

　화자가 문장에 참여했을 경우 문장에서 제시한 어떤 위치를 가정해보자. ㉑에서 화자의 위치를 '县城'를 설정했으며, '一老一少两个人'은 '县城'을 향하고 있다. 즉, 화자가 발화한 장소의 방향으로 이동했다. ㉒에서 화자의 위치는 문장에 출현한 위치 '孟庄的水面上'의 한 곳으로 설정했으며, '上游村' 사람들 사용한 '物品'은 '孟庄的水面上'으로 향하고 있다. 즉, 화자의 발화 위치의 방향으로 이동했다. 흥미로운 점은 가상장소에서 대부분 근접이동을 나타내는 '来'를 쓰는 반면, 원접이동을 나타내는 '去'는 드물게 쓰인다는 것이다. 만일 '去'가 쓰이면, 화자의 위치와 출현하지 않은 사람 또는 사물의 위치와 동일하게 되는데, 이를 이해하는 데는 어려움이 따른다. 예를 들어, '通往县城的大路上走去一老一少两个人'에서 화자의 위치는 '县城'과 상대적인 어떤 장소일수도 있고, '一老一少两个人'과 상대적인 다른 사람이 처한 위치일 수도 있을 것이다. 이러한 문장은 드물게 출현한다.

(5) '来/去'가 나타내는 장소
가. 화자의 발화시간을 근거한 두 가지 위치

'明天你到我家去'에서 화자의 발화시 장소는 분명이 '我家'가 아닌 다른 장소이다. 위의 문장에서는 '你'로 하여금 화자의 위치를 벗어나 '我家'를 향해 가도록 한다는 것을 의미한다. 이와 달리, '明天你到我家来'에서 화자의 위치는 두 가지 해석이 가능하다. (1) '你'에게 화자의 발화 장소인 '我家'로 오라는 것을 의미한다. (2) 화자의 발화 장소가 '我家'가 아니고 다른 장소이다. 이 경우, '来'는 화자 자신의 위치를 '明天'의 시간 내에 있게 될 장소로 오라는 것을 의미한다. 즉, '到我家'의 동작이 완료되었을 때의 화자가 처한 위치이다. 이처럼, '来'와 '去'가 화자의 발화시 위치를 나타낼 때 발화시간에 대한 이해는 다를 수 있다. 여기서는 '来'의 이해는 반드시 시간요소를 끌어와야 한다고 생각한다. 화자의 발화시간과 화자가 처한 장소가 일치했을 경우 '현재 장소'로 불리는 반면, 화자의 발화시간 이후에 화자가 처하게 될 장소에서 발생했을 경우 '먼 장소'라고 불린다. 이는 '来'가 함의하고 있는 화자의 발화시간에 대한 서로 다른 이해를 근거로 한다. 이러한 시간기준은 黃宣范(1977)이 제시한 '기호화된 시간' 또는 '참조시간'을 가리킨다.

나. '来'가 '먼' 장소를 나타내는 몇 가지 조건

　위의 예문에서처럼 '来/去'가 있는 문장에서 화자가 발화한 장소는 '현재장소'이며, 화자가 발화한 서술은 이미 발생한 사실을 나타낸다. 여기서 화자가 처한 위치는 당시 상황에 대한 것으로, 이에 대해 청자는 다른 이해를 가질 수 없다. 즉, '他来了'에서 '他'의 이동을 이미 발생했으며, 화자의 방향으로 이동했음을 의미한다. 화자가 발화한 내용이 아직 발생하지 않았을 경우 화자의 위치는 두 가지 가능성으로 이해할 수 있다. '明天你到我家来'에서 '来'가 '먼 장소'를 나타내려면 다음과 같은 몇 가지 조건을 갖춰야 한다.

　가) 먼 장소는 특별한 언어환경의 조건에서 운용되며, 일반적으로 대화상에서 쓰인다. 서술체의 3인칭 동작주체가 쓰인 문장에서 먼 장소의 의미는 드물게 출현한다. 이러한 이유는 먼 장소에 대한 이해는 언어환경에 의존해야하기 때문이다. '明天你到我家来'에서 '你'와 '我'의 대화가 '我家'에서 이루어지지 않았다고 할지라도 두 사람 간의 대화는 반드시 이뤄졌을 것이다. 이 문장에서 청자는 화자 '我'가 내일 자신의 위치를 '你'의 이동방향을 참조점으로 삼았다는 사실을 알고 있다. 만일 화자와 청자의 면대면 상황이라는 언어환경을 벗어나면, 이러한 의미는 나타내기 어렵다.

　나) 대화에서 3인칭 출현은 제약을 받는다. 먼 장소를 나타내는 문장에서 동작주체는 대화참여자 '你' 또는 '我'이다. 예를 들어, '明天你到我家来'에서 동작주체는 '你'이다. 黄宣范이 제시한 예문 '我马上过来(你这边)'는 청자의 위치를 근거한 것이지만, 이를 먼 장소라고 이해할 수 있다. 예를 들어, '我马上过来你这边'에서 화자는 '马上'이 완성된 시간 내에 처한 장소에 존재한다. 즉, 화자가 '过来'의 동작을 완료한

후 '你这边'에 도달한 위치를 근거로 한 것인데, 이 문장에서 동작주체는 화자 자신인 '我'이다.

　다) 먼 장소를 나타내는 문장에서 '来' 뒤에 반드시 장소사가 오지 않아도 된다. 장소사가 오는 경우는 '来我家', '过来你这边' 등이 있고, 장소사가 오지 않은 경우는 '请你明天过来'가 있다. 이 문장에서 동작주체 '你'는 내일 어떤 시간 내에 화자의 위치로 이동해야 한다. 이 문장에서 화자의 위치는 청자와 대화를 나눴던 당시의 위치일 수도 있고, 그렇지 않을 수도 있다. 예컨대, 화자와 청자가 '열람실'에서 대화를 나눴다면, 화자가 언급한 '明天过来'는 청자에게 내일 열람실로 오라고 하는 것일 수도 있고, 청자에게 내일 화자가 자주 가는 장소로 오라고 하는 것일 수도 있다.

　위에서 근접이동의 '来'와 원접이동의 '去'가 나타내는 물체의 존재장소는 〈표 1-7〉과 같이 정리할 수 있다.

분류기준	화자 기준			화자 발화시간 기준	
	실재장소	가상장소		현재장소	먼 장소
장소구		문장의 인물과 동일한 위치	문장의 사물과 동일한 위치		
예 문	他来了。他拿来一本书。	许云峰……向楼下走来。	通往县城的大路上走来一老一少两个人。	他来了。许云峰……向楼下走来。	明天你到我家来。

(6) '上/下', '进/出' 등에 장소구를 부가한 존재장소 표시

가. 上/下', '进/出'에 장소구를 부가해 사물이 점유한 공간위치를 기점으로 삼는다

　上/下, 进/出, 起, 回, 过, 到' 등에 장소구를 부가해 사물이 차지하는

공간위치를 기점으로 간주할 수 있다. '上/下', '进/出' 등에 개사구를 써서 사물의 존재장소를 나타낼 수 있다.

⑬ 他从台上"噔"的一下跳上舞台。
⑭ 一个人从外面走进教室。

위에서 물체의 두 개 존재장소는 기점과 종점을 나타낸다. 만일 上/下', '进/出' 등에 직접 장소구를 부가하면 물체의 공간위치를 나타낸다.

⑮ 他下楼了。
⑯ 他上船了。
⑰ 他回家了。

사물이 점유한 공간을 기점으로 간주했을 때 물체의 존재장소는 다음과 같이 이동방향과 다양한 관계가 이루어진다.

가) 물체의 이동시 물체의 존재장소와 근접한 경우
아래의 예문에서 물체의 존재장소는 종점위치에 있는 어떤 사물이 차지하는 공간위치를 기점으로 삼았으며, 물체가 이동했을 때 물체의 존재장소와 가까워지는 경향이 나타난다.

⑱ 他终于挤上了车。
⑲ 他慢慢地骑到家里。
⑳ 八点整, 他走进教室。
⑴ 他绕道香港提前一个月回国。

'上, 进, 回, 到'가 나타내는 물체의 존재장소는 종점을 참조점으로 삼는다. ⑱에서 물체 '他'는 '车'의 방향으로 이동하며, ⑳에서도 마찬가지로 '他'와 '走进'은 종점 '教室'를 향하고 있다.

'上, 进, 回, 到'가 쓰인 물체의 존재장소는 종점의 개념과 관련되기 때문에 문장에 기점을 나타내는 장소가 출현할 수 있다. 예를 들면, '他从学校回到家里', '他从外面走进教室' 등이 있다.

나) 물체의 이동시 물체의 존재장소와 멀리 있는 경향이 있다

아래의 예문에서 물체의 존재장소는 기점에서 있는 사물이 차지한 공간위치를 참조점으로 삼는다. 물체가 이동했을 때 물체의 존재장소와 멀어지는 경향이 나타난다.

③③ 他出门了。
③④ 他慢吞吞地走下火车。
③⑤ 他终于离开了这块生他养他的土地。

위에서 '出, 下, 开' 등의 동사 또는 방향동사 '出, 下, 开' 뒤의 장소구는 기점을 나타낸다. '门'은 '出'의 기점이고, '火车'는 '走下'의 기점이며, '这块生他养他的土地'는 '离开'의 기점이다. 물체는 기점을 벗어나 멀어지고 있는 경향을 나타낸다. ③③에서 '他'는 기점에서 멀리 떨어진 '门'의 방향으로 이동했으며, ③④에서 '他'는 '火车'에서 먼 방향에서 이동했음을 나타낸다.

(가) '出, 下, 开'가 나타내는 물체의 존재장소는 기점과 관련되며, 이는 '개사+장소구' 형식으로도 나타낼 수 있다. '出, 下, 开' 뒤의 장소구는 개사 뒤로 이동해야 성립할 수 있다.

③⑥ 他慢吞吞地从火车上走下(来)。
③⑦ 他终于从这块生他养他的土地上离开了。

한편, 문장에 종점를 나타내는 장소구가 출현하지 않는 경우도 있다. 일반적으로 기점을 나타내는 장소구는 장소목적어로 출현하는데, 이러한 위치는 종점을 나타내는 장소구의 동사 뒤의 위치와 동일하다. 이처럼 종점을 나타내는 장소구는 문중에 둘 수 없다.

(나) 방향동사 '起'가 있는 문장은 기점과 관련된다. 일반적으로 '起' 뒤에 장소목적어가 올 수 없기 때문에 '기점'은 '개사+장소구' 형식으로 쓰인다.

    ㊳ 他从地上举起杠铃。
    ㊴ 他从床上拾起一把钥匙。

이로부터 '起'가 있는 문장에서 물체의 존재장소를 나타낼 때 '上, 下, 开'와 차이가 있음을 알 수 있다.

(다) 물체가 이동했을 때 물체의 존재장소는 '경유지'를 나타내는 경향이 있다

물체가 위치이동을 했을 때 물체가 존재하는 장소는 '경유지'를 나타내는 경향이 있는데, 이는 기점과 종점이 불분명한 이동에 속한다.

    ㊵ 他穿过操场。
    ㊶ 天空中飞过一群大雁。

㊵에서 '他'는 '穿过' 방식으로 '操场'을 통과했으며, ㊶에서 '一群大雁'은 '飞过' 방식으로 '天空'을 통과하였다. '过'가 쓰인 문장에서 물체의 존재장소는 개사 '从'을 써서 '他从操场穿过', '一群大雁从天空中飞过'처럼 표현할 수 있다. 여기서의 '从'는 기점과 종점이 불분명한 이동

을 나타낸다.

위에서 '来/去'가 나타내는 존재장소와 '上/下', '进/出'등에 장소구를 부가한 존재장소는 이동방향과 관련된다. 이와 관련해 〈표 1-8〉을 살펴보자.

〈표 1-8〉

물체의 존재장소	물체의 이동방향		
	근접	원접	과정
화자가 발화시 위치를 참조점으로 설정	来 R ←	去 R →	
어떤 사물이 차지하는 '기점', '종점', '이동 궤적에서의 점'의 공간위치를 참조점으로 설정	进, 回, 上 (종점) → ○	下, 开, 出, 起 (기점) ○ →	过 (이동궤적에서의 한 점) →

나. 복합방향동사의 표현방법

'上来/下来/出来/回来/进来……', '上去/下去/出去/回去/进去……'으로 이루어진 문장에서 물체의 존재장소는 두 가지 표현방식이 있다.

㊷ 他进屋去。
㊸ 他进屋来。

위에서 '他'의 이동은 화자의 위치에 대한 것으로 화자로부터 멀어지거나('进屋去'), 동일한 방향('进屋来')이다. 다른 시각에서 보면, 종점 '屋'를 향해 이동하고 있음을 나타낸다. 즉, ㊷, ㊸에서 '他'는 종점 '屋'의 방향으로 이동하고 있다.

4) 동태적 이동의 표현방식

(1) 동태적 위치를 표현하는 세 가지 요소의 출현 문제

지금까지 기점, 종점, 이동방향에 관해 살펴보았다. 기점, 이동궤적(이동방향), 종점은 동태위치를 이루는 세 가지 요소이다. 다음의 예문은 세 가지 요소를 갖춘 동태위치를 나타낸다.

　　① 他们从学校来到公园。

그러나 동태위치를 나타내는 많은 문장에서 동시에 세 가지 요소의 출현을 요구하지 않기 때문에 그 중의 하나는 삭제할 수 있다.

　　② 他们从学校来。
　　③ 他们来到公园。
　　④ 他们来了。

위의 예문은 한 가지 요소를 삭제했지만 동태위치를 표현한 완전한 문장에 속한다. 삭제한 부분은 기점과 종점인데, 이러한 상황에 대해서는 위에서 이미 분석하였다.

가) 기점과 종점 중에서 하나만 출현해도 두 개념 모두 분명하게 이해할 수 있다. 하나의 개념이 다른 개념의 존재를 예시해주기 때문이다.

나) 은폐된 존재장소는 '개사+장소구'를 반드시 쓰지 않아도 된다.

(2) '来/去'구문

가. '来/去'의 세 가지 구문

이러한 구문에서 이동주체(N)는 반드시 출현해야 하며, '来/去'는 필수적이다. 이러한 구문에서 주요동사 또는 주요동사 뒤에 쓰이는 방향보어 '来/去'는 필수적이다. 만일, 문장에 '来/去'가 결여된 경우 물체의 수평방향 이동을 나타낼 수 없을 뿐 아니라, 문장의 적격성에도 영향을 미친다. 아래에서 'N'은 물체를 나타내는 명사, 'N₁'은 동작주체, 'N₂'는 동작객체, 'V'는 물체의 이동방식을 나타낸다. '장소의 기점', '장소의 종점'은 명시적 표지 '이동 개사+장소구'로 나타낼 수 있다. '趋'는 동사 뒤에 부가된 방향동사를 나타내며, '∼'은 '来/去'를 나타낸다.

가) 동사 '来/去'구문

이러한 구문에서 '来/去'는 물체의 이동방식 또는 이동방향을 나타내며, N은 이동주체이다.

> A. N₁+∼ :
> 他来了。
> 这些人都去了。
> B₁. N₁+기점+∼ :
> 他从北京来。
> 他们直接从南京去了。

구문에서 기점은 '개사 '从' 등 + 장소구' 형식이 쓰인다.

> B₂. 장소기점+∼+N₁ :
> 从外面来了一个人。
> 从北京又去了几个医疗队。

위에서 이동주체 N₁은 비지시적 명사성 성분을 나타낸다. 만일 동사가 '来'이면, 문두 기점 앞의 개사는 생략할 수 있어서, '外面来了一个人'으로 표현할 수 있다. '来'는 화자의 발화시 위치로 이동했음을 나타내고, 화자의 위치는 '종점'의 의미를 지니고 있기 때문에 '外面'에 '从'을 부가하지 않으면 기점으로만 이해할 수밖에 없다.[16] 반면, '去'는 화자의 위치와 멀어지는 위치이동을 나타내며, 화자가 발화한 위치는 '기점'의 의미를 지니고 있다. 따라서 '从北京去了几个医疗队'에서 '从'은 생략할 수 없다.

> C₁. N₁+~+ 종점 :
> 这支部队去向南方。
> 他来到北京。
> 他来北京。
> 这支部队去南方。

종점은 '개사+장소구' 또는 '到+장소구'로 이루어지며,[17] '来/去' 뒤에 장소구를 부가할 수 있다. 형식적 측면에서 장소구는 '来/去'의 장소 목적어로 종점의 의미를 나타낸다.

> D. N₁+기점+~+종점 :
> 他从北京来到上海。
> 他从上海去向广州。

나) '동사+来/去'인 구문

이러한 구문에서 동사는 물체의 이동방식이고, '来/去'는 운동방향을 나타낸다. 동사 V는 타동사가 담당하고, 문장에 두 개의 N이 출현할

....

16) 여기서 기점의 개념은 '外面'의 장소구 자체 의미로 표현할 수 있다. '北京来了一个人'은 중의성을 지닌다.
17) '到'는 일부 문법서에서 동사로 간주된다. 『现代汉语八百词』에서 동사 뒤의 '到'는 방향동사로 보았다. 여기서 '到'는 『现代汉语八百词』를 근거로 하였다. 자세한 설명은 吕叔湘(1980:127)을 참고하기 바란다.

수 있다. 그중에서 N₁은 동작주체이고 N₂는 동작객체이다.

A. N_1+V+~ :
亚细亚的风暴吹来了。
鸟儿逃去了。

N_1은 이동주체이고, V는 대부분 자동사가 담당한다. 여기에 출현하는 자동사는 자주이동동사에 속한다.

B. N_2+V+~ :
这本书早就拿来了。
那道点心已经送去了。

N_2는 이동객체이고 V는 타동사가 충당한다. 동작주체 N_1은 출현하지 않는다.

C_1. N_1+V+~+N_2 :
他带去一本书。
他牵来一只羊。

동작주체와 동작객체가 모두 출현하였다. 동작객체는 이동주체로 '来/去'와 직접관계를 이루며, 동작주체가 '来/去'와 직접관계가 발생하는지는 동사에 동반의미가 있는지에 달려있다. 이러한 구문에서 N_2는 비지시적 성분에 속한다.

C_2. N_2+N_1+V+~ / N_1+把+N_2+V+~ :
这本书他带去了。
这只调皮的山羊他已经牵来了。

他把这封信带去了。
他把这只调皮的山羊牵来了。

만일 N_2가 한정적 성분이면 C_2구문으로 표현하거나 N_2를 문두로 위치시켜 화제로 삼거나 혹은 '把'구문을 써야 한다. 문말의 비지시적 성분 N_2를 '把'의 목적어 위치로 이동시키면 한정적 성분 N_2가 된다.

　D. N_1+기점 +V+～ :
　　亚细亚的风暴从北方吹来了。
　　从北方吹来了亚细亚的风暴。

기점이 문두에 오면 '기점+N_1+V+～' 형식이 쓰인다.

　E. N_2+기점+V+～ :
　　那本书从图书馆拿来了。
　　小笼包子从点心店直接送去了。

'V+来' 구문이 자주 쓰이는 이유는 종점을 나타내며 기점과 모순되지 않기 때문이다. 'V+去' 구문은 '기점'과 멀어졌음을 의미하며 '点心店' 은 화자가 처한 위치이다.

　F. N_1+기점+V+～+N :
　　他从上海带去一封信。
　　他从麦地里牵来一只羊。

　G. N_1+把+N_2+V+～+종점 :
　　他把这本书带来/到北京。
　　她把一个又一个孩子送去/到国外。

종점을 나타내는 장소구 앞에서 개사는 빈번하게 생략된다.

H. N₁+把+N₂+기점+V+~+종점 :

> 他把这本书从上海带来北京。
> 她把一个又一个孩子从国内送去国外。

위에서 동사 V는 물체의 운동방향을 나타내며, '방향동사+来/去'처럼 복합방향보어를 써서 물체의 이동방향을 나타낸다. 복합방향으로 수평이동 혹은 수직이동이거나, 근접이동 혹은 원접이동을 나타낸다. 여기에 출현하는 동사는 타동사이기 때문에 문장에 N₁과 N₂가 출현할 수 있다.

A. N₁+V+방향+~ :

> 他走进来了。
> 他走上去了。

V는 대부분 타동사가 쓰이며, 자주이동동사에 속한다.

B. N₂+V+방향+~ :

> 这本书拿上去了。
> 那道点心已经送过来了。

V는 대부분 타동사이며 동작주제 N₁은 출현하지 않을 수 있다.

C₁. N₁+V+방향+~+N₂ :

> 他带回来一本书。
> 他拿上去一碗面。

동작주체와 동작객체가 모두 출현했으며, 동작객체는 이동주체로서 '방향동사+来/去' 형식의 복합방향과 직접관계를 이룬다. 동작주체가

'방향동사+來/去'와 직접관계를 이루는지는 동사에 동반의미가 있는지에 달려있다. 동작객체는 대체로 비지시적 실체에 속한다.

  C₂. N₂+N₁+V+방향+~ / N₁+把+N₂+V+~ :
   这本书他带回来了。
   他把一碗肉丝面拿上去了。

 N₂는 한정적 실체를 나타내는 이동객체이다.

  D. N₁+기점+V+방향+~ :
   他从外面走进来。
   从北方吹过来了亚细亚的风暴。

 기점은 문두에 위치할 수 있다.

  E. N₂+기점+V+방향+~ :
   那本书从图书馆拿回来了。
   电能已经从泰山核发电站送出去了。

 위의 유형의 문장에서 'V+방향+來'는 자주 쓰이는 반면, 'V+방향+去'는 그렇지 않다.

  F. N₁+기점+V+방향+~N₂ :
   他从上海带过来一封信。
   他从国外捎回来好多材料。

나. '来/去'로 이루어진 구문은 〈표 1-9〉로 정리할 수 있다.

		N₁	V	방향	来/去	기점	종점	N₂	예 문
来/去	A	+	-		+	-	-	-	他来了。/这些人都去了。
	B₁	+	-		+	+	-	-	他从北京来。
	B₂	+	-		+	+	-	-	从北京去了一个医疗队。
	C	+	-		+	-	+	-	他来到北京。
	D	+	-		+	+	+	-	他从上海来到北京。
V+来/去	A	+	+		+	-	-	-	风暴吹来了。/鸟儿飞去了。
	B	-	+		+	-	-	+	这本书拿来了。/点心送去了。
	C₁	+	+		+	-	-	+	他带去一本书，/他牵来一只羊。
	C₂	+	+		+	-	-	+	这本书他带去了。/他把这本书带去了。
	D	+	+		+	+	-	-	风暴从北方吹来了。
	E	-	+		+	+	-	+	那本书从图书馆拿来了。
	F	+	+		+	+	-	+	他从上海带来一封信。
	G	+	+		+	-	+	+	他把这本书带来北京。
	H	+	+		+	+	+	+	他把这本书从上海带来北京。
V+방향+来/去	A	+	+	+	+	-	-	-	他走进来了。/他跑出去了。
	B	-	+	+	+	-	-	+	这本书拿上去了。/点心送过来了。
	C₁	+	+	+	+	-	-	+	他带回来一本书。
	C₂	+	+	+	+	-	-	+	这本书他带回来了。/他把肉丝面送上去了。
	D	+	+	+	+	+	-	-	风暴从北方吹过来了。
	E	-	+	+	+	+	-	+	那本书从图书馆拿回来了。
	F	+	+	+	+	+	-	+	他从上海带回来一封信。

(3) "上/下', '进/出'+장소구' 구문

가. "上/下', '进/出'+장소구'는 필수요소이다

이러한 구문은 수평방향이동('进/出/回+장소구') 또는 수직방향이동('上/下+장소구')을 나타내며, 이 두 방향은 다음과 같은 동일한 형식으로 표현된다. '上/下', '进/出' 뒤에 반드시 장소구가 출현하며, 장소구는 기점, 종점 또는 이동궤적의 한 점과 관련된다. 이러한 구문의 필수요소는 "上/下", '进/出'+장소구'이다. 필수요소에 참여요소가 더해질수록 구문은 복잡해진다. 다음에서 몇 가지 구문 유형을 살펴보자.

나. "上/下", '进/出'+장소구'의 두 가지 구문 유형
　가) 동사 '上/下', '进/出', '过', '回'가 있는 구문
　위의 동사는 문장에서 물체의 이동방식뿐 아니라 운동방향을 나타낸다. '上/下', '进/出' 뒤에 출현하는 장소구는 기점 또는 종점을 나타내며, 물체의 이동궤적에서 하나의 점으로 표시된다. '上/下', '进/出' 뒤의 장소목적어에 두 개의 N(N_1, N_2)이 출현하면 N_2는 개사 '把'의 목적어 위치에 놓인다.

　　A. N_1+~ :
　　　他下船了。
　　　他上楼了。
　　　他过马路了。

　'~'에 출현하는 동사와 장소구는 다양한 관계를 나타내기 때문에 A류 구문은 세 가지 부류로 나눌 수 있다.

　　A_1 : 他下船了。
　　　　他出门了。

　'船'은 '他'가 수행한 동작 '下'의 이동 기점이고, '门'은 '他'가 수행한 동작 '出'의 이동 기점이다.

A₂ ： 他上楼了。
　　　他进门了。
　　　他回国了。

'楼'는 '他'가 '上'으로 이동하는 종점이며, 아래의 두 예문 역시 마찬
가지이다.

A₃ ： 他过马路了。

위에서 '马路'는 물체 '他'가 동작 '过'로 이동한 궤적으로 구간 또는
점을 나타낸다. 위의 예문에서 '上/下'는 수직방향이동을 나타내며, '上
楼, 下船, 下车' 등이 이에 속한다. 반면, '出门, 进门, 回国, 过马路' 등은
수평방향이동에 속한다.

B. N₁+기점+~ ：
　　他从日本直接回国。
　　他从北边上山。
　　他从边门进楼了。

위에서 '上, 进, 回'와 장소구는 종점에 근접한 방향을 나타낸다. '他
下楼', '他出门'에서 '楼上'과 '门'은 기점을 나타내기 때문에 또 다른
기점이 출현할 수 없다. '他从北边下山'에서 '从北边'은 기점이 아니라
이동궤적의 한 점을 나타낸다. 여기서 '从'은 '기점'의 '从₁'이 아니라
'경로'의 '从₂'이다.

위의 A류와 B류에서 '上/下', '进/出', '过', '回' 등의 동사는 자주이동
동사에 속하며, 그 뒤에는 장소목적어만 출현할 수 있다.

나) 동사+'上/下', '进/出'가 있는 구문

이 구문의 동사는 물체의 이동방식을 나타내며, '上/下', '进/出'은 이동방향을 나타낸다.

    A. N_1+V+∼ :
        他走下船了。
        他拿上楼了。
        他穿过马路了。

위의 구문은 A_1, A_2, A_3으로 나뉜다. '船'은 기점을, '楼'는 종점을, '马路'는 이동궤적의 구간 또는 점을 나타낸다. '他穿过马路'는 '他从马路上穿过'라고도 표현할 수 있다.

    B. N_2+V+∼ :
        今天的报纸带下船了。
        那道点心送上楼了。

문두의 N_2는 동작객체이며 A류의 상황과 동일하다. 위의 구문은 각각 B_1, B_2로 나뉜다. '过∼'가 이동궤적의 구간 또는 점의 경로 의미를 나타낼 경우 'N_2+V+∼' 구문으로 쓰일 수 없다.

    C. N_1+기점+V+∼ :
        他从后面拿上楼了。
        他从边门走进大楼。

    D. N_1+把+N_2+V+∼ :
        他把报纸拿下楼了。
        他把行李带上船了。

위의 구문은 C_1, C_2 또는 D_1, D_2로 나뉘며, 'V+过+장소구'는 위와 같은 구문에 쓰일 수 없다.

> E. N_1+把+N_2+장소기점+V+~ :
> 他把报纸从后面拿上楼了。
> 他把小狗从边门带进大楼。

위의 '从边门'에서 '从'은 기점과 종점이 불분명한 '从$_2$'에 해당한다.

다. 방향보어가 있는 비연속성구조

복합방향을 지시하는 위치이동표현은 위에서 제시한 구문과 차이가 있다. 복합방향동사는 비연속성 형식으로 나타난다.

> ⑤ 他上楼去。
> ⑥ 他下船来。
> ⑦ 他从后面拿上楼去。
> ⑧ 他把小狗从边门带进大楼来。

이러한 구문은 선후관계에 있는 두 가지 위치이동으로 이해할 수 있다.

라. '上/下', '进/出' 뒤에 장소구가 있는 구문은 다음의 〈표 1-10〉과 같이 나타낼 수 있다.

〈표 1-10〉

		N_1	V	'上/下'등	장소 기점	장소 종점	궤적의 한 점	N_2	예 문
'上/下', '进/出' 등	A_1	+	-	+	+	-	-	-	他下船了。/他出门了。
	A_2	+	-	+	-	+	-	-	他上楼了。/他回国了。
	A_3	+	-	+	-	-	+	-	他过马路了。
	B	+	-	+	+	+	-	-	他从日本直接回国。

		N₁	V	'上/下'등	장소 기점	장소 종점	궤적의 한 점	N₂	예 문
V+ '上/下', '进/出' 등	A₁	+	+	+	+	-	-	-	他走下船。/他跑出门。
	A₂	+	+	+	-	+	-	-	他拿上楼了。/他走进门了。
	A₃	+	+	+	-	-	+	-	他穿过马路。/他从马路上穿过。
	B₁	-	+	+	+	-	-	+	这张报纸带下船了。
	B₂	-	+	+	-	+	-	+	那道点心送上楼了。
	C	+	+	+	+	+	-	-	他从后面拿上楼了。
	D₁	+	+	+	+	-	-	+	他把行李带下船了。
	D₂	+	+	+	-	+	-	+	他把报纸拿上楼了。
	E	+	+	+	+	+	-	+	他把报纸从后面拿上楼了。

chapter

02

공간방위체계에 관한 인지연구

현대중국어 공간체계는 방향(direction) 체계, 형태(form) 체계, 위치
(seat) 체계로 이루어졌다. 이 세 가지 체계는 독립적이면서 상관성을
지니고 있다. 공간에서 물체의 방향은 어휘범주와 관련되며 정태적 표
현에 속하는 반면, 물체의 위치변화는 어휘와 문법요소와 관련되며, 다
양한 위치변화는 통사적 측면에서 형식에 반영된다. 따라서 언어표현은
동태적이며 구체적인 활동과 관련된다고 할 수 있다. 물체의 형태에 대
한 표현은 정태적 표현과 동태적 표현으로 구분되는 동시에, 방향과 형
태는 위치변화에 일정한 영향을 미친다. 따라서 위치체계는 공간체계에
서 가장 중요한 부분이라고 말할 수 있다.

1. 방위 참조의 구성요소와 유형

1) 방위, 참조점과 방향체계

(1) '방향'

  '방향'은 물체가 직면하는 방향으로 공간적 특징을 지니고 있다. 방향
은 다음과 같은 두 가지 의미를 함의하고 있다.

가. '방향'은 '참조점'을 근거로 판단한다

  물체의 이동 방향을 확정하기 위해서는 공간위치에서 물체가 차지하
는 하나의 '그 점'을 결정해야 한다. '방향'은 하나의 그 점에 근거해
판단하며, 여기서 말하는 '그 점'이란 '참조점'으로 이해할 수 있다. '참
조점'은 문장에서 낱말을 통해 명시적으로 지칭하거나, 은폐된 장소로
서 암시되기도 한다. '참조점'은 제1참조점(화자의 발화 위치), 제2참조
점(화자가 발화시 관련된 물체 또는 위치), 제3참조점(화자가 발화시 언
어환경에 의존해 설정된 위치)으로 구분된다.

나. 마주한 '방향'은 판단의 기준이다

물체의 방향을 결정하려면 물체와 마주한 방향을 판단의 기준으로 삼아야 한다. 마주한 방향은 우리의 일상경험에 근거해 확정할 수 있다. 통상적으로 '지면에 직립한' 물체가 '마주한 방향', 그리고 '지면에 평행한' 물체의 위쪽에 방향을 '마주한 방향'을 토대로 방향을 판단하게 된다. 문장에서 '방향'은 '방향+참조점'처럼 명시적으로 표현할 수 있다.

(2) '방향'을 나타내는 방위사 유형

현대중국어에서 방위사는 방위를 나타내며, 명사, 대사, 명사구를 써서 명시적인 참조점을 나타낼 수 있다. 방위사가 후치사의 특징을 지니고 있다는 사실에 근거해 방향을 다음과 같이 두 가지 방식으로 나타낼 수 있다.

    (1) F;
    (2) NP+(的)+F

방향과 참조점 간의 공기관계에서 살펴볼 때, 중국어 방위사는 아래의 세 가지로 나뉜다.

가. 东, 西, 南, 北

이러한 방위사 부류는 '东, 西, 南, 北+边/面/头/方' 등의 쌍음절 방위사를 포함한다. '东, 西, 南, 北'는 참조점 없이 방향을 나타낼 수 있다. 이러한 방위사의 참조점은 일상생활에서 사용되는 공통적 인식과 관련된다. 예를 들어, '东(동쪽)'에 대해서는 해가 뜨는 방향이라는 공통된 인식을 가지고 있다. 일부 문장에서 이러한 방위사 앞에 NP가 출현할 수 있다.

① 房子东边有棵树。

② 电影院在邮局的南面。

①~②에서 청자는 '房子'와 '邮局'의 위치를 알지 못하거나 이러한 장소를 보지 못했을 수도 있을 것이다. 그러나 실제로 '房子'와 '邮局'는 화자의 앞쪽, 뒤쪽 혹은 오른쪽에 위치하기 때문에, 화자의 시각에서 '树'와 '电影院'의 위치를 확정시킬 수 있다.

나. 前, 后, 上, 下, 左, 右

위의 방위사 뒤에 '边/面/头/方' 등을 부가하면 '前边, 左面, 后头, 上方' 등의 쌍음절 방위사를 이룬다. 3차원 공간에서 방향을 나타내는 방위사는 아래의 여섯 가지가 있다. 다음의 〈그림 2-1〉을 살펴보자.

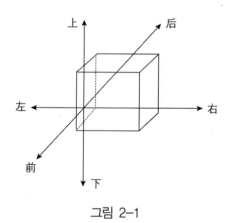

그림 2-1

일반적으로 물체가 마주한 방향은 '前'이고, '前'의 반대 방향은 '后'이다. '左', '右'의 방향은 '前', '后'에 근거해 확정된다. '上', '下'는 참조점에 근거해 정해진 높이보다 높을 경우 '上'이, 낮을 경우 '下'가 쓰인다.

(가) 단순 방위사가 방향을 나타낼 때, 제1참조점을 근거로 한다.

③ 请你往上走。
④ 同志们，向前冲啊！
⑤ 到复旦大学，只要沿着这条路走，然后朝左边拐就到了。

위에서 화자는 발화시의 위치를 근거로 '上', '前', '左'의 방향을 확정하였다. ③은 화자 자신의 위치를 '下'로 설정해 발화했으며, ④의 '向前冲'은 '同志们'이 처할 위치가 화자 자신이 '마주하게 될 방향'임을 나타내며, ④의 '朝左边拐'는 화자가 발화한 위치의 연장선인 좌회전 방향이다.

(나) 'NP+(的)+F'에서 '上/下', '前/后'는 제2참조점을 근거로 한다.

⑥ 请你坐到王小芳的前头。
⑦ 把书放在桌子上。

위의 'NP+前'에서 'NP'가 [+유생성]의 의미특징을 지니고 있음에 주목할 만하다. '左', '右'는 제1참조점과 제2참조점에 근거해 방향이 확정된다. 예컨대 '讲台的左边'은 화자가 탁자와 마주한 방향을 '前'으로 설정한 후, 이를 근거로 '左' 방향이 결정된다.

(다) '前', '后' 방향은 어떤 경우 제3참조점에 근거해 확정된다.

⑧ 你到轿车的前面来。

'前面'을 만일 a로 이해했다면 제1참조점을 근거로 한 것이고, b로 이해했다면 제2참조점을 근거한 것이며, c로 이해했다면 제2참조점을 근거로 한다. 화자가 지시한 위치가 a, b, c 중의 어느 곳인지는 제3참조점을 근거로 삼는다. 즉, 화자가 발화했을 때의 언어환경에 의해 결정된다.

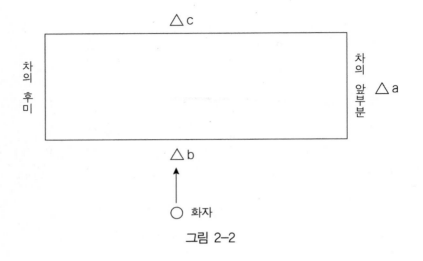

그림 2-2

다. 里, 外, 内, 中, 间, 旁

위의 방위사는 접미사 '头', '面', '边'을 부가한 '里头', '外边' 등이
있고, 접두사 '之', '以'를 부가한 '之间', '以内'와 두 개의 단순방향사로
이루어진 '中间' 등의 쌍음절 방위사를 포함된다. 이러한 방위사는 단독
으로 방향을 지시하지 않기 때문에 언어환경을 벗어나면 아래와 같은
표현을 이해하기 어렵다.

⑨ 往里面走！
⑩ 朝外撤！

위의 방위사가 방향을 나타낼 때 제3참고점을 근거할 수밖에 없다.
⑨는 발화시 구체적 환경에 근거해 '往屋子里面走', '往巷子里面走' 등
으로 이해할 수 있다. 'NP+(的)+F'는 반드시 제2참조점을 근거해야 한
다. NP는 [-유생성] [+장소]의 의미특징을 지닌다.

(3) 방위사와 참조점의 관계

위에서 제시된 방위사와 참조점 간의 관계는 〈표 2-1〉과 같이 나타낼 수 있다.

〈표 2-1〉

방위사	형식		참조점
东 西 南 北	F		제1참조점
	NP + F		
前 后	F		
	NP+F(N[+유생성])		
	NP+F(N[-유생성])		제2참조점
上 下	F		
	NP + F		
左 右	F		
	NP + F		제3참조점
里 外 内 中 间 旁	F		
	NP + F		

2) 점, 선, 면, 체적과 형태체계

(1) 공간범위 형태는 점, 선, 면, 체적으로 구분된다.

형태 체계는 문장에서 어떤 물체가 차지하는 공간범위의 형태가 나타내는 공간적 특징을 가리킨다. 물체가 차지하는 공간범위의 형태는 수학의 기하학 도형과 마찬가지로 점, 선, 면, 체적으로 구분된다.

가. 점

물체가 차지하는 공간범위를 '점'으로 간주했을 때, 점은 길이, 넓이, 높이의 특징이 고려되지 않는다.

① 城墙上插着一面红旗。
② 院子里有一棵大树。

나. 선

물체가 차지하는 공간범위를 '선'으로 간주했을 때, 선은 넓이와 높이는 고려되지 않고, 길이의 특징만 고려된다.

③ 球场的端线上竖着许多广告牌。
④ 岸边种满了杨柳。

다. 면

물체가 차지하는 공간범위를 '체적'으로 간주했을 때, 표면은 길이, 넓이, 높이의 3차원적 특징이 고려된다.

⑤ 大厅的地面上铺着进口的地毯。
⑥ 黑板上写着一行大字。

라. 체적

물체가 차지하는 공간범위를 '체적'이라고 가정했을 때, 체적은 길이, 넓이, 높이를 고려한 3차원적 특징을 지닌다.

⑦ 箱子里装满了衣服。
⑧ 他在水里游了一个小时。

이 밖에, 물체가 차지한 공간범위는 사방에 경계가 있는 '면'의 형태이다. 이러한 형태는 '면적'이라 불리며, '표면'의 '면(面)' 형태와 구분된다.

⑨ 房间里摆满了家具。

⑩ 她在公园里打拳。

(2) 공간범위 형태의 중국어 표현 특징

가. 중국어 방위사의 공간범위 형태를 표현 형식

가) 일반명사+방위사

⑪ 羽毛球落在白线外。[선]

⑫ 桌子上放了两本书。[면]

⑬ 箱子里塞满了衣服。[체적]

⑭ 黑板前面站着三位监考老师。[체적]

나) 장소구+방위사

⑮ 她呆在家里。[점]

⑯ 飞机场上停着五架波音707飞机。[면적]

⑰ 院子里盖了一幢楼。[체적]

나. 중국어 방위사는 공간범주를 나타낼 때의 조건

장소사에 방위사를 부가하지 않더라도 공간범주를 나타낼 수 있는 경우도 있다.

> 他家住在县城里—他家住在县城
>
> 山腰上有个女人正哭哭啼啼往山下走来—山腰有个女人正哭哭啼啼往山下走来。

방위사는 공간범주에서 물체가 존재하는 장소를 지시하는 외에도 참조점과 공간범주를 확정시키는 기능을 한다. 이 두 가지 표현기능은 참조점을 나타내든 공간범위를 확정시키든 간에 명사 또는 장소구 뒤의 방위사는 일반적으로 생략할 수 없는데 있다.

다. 공간범주를 확정할 때 방위사를 부가하지 않은 상황

공간범주를 확정할 때 방위사가 없는 경우는 찾아보기 어렵다. 이는 다음과 같은 두 가지 이유에서 기인한다.

가) 공기관계의 제약.

'住在县城里'와 '住在县城'이 모두 성립하는 것은 동사 '住'의 의미제약과 관련된다. '住'는 '거주지', '숙박지'와 관련되며, 동사가 요구하는 장소는 사방에 경계가 있는 공간범주이다. 따라서 '住' 뒤에 부가된 장소구는 '사방에 경계가 있는' 공간범주 나타내는 방위사 '里'를 함의하고 있다. 다음의 예문을 보자.

> 住在空军大院 = 住在空军大院里
> 住在学校 = 住在学校里

어떤 경우, 동사 '住'에 목적어가 부가된 후 '里'를 쓸 수 없다.

> 住在徐汇区 ≠ *住在徐汇区里
> 住在西郊 ≠ *住在西郊里

'徐汇区'와 '西郊' 자체를 사방이 경계가 있는 공간범주로 인식하기 때문이다.

나) 장소구 자체의 의미제약

'山腰'처럼 장소 자체가 '표면'의 공간범주를 나타낼 경우 '표면'의 공간범주를 나타내는 방위사 '上'을 함의하고 있다. '山'은 실체이며 일반적 상황에서 물체가 '山'의 표면에만 존재하기 때문에 '山顶'='山顶上'이 된다.

(3) 중국어 방위사가 공간범주 형태를 표현하는 기타 제약조건

가. 음절 규칙의 영향

'县城'은 '县城里'와 동일하며, '山腰'는 '山腰上'과 동일하다. 그러나 만일 방위사 앞에 명사나 장소구가 단음절일 경우 반드시 방위사를 부가해야 한다. 명사나 장소사 자체에 공간범주를 나타내는 방위사를 함의하고 있더라도 반드시 방위사를 부가해야 한다.

他家住在城里 ≠ 他家住在城
山上有个女人正哭哭啼啼往山下走来 ≠ 山有个女人正哭哭啼啼往山下走来

나. 관습적 용법의 영향

일부 신체기관을 나타내는 명사에 방위사를 부가하면 어떠한 공간범위를 지시하는지 설명하기 어렵다.

心中很不平静 = 心里很不平静 ≠ *心上很不平静
心中泛起一股淡淡的忧愁 ≠ *心里泛起一股淡淡的忧愁 ≠ *心上泛起一股淡淡的忧愁
心中的偶像≠*心里的偶像 ≠*心上的偶像
*心中人 ≠ *心里人 ≠ 心上人
腰里扎了根武装带 = 腰上扎了根武装带
腰里别了把刀 = 腰上别了把刀

이러한 구문은 논리적으로 설명하기 어려우며, 일부 용법은 방언의 영향을 받는다.

3) 중국어와 영어 공간형태 표현의 차이

(1) 영어 공간형태 표현의 특징

가. 영어에서 전치사의 표지 작용

영어에서 공간범주의 형태를 나타내는 임무는 전치사가 담당한다. 어떤 전치사를 사용하는지는 사물을 어떻게 처리하는지에 달려있다 (Leech·Svartvik 1987). 영어에서 상용되는 전치사 'at', 'on', 'in'을 살펴보자.

> I met her at Gai Lin Road. [점]
> The ball rolled on to the goal-line. [선]
> He fell on to the floor. [표면]
> The food is in the cupboard. [체적]

나. 영어에서 공간범주 형태의 구분

영어에서 공간범주를 나타내는 전치사 표지를 근거하고, 영어에 특징에서 출발해 Leech는 『교제 영어문법』에서 공간범주를 '점'('at'), '선'('on'), '표면'(on), 면적(in), '체적'('in')의 다섯 가지로 구분하였다.

(2) 중국어 공간범주 형태 표현의 특수성

가. 형태 개념 표현의 형식

중국어에서 공간범주 형태 표현은 'NP+F' 형식을 쓰며, 방위사를 통해 명사가 지닌 형태적 특징을 확정시킨다. 이는 추상적인 '점', '선', '면', '체적'이 존재하지 않고, 형태적 개념이 구체적 사물과 관련되기 때문이다. 방위사의 표현상 특징에 근거해, 중국어의 공간범주는 '비삼차원 공간범주'와 '3차원 공간범주'의 두 가지로 구분할 수 있다. 비삼차원 공간범주는 '점', '선', '표면'을 포함하는 반면, 3차원적 공간범주는

'면적'과 '체적'을 포함한다.

나. 형태 개념의 이해는 구체적 사물과 관련된다
　'NP+F'로 공간범주의 형태를 나타낼 때, 어떤 경우 명확하고 객관적인 설명을 하기는 쉽지 않다.

　① 城墙上揷着红旗。

　'城墙上'은 다음과 같이 두 가지 상황으로 이해할 수 있다.

　가) '城墙上'을 길이, 넓이, 높이의 3차원적 특징을 고려하지 않은 '점'으로 이해할 수 있다.
　나) '城墙上'을 길이만 있고 넓이와 높이의 특징이 없는 '선'으로 이해할 수 있다.

　위에서 보듯이, '城墙上'에 대한 서로 다른 이해는 'NP+F'에서 'NP'에 대한 인식적 경험과 관련되며, 문장에서 'NP+F'와 관련된 물체 'N'의 성질과도 관련된다. 따라서 '城墙上揷着一面红旗'에서 '一面红旗'의 공간범주의 형태는 '점'으로 인식되는 반면, '城墙上揷着一排红旗'에서 '一排红旗'의 공간범주의 형태는 '선'으로 인식된다. 'NP+F'가 형태를 나타낼 때 의미가 완전하지 않은 경우 이들의 조합과 관련된 물체의 특징에 근거해 보충해야 한다.

다. 공간범주 형태 표현과 관련된 방위사
　중국어에 공간범위 표현과 관련된 방위사는 '上, 下, 里, 内, 中' 등이 있다. 이러한 방위사는 '上, 下'류(이하 '上'형 방위사라고 칭함)와 '里,

內, 中'류(이하 '里'형 방위사로 칭함)로 나뉜다. 전자는 '점', '선', '면'의 특징을 지니고 있으며, 후자는 '면적', '체적' 등의 3차원 공간형태의 특징을 지닌다. 여기에는 다음과 같은 두 가지 문제를 주목할 만하다.

가) '上'형 방위사와 '里'형 방위사가 '점', '선', '면', '체적'을 나타낼 때 분업이 불분명하다. 어떤 경우 '上', '下' 역시 '체적' 형태를 나타낼 수 있다.

  ② 河面上弥漫着浓雾。
  ③ 桌子下放了张凳子。

'里'는 '점'의 형태를 나타낼 수 있다.

  ④ 她留在家里。

나) '上'형 방위사와 '里'형 방위사에 '边, 里, 头, 方'을 부가해 쌍음절 방위사를 이룰 수 있다. 쌍음절 방위사와 단음절 방위사는 형태를 표현할 때 차이가 있다. 예컨대 '上方'은 '점'은 나타낼 수 없고 '체적'만을 나타낸다.

  ⑤ 飞机从大桥的上方通过。
  ⑥ 大草坪的上方悬挂着气球。

(3) 영어와 중국어의 공간범주 형태를 표현에서 대립관계
가. '면적' 공간범주 형태에 대한 서로 다른 이해
  영어에서 '면적'은 사방이 경계로 둘러싸인 토지나 영토를 가리킨다. 다음은 Leech·Svartvik(1987)에서 가져온 예문이다.

We went for a walk in the park.
I have a house in the city.

'면적'의 공간범주는 영어에서 '체적' 공간범주와 마찬가지로 'in'형 전치사로 나타내는 반면, 중국어에서 '면적'과 '체적'은 거의 구분되지 않는다. 따라서 중국어는 이러한 두 가지 공간범주를 모두 '체적'으로 간주하는 것이 타당하다.

나. 대립관계

영어와 중국어의 공간범주 형태상의 대립관계 표현은 〈표 2-2〉과 같다.

〈표 2-2〉

	영 어	중국어
품사	전치사(preposition)	후치사(postposition)
형식	P + NP	NP + F
형태	점(at) ·················	비삼차원 형태(上) : 점
	선(on) ·················	비삼차원 형태(上) : 선
	표면(on) ·················	비삼차원 형태(上) : 표면
	면적(in) ·················	삼차원 형태(里) : 면적
	체적(in) ·················	삼차원 형태(里) : 체적

(4) 중국어 공간범주 형태의 기타 분류방법

가. 중국어 형태체계의 삼분

중국어는 영어와 비해 공간범주 형태 표현에서 명확한 특징을 지니고 있다. 다시 말해서, 중국어 화자는 또 다른 시각에서 문제를 관찰한다. 중국어 화자는 공간범주가 '점', '선', '면', '체적'인지에 그다지 관심을 두지 않으며, 더욱이 물체가 공간범주에 있는지에 대한 문제에 주목하지 않는다. 만일 다른 시각에서 출발하면, 중국어의 형태체계는 다음과 같이 세 부분으로 구분해야 한다.

가) 물체가 공간범주 안쪽(이하 '內' 형태로 칭함)이면, '內, 里, 中' 등의 방위사로 표현한다.

나) 물체가 공간범주 표면(이하 '上' 형태로 칭함)이면 '上, 下' 등의 방위사로 표현한다.

다) 물체가 공간범주 바깥 쪽(이하 '外'형태로 칭함)이면 '外, 間, 旁, 前, 后, 左, 右, 東, 西, 南, 北' 등의 방위사로 나타낸다.

나. 형태체계 삼분(三分)의 근거

중국어 형태체계의 표현이 '삼분'의 특징을 지닌 이유는 위에서 제시한 상황과 관련된다. 중국어에서 '점', '선', '면', '체적' 개념의 표현은 소수의 방위사에 집중되고, 영어의 전치사처럼 엄격하게 분업을 하지 않기 때문이다. 동시에 형태 개념의 표현은 공간범주를 차지하는 물체의 특징에 의존해 보충해야 한다. 방위사의 의미상 불명확성과 어휘로 표현된 불완전성은 '삼분'의 결과를 이루게 된 원인 중의 하나이다. 공간범주의 특징을 '內' 형태, '上' 형태, '外' 형태로 구분한 것은 '점', '선', '면', '체적'으로 구분한 것 보다 훨씬 정밀하고 직관적이다. 다른 한편으로 중국인의 관습적 사유가 '삼분'의 결과를 도출했을 가능성이 있다. 고대 중국인은 추상적 사고에 익숙하지 않고 경험과 직관에 의존했으며, 이러한 전통문화는 중국어 표현과 형태론에 반영된다.[1] '점', '선', '면', '체적'은 추상적 기하학 도형을 개괄한 것이다. 중국어 화자가 '삼분'의 형태 체계를 선택한 것은 복잡한 문제이다.

....

1) 游汝杰(1883:177)는 구어에 일부 추상적 관념은 구체적 어휘를 써서 표현한다고 하였다. 예를 들면 '面积-大小', '长度-长短' 등이 있다.

4) 중국어 공간범주의 두 가지 유형

(1) '上'형 공간과 '里'형 공간

가. '上'형 방위사와 '里'형 방위사

중국어에서 공간범주는 주로 방위사가 담당한다. '上'형 방위사가 나타내는 '점', '선', '표면' 등의 비삼차원 공간을 '上'형 공간이라 부르기로 한다. 다음의 예문을 살펴보자.

> ① 城墙上插着一面红旗。
> ② 海岸线上有一支远近闻名的缉私队。
> ③ 墙上挂着一幅画。

'里'형 방위사가 나타내는 '체적'을 '里'형 공간이라 부르기로 한다. '체적'을 나타내는 공간범주는 '사방이 경계된 토지 또는 영토'의 면적 범위를 포함하며 대부분 방위사 '里'를 사용해 표현한다.

> ④ 柜子里乱七八糟地塞着衣服。
> ⑤ 教室里挂着充满节日气氛的彩灯。
> ⑥ 院子里堆着木材。
> ⑦ 花园里有许多游客。

나. 기타 방위사가 나타내는 공간범주 형태

'上'과 '里'는 단음절 방위사와 결합능력이 가장 강력하지만 기타 방위사가 공간범주를 나타낼 수 없다는 것은 아니다. 여기서는 다음과 같은 몇 가지 상황을 살펴보겠다.

첫째, 사물에 실현된 방위사는 직접 공간범주를 나타낸다. '上', '里' 외에도 다음과 같은 방위사가 있다.

⑧ 办公楼内有一间可供五十人开会的会议室。['체적']
⑨ 广场中间矗立着一座纪念碑。['체적', 사방에 경계가 있는 곳]

둘째, 사물 밖에 실현된 방위사가 나타내는 공간범주는 방위사 앞의 명사가 지시하는 사물의 성질에 근거해 확정된다.

⑩ 亚洲的东部都是太平洋。[체적]
⑪ 教室前站了三位监考老师。[체적]
⑫ 羽毛球正好落在白线外。[선]

(2) 공간범주의 대칭

가. 대칭용법

가) '上'형 공간범주와 '里'형 공간범주는 분명히 대칭되는 양상이 있다. 우선, 대칭용법 표현에서 방위사는 쌍을 이루거나 조합식으로 출현하며, '上, 下', '前, 后', '左, 右', '东, 西, 南, 北' 등이 이에 속한다. 이는 방위사의 품사 특징에 의해 결정되는 것이다. 공간범주 표현에서 '上'형 공간은 대칭용법이 없는 반면, '里'형 공간은 대칭용법을 가지고 있다. 다음의 예문을 살펴보자.

我巡逻在边境线上 → *我巡逻在边境线下
火车从大桥上通过 → *轮船从大桥下通过
桌子上放了只台灯 → *桌子下放了张凳子

'上'형 공간에서 '선' 또는 '면'에 '上'을 부가하면 '표면'의 의미를 지니게 된다. '边境线上'은 '边境线的表面'을 의미하며, '大桥上'은 '大桥的表面'을 의미한다. 이와 달리, '上'과 대응되는 '下'는 '표면' 의미로 드물게 쓰인다. '轮船从大桥下通过'에서 '下'는 '체적' 공간범주를 나타낸다. 여기서 '下'는 '大桥下方'에서 '수위(水位)의 실제 높이'까지의 공간범주를 가리킨다. 마찬가지로, '桌子下放了张凳子'에서 '下'는 '체적'의 공간범주를 나타내며, 탁자 아래쪽에서 지면까지의 공간범위를 가리킨다.

나) '里'형 공간범주의 대칭용법

屋里烤着火→屋外下着雪
有很多教师住在学校里→有很多教师住在学校外

'上'이 '上方'을 나타낼 때 '체적'의 공간범주도 나타낸다. '체적'의 공간범위를 나타내는 '上' 역시 대칭용법을 지니고 있다. 다음의 예문을 살펴보자.

飞机从桥上通过→轮船从桥下通过

나. 조합식과 교착식

'上'은 '上面'으로, '里'는 '里面'으로 대체 가능하며, 방위사 '上面', '里面'이 공간범주를 지시할 경우 두 가지 방식이 있다. 하나는 교착식 '桌子上面', '大桥上面', '屋子里面', '学校里面'이고, 다른 하나는 조합식 '桌子的上面', '大桥的上面', '屋子的里面', '学校的里面'이다. 일반적으로 '上'형 공간범위는 조합식으로 쓰이지 않는데, 조합식을 쓰면 '선', '면' 등 비삼차원 공간범위가 아닌 '체적'의 공간범위를 나타낸다.

桌子上面放了盏台灯→桌子的上面放了盏台灯(？)
火车从大桥上面通过→火车从大桥的上面通过 (？)

'里'형 공간은 교착식과 조합식에서 비교적 자유롭게 쓰인다.

房子外面下着雪 ➝ 房子的外面下着雪
飞机从大桥上面通过 ➝ 飞机从大桥的上面通过

교착식의 내부구조는 비교적 긴밀하며, '上'형 공간범위는 교착식으로만 쓰인다. 이는 '上'형 공간범주에서 명사와 방위사의 결합이 '里'형 공간범주보다 긴밀하다는 것을 말해준다.

(3) '上'형 공간범주의 의미 유형
가. '上'형 공간범위의 다의성
방위사 '上' 또는 '下'가 나타내는 공간범주는 주로 그것에 의존한 명사가 지시하는 물체의 물리적 형태와 기하학적 형태에 의해 결정된다. 물체의 사용면과 사용부위가 다르면, 방위사가 나타내는 공간범주의 의미도 달라진다. 방위사 '上'으로 구성된 방위사구는 다원적이어서, '上面, 上方, 下面, 里面, 表层, 深层, 部位' 등의 공간위치와 어휘 의미를 나타내는 반면, 방위사 '下'는 상대적으로 간단해서 '下方, 下部, 下面' 등의 의미를 나타낼 수 있다(杨云 2001). 단순 방위사 '上'과 '下'는 공간에서 위치가 명확하지만, 문장에 쓰였을 때 공간위치와 어휘의미는 언어환경에 의지해 결정된다. 방위사 '上'과 '下'로 이루어진 방위사구의 공간범주는 다원적이며, 사용상 아래와 같은 다의성을 지닌다.

가) 적재류 방위사구의 공간범위
적재류 방위사구는 적재성 물체 의미를 지닌 어휘와 방위사 '上'이 결합해 이루어진다. 적재류 물체는 외표면, 외표층, 내표층, 내표면, 내부공간의 구조로 이루어졌기 때문에 이러한 명사와 '上'이 결합한 방위사구가 방위를 나타낼 때 다의성을 지닌다.

 ⑬ 火车上有很多乘客。[기차 내부 공간]
 ⑭ 火车上很干净。[기차 내 표면, 지면]
 ⑮ 火车上挂着锦旗。[기차의 내벽]
 ⑯ 火车上印着"北京—南京"的字样。[기차의 외표면]
 ⑰ 火车上积了厚厚的一层雪。[기차 위 표면]

나) 현시류(显示类) 방위사구의 공간범위
 현시류 방위사구는 디스플레이 기능이 있는 물체와 방위사 '上'으로 이루어졌다.

 ⑱ 电脑上的全部资料都保存完好。[컴퓨터 하드디스크 내부]
 ⑲ 笔记本上有详细的记录。[매개물]
 ⑳ 光有书本上的知识是不够的。[매개물]

다) 표면류 방위사가 나타내는 공간범위
 표면류 방위사구는 사용면이 표면이 있는 물체와 방위사 '上'으로 이루어졌다. 물체의 사용면은 어떤 경우 수직면이고, 어떤 경우 수평면인데, 이들의 방위사구의 특징 역시 다소 차이가 있다.

 ㉑ 把小狗拴在桌子上。[책상 다리, 책상 전체의 일부분]
 ㉒ 墙上打通了一个洞。[벽]
 ㉓ 这座山上埋藏着丰富的矿藏。[산의 내부, 표층 또는 심층]
 ㉔ 产品的包装上没有生产日期。[외표면]
 ㉕ 天花板上吊着一盏日光灯。[천장의 아래표면]

라) 신체부위류 방위사구의 공간범위
 신체부위류 방위사구는 신체 또는 기타 사물의 일부분을 나타내는 어휘와 방위사 '上'으로 이루어졌다.

⑦ 身上带着好几种病。[전신, 신체 내부]
⑧ 脸上全是烟灰。[얼굴 표면, 외표면]
⑨ 手上扎进了一根刺。[손안, 표면에서 안쪽까지]
⑩ 肺上没有什么问题。[폐 전체의 범위]

나. '下' 방위사의 공간범위

'下'로 이루어진 방위사구는 '下方, 下部, 下面' 등의 의미를 나타낼 수 있다.

⑯ 天下没有不散的宴席。[하늘 아래, 지면 위]
⑰ 树下站着一个人。[나무 아래, 지면 위]
⑱ 山下旌旗在望, 山头鼓角相闻。[산 아래, 산 아래 지면]
⑲ 水下是一个五彩缤纷的世界。[바다의 아래 부분]

(4) '里'의 공간범위[2)]

가. '里'는 '外'와 대구를 이룬다

가) '里'가 단순방위사로 쓰일 때 숙어에서 '外'와 대구를 이룬다.

吃里扒外	里应外合	里三层, 外三层
里外不是人	里里外外一把手	

나) 단음절 명사 또는 형태소 앞에 쓰이면 '外'와 상대적 의미이며 '外'는 출현하지 않아도 된다.

里圈	里屋	里院

....

2) 张斌편저(2001) 참조.

나. '里'형 공간의 의미

방위사 '里'가 있는 방위사구는 3차원 '체적'의 형태, 사방에 경계가 있는 '면적'의 형태와 관련되며, 실재와 가상에 모두 쓰인다.

가) 사물 또는 장소를 나타내는 명사 또는 형태소 뒤에 쓰여 일정한 경계 안에 있는 경우

㉞ 他从口袋里掏出一把硬币。

㉟ 锅里正熬着小米粥。

㊱ 树林里突然钻出两只兔子来。

나) 기관을 지칭하는 명사 뒤에 기관의 소재지 또는 기관 자체를 나타내는 경우

㊲ 这几天他都在所里上班。

㊳ 学校里给了他好几个科研项目。

다) 셀 수 있는 지인(指人)명사 또는 사물명사 뒤에 쓰여 '当中(~중에)'을 나타내는 경우

㊴ 在我的同学里数他最用功。

㊵ 他写的文章里这篇最精彩。

라) 행정 또는 군사 단위 뒤에 단위를 표시하며, 일정한 범위 내를 나타내면서 그 의미가 비교적 총칭적인 경우

㊶ 他的同学现在在省里工作。

㊷ 昨天上午从县里来了不少人。

㊸ 团里有命令, 晚上一律不准外出。

마) 일부 명사 뒤에 쓰여 일정한 범위를 나타내며, 어떤 경우 의미가 비교적 추상적인 경우

④ 他的文章里有许多佳句。

⑤ 他脑海里闪出了一件留下深刻记忆的往事。

바) 신체 부위를 지칭하는 명사의 뒤에 쓰여 실제 의미 또는 추상적
   의미를 나타내는 경우

㊻ 人人手里还摇着纸扇, 但仍都汗流浃背, 满面赤红。

㊼ 心里有事, 晚上睡不实。

5) 방향체계, 형태체계와 위치체계 간의 관계

(1) 방향체계, 형태체계에서 방위사의 표현

가. 중국어 방위체계와 형태체계는 방위사로 표현한다

현대중국어 방향체계와 형태체계는 방위사를 통해 나타내지만 실제
로 방위사는 두 체계의 표현에서 일치하지 않는다. 방향체계에서 방위
사는 단독으로 쓰이며 단어나 구를 통해 '방향'을 나타낸다. 따라서 방
향체계는 정태적 언어표현이라고 할 수 있다. 형태체계에서 단순 방위
사는 반드시 구로 표현해야 한다. 이러한 구는 완전하지 않기 때문에
기타 어휘를 써서 보충해야 하는 경우도 있다. 즉, 완전한 문장에서만
공간범위의 형태를 나타낼 수 있다는 것이다. 따라서 형태체계는 '준
(准)동태적' 언어표현이라고 할 수 있다.

나. 중국어와 영어의 방향체계, 형태체계와 위치체계의 표현 차이

영어에서 방향체계와 형태체계의 표현기능은 다음이 분업을 한다. 전
치사 'at', 'on', 'in'은 형태만 나타내며, 방향을 나타낼 때 다른 품사에
속하는 단어가 쓰인다. 예를 들어, '上'은 'up'으로 나타내며 'look up'
등이 이에 속하고, '前'은 부사 'forward'로 나타내며 'going forward'

등이 이에 속한다. 명사 'front'는 'the front of a building' 등으로 쓰인다. 이로부터 영어에서는 방위체계이든 형태체계이든 단어 또는 구로 표현하고 있음을 알 수 있다.

중국어와 영어의 방향체계, 형태체계, 위치체계의 표현 차이는 〈그림 2-3〉과 같다.

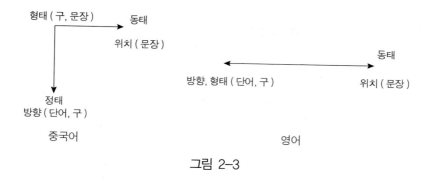

그림 2-3

(2) 세 가지 체계 간의 관계

공간체계의 세 가지 하위체계는 서로 독립적이면서 상관성을 지니고 있다. 아래에서 세 가지 체계 간의 관련성을 살펴보기로 하자.

가. 방향체계와 구문의 관련성

방향체계는 주로 절대정지의 공간위치를 나타내는 일부 구문과 관련된다. 예컨대, 동사가 관계동사이고, 동사 앞뒤의 명사가 장소구인 경우, 방향은 매우 중요한 개념이다. 아래의 예문에서 만일 동사 앞뒤 장소구의 위치가 바뀌면, 방향을 나타내는 방위사도 바뀌야 한다.

亚洲的东边是太平洋 ➜ 太平洋的西边是亚洲

電影院的前边是邮局 → 邮局的后边是电影院
大院的里面是屋子 → 屋子的外边是大院

만일 상호 관계의 방위사, 예컨대 '旁边'가 쓰이면, 변환 후 방위사를
바꾸지 않아도 된다.

柴达木盆地的边缘是中国的核试验场 → 中国的核试验场的边缘是柴达木盆地

방향체계에서 방향과 동태위치에서 물체의 이동방향은 동일하지 않
으며, 이동방향을 결정하는 것은 방위사가 아니라 동사 또는 방향동사
이다.

나. 형태체계 표현에 대한 영향
형체체계는 위치체계에서 정태위치 표현에 대해 영향을 미친다.

马路上走着一群人 → *马路上走了一群人
学校里走了一群人 → *学校里走着一群人
天空中飞着一只鸟 → *天空中飞了一只鸟
树枝上飞了一只鸟 → *树枝上飞着一只鸟

위의 변환이 성립하지 않는 이유는 '走', '飞'의 의미 차이 외에도 '马
路上', '天空中', '学校里', '树枝上'처럼 공간범위의 형태가 다르기 때문
이다. 후자는 '점'을 나타내며 일부는 '떠나다'라는 의미의 순간동사와
만 결합한다. 전자는 '선'과 '체적'을 나타내며 동작지속을 나타내는
'V+着'와 결합할 수 있다.
형태체계는 동태위치 표현과 직접적이지 않는데 이는 물체 이동의
출발점과 종점의 개념을 도입해야하기 때문이다. 어떤 형태의 공간범위

는 넓은 의미에서 '점'으로 간주된다. 예컨대, '桌子上掉下一只茶杯'에서 '桌子上'은 '면' 형태이지만, '茶杯'의 이동에서 볼 때 이동의 출발점으로 간주되며, '茶杯'는 '桌子上'이라는 '점'에서 아래로 떨어졌음을 나타낸다.

다. 방위사의 방향과 형태를 나타내는 기능

방위체계와 형태체계 간에 필연적 관계는 없지만, 현대중국어에서 방향과 형태에 관한 표현은 방위사가 담당한다. 따라서 'NP+F'는 방향뿐 아니라 형태를 나타낼 수도 있다. 예를 들어, '桌子上方吊着一盏电灯'에서 '桌子上方'은 방향적 측면에서 '桌子'를 참조점을 삼아 탁자보다 높은 부위를 나타내며, 형태적 측면에서 체적'을 나타낸다.

라. 공간체계의 세 가지 하위체계 간의 관계

방향체계와 형태체계는 주로 위치체계의 정태위치와 관련된다. 그러나 동태위치를 나타내는 구문에 방향 개념과 형태 개념이 존재하지 않는다고 말할 수는 없다. 물체에 대한 공간인식을 방향과 형태에서 시작하는 데, 이는 공간에 대한 초보적 인식이라고 할 수 있다. 우리는 이러한 초보적 인식을 가진 후에 위치에 대한 인식을 가지게 되는데, 이는 언어의 표현방식의 차이에서 방증할 수 있다. 공간위치에서 정태적 위치는 기본적 공간위치로서, 물체, 운동방식, 운동장소의 세 가지 참여요소가 증가함에 따라 동태적 위치로 발전할 수 있다.

공간체계의 세 가지 하위체계 간의 관계는 〈그림 2-4〉와 같다.

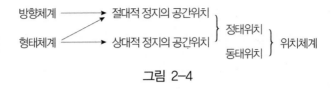

그림 2-4

2. 참조점을 나타내는 방위구의 인지규칙

1) 방위구는 절대 참조위치의 형식표지이다

(1) 절대 참조위치와 상대 참조위치

참조위치의 존재는 객관적이지만, 우리의 참조위치에 대한 인식은 객관적일 수도 있고, 주관적일 수 있다. 객관적 인식을 절대참조위치라고 부르고, 주관적 인식을 상대참조위치라고 부르기로 하자. 절대참조위치는 정태위치와 동태위치에 출현할 수 있는데, 예를 들어, '他走出教室', '他回到学校'에서 참고위치는 사물의 장소를 근거로 한다. 정태위치를 나타내는 문장에는 출현할 수 있는 것은 절대참조위치이다. 절대참조위치는 언어표현에 반드시 출현해야 한다.

위치문에서 참조위치를 나타내는 기능은 방위구가 담당하며, 넓은 의미에서 '명사+방위사'와 '방위사+边, 面, 头' 등이 있다. 다음의 예문을 보자.

    ① 长江上一排雪白的船帆。
    ② 上海的西南角是上海师范大学。
    ③ 墙上挂着一幅画。
    ④ 村子里头死了一个人。
    ⑤ 胸中卷起一阵风暴。

문두의 방위사구는 참고위치를 나타낸다.

(2) 참고위치의 참조점

위치구에서 방위사구는 대부분 '명사+방위사'로 이루어진다. 여기서 명사는 참조점이고, 방위사는 참조점을 지시하는 작용을 한다. 방위사구가 참조위치를 나타낼 때 참조점은 필수적이며, 여기에는 두 가지 상황이 존재한다. 하나는 참조점이 문장에 명시적인 방위사구로 출현하는 것이고, 다른 하나는 참조점이 암시되기 때문에 명사가 출현하지 않거나 '방위사+边/面/头' 등의 형식으로 출현하는 것이다. 다음의 예문을 살펴보자.

⑥ 上面挂了一排照片。
⑦ 前头围着好多人。
⑧ 东边是学校新开设的学生餐厅。

위의 예문에서의 참조점은 텍스트 표현에서 생략되었지만, 화자와 청자는 오해를 일으키지 않는다. 다음의 예문을 살펴보자.

⑨ 上有父母, 下有子女。
⑩ 前怕狼, 后怕虎。
⑪ 东一榔头, 西一棒子。

위의 예문에서 방위사는 공간위치를 지칭하지 않고, 참조점도 필요하지 않다. 이러한 용법은 논의하지 않기로 한다.

(3) 참조점을 나타내는 방위사의 내부 분류

기존 연구에서 방위사에 대한 분류는 음절 또는 내부구조를 근거로

했으며, 방위사를 단순 방위사와 합성 방위사로 구분하였다. 단순 방위
사는 '上, 下, 前, 后, 左, 右, 东, 西' 등이고, 합성 방위사는 부가와 대구
등의 방식으로 이루어진 '以上, 以下, 之前, 之后, 左右, 内外' 등이 있다.
여기서는 방위사에 대해 내부분류법을 적용해 방위사가 참조위치를 나
타낼 때, 참조점을 지시하는 작용을 지니고 있는지를 논의의 출발점으
로 삼았다. '방위사+'边/面/头'와 일부 방위사와 동일한 특징을 지닌 관
습적 용법 '跟前, 背后' 등도 방위사로 간주해 아래와 같은 유형으로
분류하였다.

가. 참조점에서 실현됨: 사물 내

上$_1$; 下$_1$; 上$_1$(下$_1$)+边(面, 头) ; 里 ; 里+边(面, 头) ; 内 ; 中 ; 中间 ;
当中

⑫ 桌子上有一本书。
⑬ 院子里种了不少树。
⑭ 大海下面有许多水生植物。
⑮ 办公室内摆了许多柜子。

나. 참조점 밖에서 실현 : 사물 밖

前 ; 后 ; 外 ; 旁 ; 左 ; 右 ; 东 ; 南 ; 西 ; 北 ; 上$_2$; 下$_2$; 前(后, 外, 旁,
左, 右, 东, 南, 西, 北, 上$_2$, 下$_2$)+ 边(面, 头)('左头, 右头'는 제외) ; 面
前 ; 跟前 ; 背后 ; 两侧

⑯ 黑板前放了一个讲台。
⑰ 小张的面前挤了很多人。
⑱ 窗子上面可以安一个窗帘盒。
⑲ 乌鲁木齐的南部是塔里木盆地。

다. 기타 상황

위의 두 가지 유형 외에 '之+(以)+上(下, 前, 后, 内, 中, 外, 东, 西, 南, 北)'[3]은 중의성을 지니고 있다. 이들은 참조점이나 참조점 밖에서 실현될 수 있기 때문이다.

⑳ 三十层楼以上是工作人员居住的地方。

'三十层以上'은 30층 이내를 포함(참조점)한다는 것을 의미할 수도 있고, 31층부터 계산하면 30층은 포함하지 않을(참조점 밖) 수도 있다.

2) 참고위치에 영향을 미치는 다양한 요소

방위사는 참조점 기능을 하지만, 방위사 자체가 복잡하기 때문에 참조점을 이해하는데 영향을 미칠 수 있다. 따라서 의미적, 통사적, 화용적 측면에서 살펴보기로 한다.

(1) 의미적 요소

방위사의 의미에서 참고위치에 살펴보면, 참고위치를 이해하는 데 영향을 미치는 요소는 아래의 두 가지로 구분할 수 있다.

가. 단의와 다의

단의 방위사는 참조점을 지시할 때 중의성이 발생하지 않는다. 아래는 단의 방위사에 속한다.

가) 东, 西, 南, 北 ; 东(南, 西, 北)+边(面, 头) ; 之(以)+东(西, 南, 北)

----
3) '以中'은 제외하였다.

나) 里, 外, 中, 内, 旁 ; 里面, 中间, 旁边 ; 之(以)+内(外) ; 之+中

다) 左, 右

다의 방위사는 아래와 같은 부류가 있다.

가) 前/后. '前'이 참조점일 때 다음의 세 가지로 이해할 수 있다.

    (가) 참조점 머리 부분 또는 얼굴 부분과 마주한 방향

    (나) 화자가 참조점과 마주한 방향

    (다) 참조점을 초월한 방향

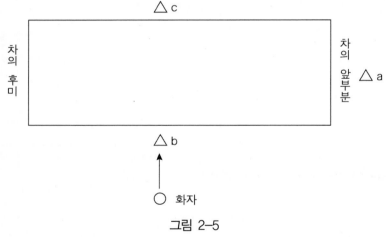

그림 2-5

(a. 차의 앞부분; b. 화자와 마주한 방향; c. 차를 초월한 곳)

廖秋忠(1989)은 '前'의 의미를 다음의 세 가지로 귀납하였다. 가) 참조점과 마주한 방위, 나) 참조점 위쪽과 마주한 방위, 다) 참조점에서 이동시 마주한 방위이다. 예를 들어 '车子前有一个凳子'에서 '凳子'의 위치는 아래의 세 가지로 이해할 수 있다.

따라서, 〈그림 2-5〉에서 △는 모두 '前'으로 부를 수 있다.

나) 左/右. '左/右' 자체는 단의이며, 이에 대한 해석은 화자의 '前'에 대한 이해에 달려있다. 화자가 참조점의 '前'의 뒤쪽을 확정한 후 '左'와 '右'의 방향을 나타낼 수 있다. 方经民(1987a)은 '左/右'는 다의성을 지닌다고 했는데, 사실상 다의성은 '前'에서 비롯되며, '左/右'의 의미와는 관련이 없다. 다음에서 풍경화를 살펴보자.

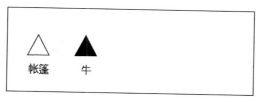

그림 2-6

위의 〈그림 2-6〉은 '画的左边是一头牛', '牛的右边有一顶帐篷'라고 표현한 것은 화자가 사진을 마주한 방향을 '前'으로 설정한 후에 '牛'의 위치가 그림 왼쪽에 있다고 결정한 것이다. '牛的后边'은 참조점, 즉 그림 표면과 마주한 방향을 '前'으로 확정한 후 '帐篷'의 위치를 '牛'의 오른쪽에 있다고 결정한 것이다. 사실상, '牛'와 '帐篷'은 한 방향에 있다.

다) 上/下. '上'이 참조점으로 지칭되었을 때 다음의 세 가지 상황으로 이해할 수 있다.

　(가) 참조점의 수평면은 참조점의 일부이다. '桌子上有一本书'에서 '上'은 탁자의 표면이며 수평면의 어떤 위치를 가리킨다.

（나） 참조점의 수직면은 참조점의 일부이다. '墙上挂着一幅画'에서 '上'은 벽의 표면을 가리킨다. '墙'은 수직면, 즉 지면과 수직을 이루기 때문에 여기의 '上'은 수직표면의 어떤 위치이다.

（다） 참조점의 위쪽은 참조점의 일부가 아니다. '窗子上可以安一个窗帘盒'에서 '上'은 '窗子'의 위쪽을 가리킨다.

라) '中'. '中'이 참조점을 지칭할 때 두 가지 상황으로 이해할 수 있다.

（가） '外'와 상대적이고, '里'와 유사하다. '笼子中尖了一只小鸟'는 '笼子里尖了一只小鸟'와 같다.

（나） 참조점의 중심위치를 가리킬 때 '中间'의 의미와 유사하다. 예를 들어, '马路中站着一位民警'이 있다.

가. 비대칭성

방위사는 통상적으로 쌍을 이루거나 대구 형식으로 쓰인다. 이로 인해 참조위치를 이해할 때 미루어 짐작해야 할 상황이 발생한다. 일부 쌍을 이루거나 대조 의미의 방위사는 의미적으로 비대칭적 현상이 있기 때문에 추론과정에서 오해가 발생할 수 있다. 비대칭적 현상은 아래와 같은 방위사에서 나타난다.

가) 上/下

'下'는 위의 '上'에서 (가), (다)의 두 가지 상반된 의미만을 가지고 있다. 즉, 참조점 수평표면 아래는 '张开的翅膀下长满了黄黄的绒毛' 등이 있으며, 참조점 아래는 '窗子下可以放张书桌' 등이 있다. '上'은 수직표면의 의미를 나타내는 반면, '下'에는 이러한 의미를 가지고 있지 않다.

나) 前/后

'后'는 위의 '前'과 비교해 (가), (다)의 두 가지 의미만을 가지고 있다. 즉, 참조점 자체의 꼬리부분과 마주한 방향과 참조점을 초월한 방향이다. 〈그림 2-5〉에서 '□'의 두 곳은 '后'라고 부를 수 있지만, '前'의 (나) 의미와 상반된 용법이 있는 반면, '后'는 그러한 의미를 가지고 있지 않다. '화자가 등진 방향'의 참조점은 '화자'가 된다.

다) 里

'里'는 '外'와 상대적이다. 그러나 일부 신체기관을 나타내는 '명사+ 방위사'에서 '里'는 상응하는 '外'의 용법이 없다. 따라서 '嘴里, 耳里, 手里, 心里, 眼睛里'라고 표현할 수 있지만, '嘴外, 耳外, 手外, 心外, 眼 睛外'라는 표현할 수 없다. 이러한 비대칭성이 장소명사 '里'의 조합으로 확장될 수 있는 반면, '外'는 그렇지 못하다. 예컨대, '家里-*家外', '小河里-*小河外', '地里-*地外' 등이 그러하다.

(2) 통사적 요인

통사적 측면에서 방위사를 살펴보면, 참조위치 이해에 영향을 미치는 요소는 아래의 두 가지 상황으로 설명할 수 있다.

가. 방위사의 단독 사용 문제

방위사는 접미사로서 참조위치에 참조점을 나타내는 기능이 있다. 이러한 기능은 '참조점+방위사' 형식으로 나타난다. 참조점은 일반적으로 일반명사 또는 장소사가 담당하지만, 어떤 경우 텍스트 표현에서 문장 밖 조응하기 때문에 이 경우 참조점이 생략되거나, 방위사가 전체 참조 위치를 나타낼 수도 있다.

① 上面挂了一排照片。[침대의 위쪽 면]
② 东边是学校新开设的学生餐厅。[학교 정문의 동쪽]

위에서 참조점을 생략한 상황에서 방위사는 단독으로 쓰였다. 아래의 예문에서 방위사는 단독으로 사용을 할 수 없다.

가) 단음절 방위사는 명사 뒤에 쓰여 참조위치를 나타낸다.

③ 桥东有一家小吃店。
④ 村前新开了三亩荒地。
⑤ 店外挂着一块招牌。
⑥ 台左放着道具沙发。

방위사가 단독으로 쓰인 예문은 성립하지 않지만, 단음절 방위사의 단독사용은 특수한 상황에서 대구를 이루는 구문에 출현할 수 있다.

⑦ 小桥的两头, 东有一家小吃店, 西有一家杂货店, 他们隔桥相望, 天天在 招徕顾客的竞争中"和平共处"。
⑧ 五里屯是滨州线上的一个三等车站, 前不连村, 后不挨店, 孤零零的三间 平房, 立在白恺恺的雪中, 特别显眼。

나) 之+上(下, 前, 后, 内, 外, 中, 东, 西, 南, 北). '之'는 고문에서 '的'의 의미로 공간방위를 나타낼 때 단독으로 쓰이지 않지만, '之前', '之后'가 시간방위를 나타낼 경우 단독으로 쓸 수 있다. '之外'가 공간범위 이외의 범위를 나타낼 때 단독으로 쓰일 수 있다.

'단음절 방위사+边(面, 头)'와 '面前, 跟前, 头里, 背后, 底下, 中间, 当中, 旁边' 등은 주로 단독으로 쓰인다. '以+上(下, 前, 后, 内, 外, 东,

西, 南, 北)'에서 '以+东(西, 南, 北)' 형식 역시 단독으로 쓸 수 있다.

⑨ 杨高路是浦东的外环线, 以西是陆家嘴金融区, 以东是外高桥保税区。

'以+上(下, 前, 后, 内, 外)' 형식은 드물게 쓰인다.

가. 명사와 방위사의 조합 문제
명사와 방위사 조합은 음절과 의미제약을 받는다.

가) 음절 제약
음절 제약과 관련해 呂叔湘(1965), 邹韶华(1984) 등은 단음절 명사와 쌍음절 방위사의 결합은 어색하다고 하였다.

*河以南 ― 小河以南
*村前边 ― 村前, 村子前
*楼旁边 ― 楼旁, 楼的旁边, 大楼旁

나) 의미 제약
의미 제약은 일반적으로 다의 방위사에서 유발되며, 다음과 같은 상황에 주목할 수 있다.
'上/上边', '上面', '上头'는 가) 사물의 표면, 나) 사물의 위쪽을 나타낼 수 있다. '명사+단음절 '上'' 구조는 형식적으로 판단할 수 없지만, "명사+'上边'/'上面'/'上头'" 구조는 '的'를 써서 방위사의 의미를 구분한다.

桌子上面(탁자 표면)   桌子的上面(탁자의 위쪽)
城墙上面(성벽 표면)   城墙的上面(성벽의 위쪽)

위에서 '的'는 의미를 구분하는 기능이 있다. 이러한 상황은 '명사+前边(前面/前头)' 조합에서도 나타난다.

> (가) 사물 자체의 머리 부분 또는 앞쪽과 마주한 방향과 화자와 마주한 방향은 일반적으로 '的'가 출현하지 않는다.
> 车子前头, 车子前面 [차의 앞부분, 즉 차의 머리 쪽 부분은 사물의 머리 부분과 마주한 방향]
> 舞台前头, 舞台前面 [화자가 마주한 방향]

> (나) 참조물을 초월한 방향은 일반적으로 '的'를 부가한다.
> 树林的前边, 学校的前头 [나무를 초월하고, 학교를 초월한 방향]

이처럼 '的'가 쓰이지 않은 경우 참조점과 방위사는 긴밀하게 연결되는데 이는 (1) 참조점의 일부, (2) 화자와 근접함이라는 두 가지 의미를 포함한다. 이와 달리 '的'가 쓰인 경우 참조점과 방위사는 느슨하게 연쇄되며 대체로 화자와 먼 방향을 나타낸다. 기존연구에서는 '的'에 의한 의미상 차이에 주목하지 않았다.

(3) 화용적 요소

화용적 측면에서 방위사가 참조위치의 이해에 영향을 미칠 때 두 가지 문제를 살펴보기로 하자.

가. 참조점 생략

방위사 앞의 명사는 어떤 경우 생략 가능한데, 이에 대해서는 앞서 논하였다. 참조위치를 나타낼 때 참조점의 생략은 아래의 두 가지 측면에서 설명할 수 있다.

가) 구조적 생략

구조적 생략은 통사적으로 생략되었음을 의미한다. 여기의 참조점은
상하문(上下文)에 출현하며, 방위사가 단독으로 참조위치를 나타낼 때
다음과 같은 상황이 나타난다.

⑩ 舞台上农家田园的气氛。左边是新盖的江南农村常见的二层楼房，右边是
一条通往其他农家的石板路。
⑪ 北京在亚洲的东部，西部的安卡拉，虽然处在同一大陆，又是同一纬度，
时差却要差六个小时。
⑫ 北边还在瑞雪纷飞，南边已是春芽初发了。我这才真正了解到为什么要把
秦岭作为我国气候的分界线。

⑩, ⑪은 앞 문장에서 계승해 참조점을 생략하였다. ⑩은 주어 ‘舞台
上’을 계승해 참조점을 생략했으며, ⑫의 앞 문장에서 참조점이 생략되
었으며, 뒤 문장에 있는 ‘秦岭’이 참조점에 속한다.

나) 언어환경에 의한 생략

廖秋忠(1983)과 方经民(1987a)은 언어환경에 의한 생략 문제를 논하
였다. 그들은 ‘화자의 언어환경은 명확하고, 그 언어환경이 대화참여자
가 공유하는 배경정보이거나 담화 환경일 경우 화자의 참조점은 제공하
지 않아도 된다’라고 지적한 바 있다. 다음의 예문을 살펴보자.

⑬ 开慢一点，前面有人。
⑭ 吃饭时不要把饭掉在外面。

위에서 참조점이 생략된 이유는 대화참여자가 동일한 언어환경에 있
기 때문이다. 이 경우 참조점을 생략하더라도 중의성이 발생하지 않는다.

廖秋忠과 方经民은 관습적 용법에 대해서는 언급하지 않았다. 관습적 용법에서 방위사 앞에 생략된 명사 참조점은 보충하기 어려운데, 이는 언어환경에 의한 생략으로 볼 수 있다.

⑮ 坐上这个位置, 就不得不天天周旋于上下左右之间。

위의 '上下左右' 앞에 일반적으로 명사를 보충할 수 없다. 일부 성어에서 방위사는 관습적으로 생략된다. 예컨대 '内外有别', '东食西宿' 등이 있다.

나. 구정보와 신정보

정태위치에서 참조위치가 문장에 출현했을 때 구정보로 쓰여 문장 앞에 출현한다. 이에 관해서는 이미 살펴보았다. 다음의 예문을 살펴보자.

⑯ 桌子上有一本书。
⑰ 床上躺着一个人。
⑱ 窗子上碎了一块玻璃。
⑲ 胸中卷起一阵风暴。

신정보가 목적어 위치에 출현하면 정태구문의 변환식이다. 다음의 예문을 살펴보자.

⑳ 北京在亚洲的东部。
㉑ 一个人躺在床上。

구정보와 신정보의 차이는 표현하고자 하는 중심 내용을 부각시키는 데 도움을 주는지에 있다.

위에서 참조위치의 이해와 사용에 영향을 미치는 세 가지 요소는 어떤 경우 교차할 수 있다. 이는 참조위치를 표현하고 이해하는데 중요하다.

3) 지시사 '这儿', '那儿'

문법학계에서 '这儿', '那儿'를 지시대사로 보는 것은 일반적인 관점이다. 赵元任은 이들을 방위사로 귀납했는데, 이 두 어휘는 문장에서 공간위치의 기능을 하고 있기 때문이다.

70년대부터 담화언어학은 독립적인 언어학 학과로 부상했으며, 70년대 중국의 언어연구에 중요한 역할을 하였다. 담화언어학의 관점에서 何自然(1988), 黄国文(1989), 汤廷池(1988) 등은 '这儿', '那儿'이 담화구조에서 공간위치를 나타내는 작용을 한다고 하였다. 그들의 분석대상은 영어였기 때문에 중국어의 연구 성과는 부족하다. 중국어는 실제에서 출발해, 정태위치를 참고위치로 삼아 논의하기 위해서는 지시사 '这儿', '那儿'이 어떠한 작용을 하는지부터 살펴봐야 한다. 표준중국어에는 '这儿', '那儿'과 의미가 유사한 '这里', '那里', '这地方', '那地方'이 있는데, 이를 구분하지 않고 함께 논의하고자 한다.

(1) '这儿', '那儿'의 참조위치 기능
가. '这儿'와 '那儿'의 교체 기능
'这儿', '那儿'이 참조위치를 나타낼 때 '명사+방위사'로 바꿀 수 있다.

① 我的书就堆在这儿。
② 那里挂着一幅郑板桥的画，是我五十年前从琉璃厂觅来的。

①에서 '我的书'가 차지한 공간위치는 참조위치 '这儿'에 대한 것이다. '这儿'은 화자와 청자가 알고 있는 특정적 지시를 나타내는 '명사+

방위사' 형식을 이루며, '书架上', '床上', '床下' 등이 이에 속한다. ②에서 '一幅郑板桥的画'가 차지하는 공간위치 역시 참조위치 '那里'에 대한 것이다. '那里'는 화자와 청자 모두 알고 있는 특정적 지시를 나타내는 '명사+방위사' 형식을 이루며, '我住的房间里', '卧室的墙上' 등이 이에 속한다.

나. '这', '那'의 교체 기능
  어떤 경우 '这/那+명사'는 '명사+방위사'로 바꿀 수 있다.

> 箱子里放着冬天穿的衣服 → 这箱子放着冬天穿的衣服
> 院子里种了不少花 → 那院子种了不少花
> 屋子中间放了一张桌子 → 那屋子放了一张桌子

  사실상 '箱子里', '院子里'와 '这箱子', '那院子'는 의미 차이가 있다. 오른쪽 예문은 '위치'보다는 '사물'의 특징을 나타내는 경우에 훨씬 많이 쓰인다.

> 这箱子要卖五十元 → 箱子里(?)
> 那院子圈了好多年了 → 院子里(?)

  동시에, '명사+방위사'로 바꿀 수 있는 방위사는 반드시 참조점에서 실현된다는 점을 지적할 수 있다. 이는 앞에서 제시한 첫 번째 부류의 방위사에 속한다. 만일 참조점 밖에서 실현되면 바꿀 수 없다.

(2) '这儿', '那儿'의 '문맥 밖 조응' 용법
  '这儿', '那儿'이 공간에서 참조위치를 나타내는 용법은 '문맥 밖 조응'과 '문맥 내 조응'으로 구분된다. 이 두 용법은 '这儿', '那儿'의 문제적 차이를 반영한다.

'문맥 밖 조응'에서 '这儿', '那儿'이 지시하는 대상은 언어 외적 상황이며, 이러한 용법은 주로 구어체에 쓰인다. 구어에서 '这儿', '那儿'을 써서 참조위치를 나타낼 경우 아래의 두 가지 조건에 만족해야 한다.

가. 지시 대상이 교제 장소에 출현한 경우

지시 대상이 교제 장소에 출현하면 지시 대상은 화자와 청자의 시야가 미치는 곳에 존재한다.

③ "呵, 多好的住房啊！"秀芳喃喃低语, 脸上泛出兴奋的红光, 脚上踏着的新工房惯常见到的那种粗糙的水泥地似乎也飘腾起来。好长时间, 才听到亚坤在她旁边已经说了好长一会儿了。
　"你看, 这里放上一张床, 那边呢, 正好放得下咱们新做的两个书架, 我已经算过的。那边最好是一对沙发, 写累了, 可以在上面坐坐, 歇歇。"亚坤比秀芳更快地回到现实中来。显然, 下午在学校时他已经把房间的平面图研究过了。

④ "来来来, 王玲坐这儿, 小李坐张永华旁边, 你呢, 坐那儿, 对对对, 那儿早给你留下一个空位啦！"才早到一步的祝红心, 俨然又进入七五年咱们上大学他当班长的角色中去了, 给大伙儿安排起座次来。

위에서 '这儿', '那儿'은 화자가 손짓이나 눈빛을 통해 청자에게 지시한 공간위치이다. 이러한 위치는 화자가 발화했을 때의 위치를 기준으로 삼는다. 만일 화자와 가까우면 '这儿'이 쓰이고, 화자로부터 멀리 있으면 '那儿'이 쓰인다.

나. 지시대상이 출현하지 않는 경우

지시한 대상이 교제장면에서 출현하지 않으나 대화 참여자가 모두 알고 있을 경우 다음과 같다.

⑤ "有什么变化呢？"林远远才进门就嚷开了。
"变化，什么变化？"秦云中一脸困惑，被林远远的话搞得莫名其妙，一下午的休息还未洗尽旅途的疲惫，大脑的反应看来是慢了半拍。过了一会儿，才慢慢地说道：
"噢-那里盖了几幢新大楼，校园的变化倒不大，你去了也保管认识。变化大的是咱们的同学"。
⑥ "同学们，这儿是一所培养过许多著名学者的一流学校，是一所有八十年校龄的老学校，你们身上的期望不少啊。

⑤에서 '林远远'은 '秦云'과 점심에 통화를 통해 '秦云'이 남방 출장에서 돌아왔고, 출장 중에 그들의 모교를 갔다는 사실을 알게 된다. '林远远'이 알고자 하는 것은 모교의 상황이었기 때문에, '秦云'이 언급한 '那里'는 화자와 청자가 알고 있는 '모교'로 이해할 수 있다. ⑥에서 교장의 환영사에서 언급한 '这儿'은 당연히 그들의 학교를 지시한 것이며, 청자역시 그렇게 이해하고 있다.

해외에서는 '那儿'로 지시하는 것을 '전조응 용법'으로 부르고, '这儿'로 지시하는 것을 '상징 용법'이라고 부른다. 그러나 지시대상이 교제장면에서 출현하지 않는다는 점에서 볼 때 함께 논의할 수 있다고 본다.

(3) '这儿', '那儿'의 '문맥 내 조응' 용법

'문맥 내 조응'은 '这儿', '那儿'이 지시하는 대상이 문장에 출현하지 않지만 텍스트 구조의 앞뒤 문장에서 찾을 수 있다는 것을 가리킨다. '문맥 내 조응'은 통상적으로 사건을 서술하는 장소에서 쓰이며, 대부분 서면어에서 출현한다.

⑦ 太和殿建筑在紫禁城的中轴线上。这里也是北京城的中轴线，向南从午门
到天安门延伸到永定门，向北从神武门到地安门一直到钟鼓楼。

⑧ 在天安门右前方，巍然耸立着一座雄伟壮丽的大厦，这就是人民大会堂，
全国各族人民的代表在这里共商国策。

⑨ 卢沟桥在我国人民反抗帝国主义侵略战争的历史上，也是值得纪念的。在
那里，一九三七年帝国主义发动了对我国的侵略战争。

'这儿', '那儿'의 '문맥 내 조응' 용법은 몇 가지 현상에 주목할 만하다.

가. '문맥 내 조응' 용법은 대부분 여행기, 방문기 등의 서사문에 쓰이
며, 기타 문체에서 출현빈도는 낮다.

나. 汤廷池(1988)는 영어를 분석한 결과 'this'의 '문맥 내 조응'은 '후
향 조응'(즉, 아직 출현하지 않은 문장)이고, 'that의 문맥 내 조응'은
'전향 조응'(이미 출현한 앞 문장)이라고 하였다. 중국어에서 공간위치
를 나타내는 '这儿', '那儿'은 '전향 조응' 용법에만 쓰인다. '这儿', '那
儿'이 지칭하는 대상은 모두 앞 문장에 출현한다.

다. 화자는 '这儿', '那儿'을 사용해 발화시(혹은 문장을 쓸 때)의 위치
를 나타낸다. 화자 자신이 유람하거나 방문한 곳의 위치를 참조위치로
삼았을 때 '这儿'을 써서 앞에서 출현한 장소를 지칭한다. 반면, 화자가
청자 또는 독자와 동일한 입장에서 서술했을 경우 '那儿'을 써서 앞서
출현한 장소를 지칭한다.

라. '这儿', '那儿'은 정태위치와 동태위치의 참고위치를 지시할 수
있다.

⑩ 我在上海住过五年，去年又去了那儿。

⑪ 八八年毕业离开学校已经三年了。今天，我又来到了这里，重新开始三年
的学习生活。

이로부터 '这儿', '那儿'은 동태위치에서 참조위치를 나타낼 때, 동작의 방향과 관련되며, 화자가 발화한 장소와 관련이 있음을 알 수 있다.

4) 참조위치에서 방위표현의 이해전략

여기서 논하고자 하는 것은 방위표현에 대한 오해를 초래하기 쉽다. 비(非)단일의미의 방위사 주로 '前/后', '上/下'가 쓰인다. 위에서 방위사 '前'의 세 가지 의미에 관해 논했지만, 사실상 방위사가 정태위치의 참고위치를 나타낼 때 다음과 같은 이해전략이 사용된다.

(1) 조절전략(aligned-strategy)

참조물의 위치와 화자의 위치를 일렬로 배열한 전체라고 간주했을 때, 화자가 마주한 방향은 정방향이라고 불린다. 이때 화자의 앞쪽에 배열된 것을 '前'으로, 뒤쪽에 배열된 것을 '后'라고 부르기로 하자. 아래의 예문에서 참조위치의 이해는 조절전략을 준수해야 한다.

① 群众队伍前是一支由四十八人组成的方队。
② 身后跟着好几个人。

만일 수직방향인 경우, 화자의 머리가 마주한 방향을 '上'으로, 발이 마주한 방향을 '下'로 이해할 수 있다. 다음의 예문을 보자.

③ 山上有一座寺庙。
④ 飞机下边是一片云海。

조절전략 원칙에 근거하면 〈그림 2-7〉의 '△c'는 앞(前)이고, '△b'는 뒤(后)이다.

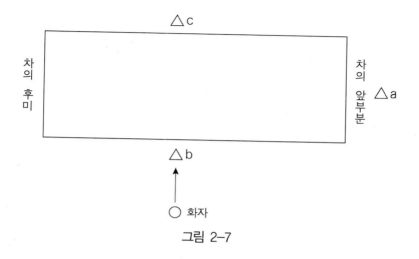

그림 2–7

(2) 거울전략(mirror-strategy)

화자의 방위에서 거울을 참조물에 투사하면 마치 거울을 보는 것처럼 상하좌우는 불변하지만 앞뒤는 바뀐다. 역으로 말하면, 참조물을 거울로 간주하면 화자가 마주한 방향을 '前'이고 화자를 등진 방향은 '后'이다. 만일 〈그림 2-7〉의 '△b'는 '前'로 이해한다면 '△c'는 '后'로 이해할 수 있다. 다음의 예문에서 참조위치의 이해는 거울전략 원칙을 준수해야 한다.

⑤ 靠墙放了张桌子, 桌子前是一把红木太师椅。
⑥ 屋子后面又盖了一幢小洋房。

거울전략은 방위사 '上/下'에 대한 이해에 사용되지 않는데, 이는 거울에서 '上/下'의 위치는 변화하지 않기 때문이다.

(3) 기본 전략(original-strategy)

참조물 자체의 방위를 관찰점으로 설정했을 때, 다음의 세 가지를 포함한다.

가. 수평방향의 참조물은 참조물의 머리 부분 또는 표면부분을 지향하는 방향 '前'과 이와 상반된 방향 '后'이다.

나. 수직방향의 참조물은 참조물이 지면에 닿지 않은 부분은 '上'으로, 지면에 닿는 부분은 '下'로 간주한다.

다. 수평방향이 없는 참조물이 만일 이동 상태에 있으면 수평방향을 얻을 수 있으며, 이동하는 방향을 '前'으로 간주된다. '前'이 있으면 '后'와 '左', '右'가 있다. 〈그림 2-7〉에서 '△a'를 '前'으로 간주했으며, 이는 원시방향 전략의 원칙에 근거한 것이다. 아래의 예문에서 참고위치의 이해는 원시방향 전략을 위주로 해야 한다.

⑦ 飞奔的火车前突然出现一团黑影。
⑧ 铁塔上竖起一面红旗。

위의 세 가지 전략은 구체적인 이해과정에서 동시에 작용하지 않고, 상황에 따라 다른 책략을 선택한다. 어떤 전략을 선택했을 때 아래와 같은 요소에 제약을 받는다.

가) 참조물의 운동 상태
나) 참조물의 수직 방향 또는 수평 방향
다) 화자와 참조물의 위치 관계

기존 연구에서 이 문제에 대한 다양한 견해가 제시되었기 때문에 여기서는 깊이 있게 다루지 않았다. 그러나 의미적 차이는 인지적 차이를 반영한다는 점에서 양자는 밀접한 관련이 있다.

3. 방위사 '上', '下'의 비대칭적 분포와 의미항

'上', '下'는 중국인이 최초로 방위의 개념을 나타낼 때 쓰인 어휘 중의 하나이다. 이들은 최초 갑골문에서 발견되었다. 조자(造字) 상황에서 살펴보면 '上', '下'는 지사(指事)에 속하고, 전통문학에서 살펴보면 '초문(初文)'에 속하며, 역사문헌에서 살펴보면 '上', '下'의 최초 문법기능은 체언에 속한다.

현대중국어에서 방위사 '上', '下'의 기본의미는 위치를 나타낸다. 위치는 3차원 공간에서 물체의 순서와 거리 등의 요소를 포함한 상대적 공간관계를 의미한다. 따라서 '上', '下'가 공간위치를 나타낼 때 실체명사가 있어야만 구체적인 위치를 나타낼 수 있다. 통사적 측면에서 실체명사는 문장에 출현할 수도 출현하지 않을 수도 있다. 여기서는 실체명사의 출현 여부에 따라 명시적 위치와 은폐된 위치로 부르기로 한다.

1) 방위사 '上', '下'의 기본의미

(1) 명시적 위치를 나타내는 '上', '下'의 의미

가. 명시적 위치를 나타내는 '上'의 의미

중국어의 위치체계는 목적물(focal object), 참조물(reference object), 위치(location)의 세 가지 요소로 이루어졌다. 다음의 예문을 살펴보자.

① 箱子放在柜子上(面)。
② 桌子上有本书。

위에서 '箱子', '书'는 목적물이고, '柜子', '桌子'는 참조물이며, '上'은 두 물체 상호간 위치를 나타낸다.

가) 위치체계에서 목적물의 존재 상태는 '정태위치'와 '동태위치'로 나뉜다. 목적물의 존재상태 차이는 주로 문장의 술어동사에 의해 결정된다. 존재방식에서 보면, 목적물은 대부분 구정보에 속한다. 따라서 문장에서 목적물의 형태는 일반적으로 무시되어 1차원 점으로 인식된다.

나) 참조물의 존재 상태는 상대적으로 단순하며, 일반적으로 정지 상태에 처해 있다. 그러나 공간에서의 참조물 형태는 중국어 공간위치에 대한 표현에 많은 제약을 한다. 여기서는 '里'형 공간과 '上'형 공간의 차이가 주로 참조물이 공간에서의 존재 형태의 차이에 따른 것으로 생각한다. '柜子'를 참조물로 삼았을 때, '箱子在柜子上' 또는 '箱子在柜子里'로 표현할 수 있는데, 이는 '柜子'를 '그릇'으로 추상화시킬 수 있을 뿐만 아니라 수직의 높이만 지닌 물체로도 추상화시킬 수 있기 때문이다.

다) 마지막으로 제시되는 요소는 위치이다. 위치는 위에서 언급했듯이 공간에서 목적물과 참조물의 상대적 관계를 가리킨다. 상대적 관계는 다음과 같은 두 가지 요소를 포함한다. 첫째, 목적물과 참조물의 상대적 공간 순서이고, 둘째, 목적물과 참조물 사이의 거리이다. 중국어에서 이러한 관계는 '上, 下, 前, 后, 左, 右……'와 같은 폐쇄 조합의 방위사로 나타낸다.

나. 중국어 '上', '下'가 물체의 공간위치를 나타낼 때의 의미와 용법

'上', '下'는 위치를 나타낸다. 따라서 참조점과 공간형태 및 '上', '下'가 나타내는 구체적 공간위치를 살펴보기로 한다. '上', '下'가 정태위치를 나타낼 때 문장에서 동사의 공간위치에 대한 영향은 자세히 논하지 않을 것이다.

한편 언어가 묘사하는 사실은 실제로 객관적 사물에 대해 개념화한 사실이기 때문에 중국어의 공간위치는 주관적 작용에 영향을 받을 수 있다. 이러한 영향은 동일한 객관적 물체 간의 위치는 서로 다른 언어방식으로 표현된다. 목적물의 존재상태, 참조물의 존재상태 등에 대한 인식은 주관성이 강하다. 따라서 '上', '下'의 위치 의미를 논할 때 화자 즉, 관찰자의 위치체계에 대한 다양한 주관적 인식을 고려하지 않을 수 없다.

다. '上', '下'가 명시적 위치를 나타낼 때의 전형적 용법

'上', '下'가 명시적 위치를 나타낼 때 전형적 용법은 명사(참조물) 뒤에 출현해서 위치를 나타낸다는 것이다. '명사+上/下'의 공간위치 관계는 '참조물'의 특징과 '上', '下'의 의미에 의해 결정되며, 관찰자의 주관적 인식에 영향을 받는다.

가) '上'이 명시적 위치를 나타낼 때 첫 번째 용법은 다음과 같다. 관찰자는 참조물과 목적물이 3차원 공간 내에 있다고 주관적으로 인식한다. 참조물과 목적물은 각각 수직좌표에서 양극에 위치한다. 목적물은 좌표의 상단에 위치하고, 참조물은 좌표의 하단에 위치하며 이 둘은 서로 접촉하지 않는다. '飞机从桥上飞过', '桌子上吊了盏灯'에서 '上'의 의미를 '上₁'이라고 하자. '上₁'은 공간위치를 나타낼 때 최초 의미이며 이는 '上'의 고문자의 표의성에서 확인할 수 있다.

나) '上'이 명시적 위치를 나타낼 때 두 번째 용법은 다음과 같다. 관찰자는 참조물과 목적물이 3차원 내에 있다는 주관적 인식을 한다. 참조물은 수직좌표에서 높거나 낮은 양극에 위치하는 반면, 목적물은 수직좌표에서 상단에 위치한다. 목적물과 참조물은 접촉하며 탑재와 피탑재 관계로 존재한다. '树上有只鸟', '城墙上站着一个人'에서 '上'의 의미

를 '上$_2$'라고 하자.

다) '上'이 명시적 위치를 나타낼 때 세 번째 용법은 다음과 같다. 관찰자는 참조물을 1차원적 선 또는 2차원적 면이라는 주관적 인식을 한다. 목적물과 참조물은 접촉하며 이들은 탑재와 피탑재 관계로 존재한다. '我巡逻在边境线上', '手上写满了字', '墙上贴了一幅画'에서의 '上'의 의미를 '上$_3$'라고 하자.

(2) '上', '下'가 명시적 위치를 나타낼 때 객관적 인식

지금까지 '上$_1$', '上$_2$'의 의미를 논했을 때, 관련된 참조물과 목적물은 주관적 개념화의 산물인 반면, 사물은 이러한 속성을 지니고 있지 않다고 설명하였다. 참조물과 목적물 등의 개념과 속성은 객관적 바탕을 지니고 있지만, 여기서는 위에서 언급한 다양한 속성을 지니고 있지 않다고 설명하였다. 객관적 사물을 참조물과 목적물로 주관적 인식을 하고자 한다. '上', '下'가 공간위치를 나타낼 때 객관적 상황은 반드시 일치하지 않는다. 예컨대, 지도에서 임의의 좌표점은 위도의 속성을 지닌 참조점과 목표물이라는 주관적 인식을 할 수 있다. 지도에 수직 또는 수평으로 설정되어 있는지와 상관없이 '北京在上海的上面'와 '上海下面是杭州'라고 표현할 수 있다. 두 예문에서 '上面'과 '下面'은 '上$_1$'의 미를 나타낸다. 廖秋忠(1989)은 참조점과 지면이 평행하면 '上'과 '下'가 지시하는 위치는 참조점이 지면에서 직립한다는 것을 가정할 수 있다고 하였다.

가. '上$_2$'와 '上$_1$'의 의미의 객관적 경험 기초의 차이

가) 객관세계는 인력(引力)의 영향으로 공간에 물체가 존재하는 것은 지탱물이 존재하기 때문이다. 목적물의 위치가 참조점의 수직방향 위쪽

에 있을 때 목적물의 지탱물은 목적물과 참조물 외에 제3의 물체 또는 참조물이다. 기하학의 관점에서 이 두 위치는 차이가 있다. 인지언어학에 의하면, 객관적 상황을 지각할 때 특정한 투시영역을 선택해 투시영역에 들어온 사물만 현저성(salience)을 지니게 된다. 중국어 화자는 목적물과 사물이 수직좌표의 양극에 위치하는 객관적 사실을 다음의 두 가지로 인지하는 경향이 있다. 하나는 목적물과 참조물의 수직 거리에 부각하는 것이고, 다른 하나는 목적물의 지탱점을 부각시킨다는 것이다. 동시에 두 개를 부각시킬 수는 없기 때문에 수직거리가 부각되면 지탱점이 무시되고, 지탱점이 부각되면 수직거리는 무시된다. 이는 '上₁'과 '上₂' 간의 의미 차이의 인지적 기초이다.

나) 중국어에서 지탱점이 유난히 무시되는 경우 아래의 예문에서 볼 수 있다.

③ 雷雨过后，天上出现了一道美丽的彩虹。
④ 王教授家在楼上。

위에서 '上'의 정확한 위치는 불분명하다. 즉, '楼上'은 건물의 지붕도 아니고 건물의 상공은 더더욱 아니다. 따라서 위의 '上'은 '上₁'이나 '上₂'으로 볼 수 없다. 위에서 '上'이 나타내는 위치가 불분명한 주요 원인은 목적물의 지탱점이 무시되었기 때문이다. 그러나 위에서 참조물 '天'과 '楼'는 수직높이의 물체인데, 이러한 점에서 '上₂'의 의미와 기본적으로 일치한다.

2. '上₃' 의미의 생성

목적물의 지탱점이 부각되고 목적물과 참조물이 수직 높이가 무시될 때, '上₃'의 의미가 생성된다.

'上₃'은 '표면'과 '부착'의 두 가지 의미를 나타내며, 문장에서는 그 중 한 가지 의미가 부각된다.

　가) '표면' 의미가 부각되는 경우

　　⑤ 西墙上有一块黑板。
　　⑥ 在黑板上写字。
　　⑦ 你召集大家到操场上集合。
　　⑧ 他正坐在草地上点烟。
　　⑨ 衣领上佩戴着国会议员的徽章。
　　⑩ 包装袋上没有标明出厂日期。

　⑤, ⑥에서 참조물은 수직높이가 있는 물체이다. '上'은 목적물과 참조물 간의 위치를 나타낼 때 표현의 중점은 수직높이가 아니라 참조점의 수직표면이다. ⑦, ⑧에서 참조물은 수직높이가 없는 수평물체이며, '上'이 나타내는 목적물은 참조물의 수평표면 간의 위치와 관련된다. ⑨, ⑩에서 '上'은 목적물과 참조물 전체 표면 간의 위치관계를 나타낸다. 여기서 '표면'은 수직표면도 수평표면도 아니다.

　나) '부착' 의미가 부각되는 경우

　　⑪ 天花板上吊着一盏日光灯。
　　⑫ 他的脚底上磨出了个大水泡。
　　⑬ 一条狗被拴在树上。

　⑬에서 목적물과 참조물의 위치관계가 수직인지 수평인지는 확정시키기 어렵다. 위에서 '上'은 두 물체 간의 '부착' 관계만을 나타낸다. ⑪, ⑫는 목적물과 참조물은 수직위치관계에 있지만, 수직좌표에서 목적물('日光灯', '大水泡')은 하단에 위치하는 반면, 참조물('天花板', '脚底')은

상단에 위치한다. 이는 앞에서 귀납한 '上'이 의미와 상반되며, 앞으로 언급할 '下'의 의미와 동일하다. 사실상 ⑪, ⑫에서 '上'은 '下'로 바꾸더라도 문장의 의미는 변하지 않는다. 이와 관련하여 다음의 예문을 보자.

天花板上吊着一盏日光灯 = 天花板下吊着一盏日光灯
他的脚底上磨出了个大水泡 = 他的脚底下磨出了个大水泡

위에서 '上'과 '下'를 호환하면 명시적 위치의 '上'이 목적물과 참조물 간의 수직거리 외에도 '부착' 의미를 나타낼 수 있음을 의미한다. '부착 표면' 의미는 실제로 위치관계를 나타내지만, 이는 참조물의 지탱점이 부각된 것이다. 만일 목적물이 참조물 위쪽에 위치하면, 두 물체는 수직거리의 간섭을 받아 '上'이 지닌 '표면 부착' 의미가 불분명해지는 경우도 있다. ⑪, ⑫에서처럼 목적물이 참조점 아래에 위치하는 경우 '下'를 써서 위치를 나타내는데, '上'를 써서 '표면 부착' 의미를 표현할 수도 있다. 이는 '上$_3$'의 의미가 '上$_1$', '上$_2$'와 차이가 있음을 충분히 설명해 주고 있다.

다. '上'은 의미연속체를 이룬다.
'上$_2$'의 의미는 '上$_1$'과 '上$_3$' 사이에 있다. 일반적으로 '上$_2$'는 '上$_1$'의 의미와 한 부류로 귀납되며, '上$_2$'와 '上$_3$'은 수평표면의 의미에서 가깝고, '上$_1$'과 '上$_3$' 간의 의미 차이는 수용할 수 있다. '上$_2$'가 '上'이 명시적 위치를 나타낼 때 독립적 의미는 다음과 같은 점을 토대로 한다. 즉, '上$_3$'과 '上$_1$' 간의 의미는 완전히 분리되지 않았다. 이 세 가지 의미의 '上'은 다음과 같은 의미연속체를 이룬다.

上$_1$〉上$_2$〉上$_3$

위의 의미연속체에서 첫째, '上'이 나타내는 위치의 높이는 점차 상실되는 반면, '표면 부착' 의미는 점차 증가한다. 둘째, 명시적 목적물의 지탱점의 의미는 점차 증가하는 반면, 명시적 목적물과 참조물 간의 수직거리의 의미는 점차 감소한다.

라. 문법표지 '上₁', '上₂', '上₃'

위의 문법표지는 규칙이기보다는 경향성으로 볼 수 있다. 문법표지 '上₁', '上₂'는 '上'의 쌍음절 형식 '上头, 上边, 上面'으로 나타낼 수 있는 반면, '上₃'은 그렇지 못하다. '上₁'과 '上₂' 의 의미가 '上'의 쌍음절 형식으로 나타낼 때, '上₁'의 쌍음절 형식과과 명사 간에 '的'를 부가할 수 있는 반면, '上₂'는 그렇지 못하다.

上1：飞机从大桥上飞过 ➝ 飞机从大桥上面飞过 ➝ 飞机从大桥的上面飞过
上2：城墙上站着一个人 ➝ 城墙上面站着一个人 ➝ *城墙的上面站着一个人
上3：黑板上贴了一幅画 ➝ *黑板上面贴了一幅画 ➝ *黑板的上面贴了一幅画

위의 문법현상은 경향성으로 볼 수 있는 이유는 중국어에서 '上'의 쌍음절 형식을 써서 반드시 '上₃'을 나타내는 것은 아니기 때문이다. '上'의 쌍음절 형식으로 '上₃'을 나타내는 조건은 '上'의 쌍음절 형식을 경성화하는 것이다.

(3) 명시적 위치를 나타낼 때 '下'의 두 가지 의미

가. '下'가 명시적 위치를 나타내는 첫 번째 용법은 다음과 같다. 관찰자는 참조물과 목적물이 3차원 공간에 있다는 주관적 인식을 한다. 참조물과 목적물은 수직좌표의 상단이나 하단에 위치하며, 이 둘은 접촉하지 않는다. 예를 들어 '我坐在窗下', '机下一片云海' 등이 있으며, 이

를 '下₁'이라고 부르자.

나. '下'가 명시적 위치를 나타내는 두 번째 용법은 다음과 같다. 관찰자는 참조물과 목적물이 3차원 공간에 있다는 주관적 인식을 한다. 참조물은 수직좌표의 상단이나 하단에 위치하며, 목적물은 이 좌표의 하단 또는 하단 근처에 위치한다. 목적물은 참조물과 가장 낮은 곳에서 접촉할 수도 있고 접촉하지 않을 수도 있다. '樹下有群羊', '枕头下有封信' 등이 있으며, 이를 '下₂'이라고 부르자.

다. '下'는 '上₃'과 대응되는 의미가 존재하지 않는다

가) '下'는 '上₃'과 대응되는 의미는 존재하지 않지만 '枕头下有封信'과 같은 문장에서 '下'는 '上₃'과 대응된다. 이는 목적물이 참조물의 표면과 접촉하기 때문이다. '上₃'의 중심 의미는 두 가지로 나뉜다. 하나는 '관찰자가 참조물이 1차원 선 또는 2차원 면적'이라는 주관적 인식을 하는 경우이다. 객관세계에서 참조물이 수직좌표의 '체적'이더라도, 관찰자는 이를 '선' 또는 '면'으로 인식할 수 있다. 다른 하나는 화자에게 부각되는 목적물은 표면에 '부착'된 것으로 인식하는 경우이다. 이 경우 '下'는 '上₃'과 대응하지 않는다. 중국어 화자는 '桌子下有十块钱'을 '탁자 아래 표면에 10위안이 부착되어 있다'가 아니라 탁자 아래 지면에 10위안이 있다'라고 이해한다. '枕头下有封信' 역시 '베개 아래 표면'라는 개념을 지니고 있지 않다.

나) 언어의 대칭적 측면에서, '上₃'과 '下₃' 간에는 대응 의미가 존재한다. '上₃' 의미 형성의 중요한 객관적 기초는 목적물의 '지탱점'이 참조물에 떨어진다는 것이다. 중국어에서 '下'로 위치를 나타낼 때 역시 객관적 현실을 기초로 한다. 인력(引力)의 존재로 인해 절대적 상황에서

수직좌표 하단에 있는 물체의 지탱점은 수직좌표의 높은 위치에 있는 물체에 의해 지탱되는 것이 불가능하다. 동시에, 수직좌표의 하단의 있는 물체는 일반적 상황에서 동일한 물체, 즉 '지면'이다. 따라서 '下'로 위치를 나타낼 때 목적물 지탱점의 유일성과 불변성은 부각시킬 필요가 없다. 이제 다음과 같은 상황을 가정해보자. 목적물('一张纸')의 지탱점이 유일 불변의 '지면'이고, 지탱점을 부각시킬 경우 중국어로 어떻게 표현할까? 이에 대해 '地上有一张纸'라로 대답할 수 있다. 여기서 쓰인 것은 '上₃'의 의미에 속한다. 그런데 위의 문장을 '地下有一张纸'로는 바꿀 수 있다. '地下有一张纸'가 부각되는 것은 참조물과 목적물 간이 수직거리가 이니라, 이 표현이 의미하는 바는 '地底下有一张纸'이기 때문이다. 따라서 '下' 역시 '上'과 상응해 '부착 표면'을 부각시키는 의미가 있다고 볼 수 있다. 그러나 이러한 의미는 특정한 조건에서만 사용되며, '上₃'과 의미적으로 구별되지 않는다. 여기서는 이를 '下'의 기본의미가 아니라 특례로 간주하였다.

(4) 은폐된 위치에서 '上', '下'의 의미
가. '上', '下'의 기본의미는 위치를 나타낸다

위치의 가장 중요한 특징은 참조물이 존재하고 있다는 것이다. 따라서 '上', '下'가 위치를 나타낼 때 반드시 참조물이 있어야 한다. 중국어에서 '上', '下'가는 단독으로 주어와 목적어로 쓰일 수 있는데, 이 경우 통사적으로 참조물을 나타내는 명사가 출현하지 않는다. 그런데 참조물이 문장에 출현하지 않더라도, 의미상 참조물이 암시되어야 한다. 문장에 참조물이 암시되어야 하는 이유는 두 가지로 설명할 수 있다. 첫째, 참조물을 화자와 청자 모두 명확하게 알고 있어서 언급하지 않더라도 위치의 확정하는데 영향을 미치지 않을 경우이다. 둘째, 어떤 위치에서 참조물은 추상적 장소인 경우이다. 구체적인 명사가 없는 위치를 은폐위치라고 했을 때, 중국어에서 '上', '下'는 다음과 같은 두 가지 유형의 은폐위치를 나타낼 수 있다.

나. 절대적 은폐위치

절대적 은폐위치는 참조물이 화자와 청자가 공통적으로 묵인한 암시적 위치를 가리킨다. 일반적으로 이러한 참조물은 발화시 화자와 청자 자신이거나 그들이 처한 장소이다. 화자와 청자가 확실히 알고 있는 물체나 장소일 수도 있다.

 ⑭ 上面有人！
 ⑮ 老王家住在下面。
 ⑯ 离东皇庙不远了，再往上走几十米就到了。
 ⑰ 这画挂高了，朝下挪挪。

⑭~⑯에서 참조물은 화자 또는 청자가 처한 장소이고, ⑰에서 참조물은 '画'가 원래 존재했던 장소이다.

위에서처럼 개사 뒤의 '上', '下'를 부가한 문장에 대해 대부분의 학자는 '上', '下'가 방향을 나타낸다고 지적한 바 있다. 廖秋忠(1989)은 '방위사는 방향뿐 아니라 위치를 나타내는 체언'에 속하며, '위치와 방향은 밀접한 관련이 있는 개념'이라고 하였다. 그에 의하면, 위치는 공간에서 점, 선, 면, 체적을 차지하며, 방향은 물체와 마주한 위치이다. 이는 방향이 곧 위치를 나타낸다고 이해할 수 있는데, 사실상 '특수'한 위치를 의미한다. 따라서 위치와 방향을 구분할 필요가 있다. 이에 앞서 위치와 장소를 구분해보자. 장소는 물체가 차지하는 공간을 가리키며, 이는 절대적 공간에 속한다. 반면, 위치는 두 물체 간의 공간관계를 가리키며 상대적 개념이다. 이제 위치와 방향을 비교해보자. 어떤 물체(목적물)가 점유하는 공간은 장소이고, 다른 물체(참조물)가 점유하는 공간은 또 다른 장소이다. 두 장소 간에 두 점을 이어 하나의 선이 만들면 위치가 생긴다. 다시 이 선의 양극단에 기점과 종점을 부가하면 방향이 생긴다. 다음의 〈그림 2-8〉을 보자.

위치 : 참조물 ──────── 목적물   방향 : 참조물 ◄────► 목적물

그림 2-8

중국어 '上', '下'의 기본의미는 두 장소 간에 수직 거리를 나타낸다. 수직거리에 극성을 부여하는 것은 방위사 '上', '下'가 아니라 방향을 나타내는 개사이다. 이러한 개사에는 '自', '从', '往', '向', '朝'가 있다.

⑱ a. 到上面去。
　　b. 到山上去。
　　c. (在)上面/山上。
⑲ a. 从下面上来。
　　b. 从山下上来。
　　c. (在)下面/山下

위에서 ⑱a와 ⑲a, ⑱b와 ⑲b의 개사는 방향을 나타낸다. 이들 간의 차이는 참조점이 통사적 측면에서 명시적이거나 은폐되었다는 것이다.[4] 중국어에서 위치에 극점을 부여할 수 있는 개사는 두 가지 종류가 있다. 만일 위치의 기점을 '-'라고 가정하고, 위치의 종점을 '+'라고 가정하면, 개사의 기능에서 참조물은 '+'를, 목적물은 '-'를 부여할 수 있

....
4) 方经民(1999a)은 ⑳a ㉑a는 방향참조이고, ⑳b ㉑b는 위치참조라고 하였다.

다. 여기에 속하는 개사는 '到', '往', '向', '朝' 등이다. 또 다른 부류의 기능에서 참조물은 '-'를, 목적물은 '+'를 부여할 수 있다. 여기에 속하는 개사는 '从', '自' 등이 있다. ⑱c, ⑲c와 기타 문장의 차이는 개사 '在'를 부가하거나 부가하지 않는 경우 위치 간의 거리를 부여할 수 없기 때문에 두 구문 모두 방향을 나타낼 수 없다는데 있다. 위의 예문에서 '上面', '下面', '上', '下'의 의미는 완전히 일치하며, 수직위치만을 나타낸다.

다. 상대적 은폐위치와 준은폐 위치

상대적 은폐위치는 수직좌표 양 극단에 있는 물체 또는 장소가 서로 참조된다는 것을 함의하고 있다. 하나의 물체 또는 장소가 목적물일 때 다른 하나의 물체와 장소는 참조물이며, 그 반대 역시 성립한다. 상대적 은폐위치에서 '上', '下'는 대구를 이룬다.

⑳ 一个在上面, 一个在下面。
㉑ 你刷墙得从上往下刷, 不能从下往上刷。

또 다른 유형의 은폐위치는 비교적 특수하다, 이 경우 '上', '下'의 참조물은 명시적 위치처럼 '上', '下' 앞에 부가하지도 않고, 위의 은폐위치처럼 완전히 암시되지 않는 반면, 앞 문장에 출현한다. 참조물이 문장에 출현하지만, '上', '下'와 긴밀한 관련이 없는 경우 준은폐 위치라고 불린다. 다음의 예문을 살펴보자.

㉒ 旁边一张大茶几, 上有水果、瓜子等吃食。
㉓ 不远处有个黄土岗, 上面有一些树, 几间土屋。
㉔ 他盘着两腿, 下面垫了一本蒲包。

준은폐 위치는 앞 문장에 출현하기 때문에, 어떤 경우 '上', '下' 앞에 지시대사를 써서 앞 문장에 출현한 참조물을 반복 지시해야 한다.

㉕ 壶上头原来有牛郎织女渡鹊桥的图画, 可是我拿张白纸往这上面一糊, 就连这点四旧也没有了。
㉖ 院里有棵桧柏树, 夏天那上面总有许多蚂蚁。

2) 방위사 '上', '下'의 허화의미

(1) 'X上/下'에서 'X'의 의미와 의미변천 고찰

위의 논의에서 보듯이 '上', '下'가 위치를 나타낼 때 다양한 의미는 참조점의 상태와 밀접한 관련이 있다. 형식적 측면에서 참조물은 명사가 담당한다. 따라서 방위사 '上', '下'의 의미와 'X上/下'에서 'X'의 의미를 충분히 이해할 필요가 있다. 储泽祥(1995)은 명사와 방위명사의 선택제약을 고찰한 후, 명사는 성질과 상태 의미가 있는데, 문장에서 어떤 경우 상태 의미가 우세(강상태)하고, 어떤 경우 성질 의미가 우세(강성질)하다고 설명하였다. 또한, 어떤 명사는 주로 성질 의미로 출현하고 어떤 명사는 주로 상태 의미로 출현하며, 강상태 명사는 강성질명사보다 방위명사와 결합능력이 훨씬 강하다고 설명하였다. 강성질 명사에는 인명, 동물명, 직함명 등이 있고, 강상태 명사에는 식물, 사람과 동물의 신체 부위, 도구재료, 지명, 건축물 등의 명칭이 있다.

나. 'X上/下'에서 'X'는 '강상태' 명사의 특징과 반드시 부합하지는 않는다.

'上', '下' 앞에 출현한 명사를 살펴보면, 대체로 '강상태' 명사의 특징과 부합한다. 이른바 '강상태'는 명사가 지시하는 사물은 객관세계에서 이산적 특징이 있으며 차원이 있는 공간에 존재하며, 이러한 사물은 동일한 물리적 특성을 지닌 사물과 다양한 공간관계를 맺는다. 이는 방위사가 명사와 결합해 공간위치관계를 표현하는 객관적 기초이다. 언어는 객관적 세계를 반영하지만, 사실상 객관적 세계와 완전히 동등하지는 않다. 중국어는 다음과 같은 문장이 보편적으로 존재한다.

① 新春音乐会作品将全部选自中国传统的经典作品曲目和新创作的优秀曲目, 形式上以交响乐演奏为主。(人民日报 1995. 1. 25)
② 在专业设置上、课程安排和办学形式上, 都能从实际出发。(人民日报 1995. 1. 8)
③ 在对13个行业基本建设贷款取消差别利率, 执行统一的基本建设贷款利率后, 在同等条件下, 银行对上述行业贷款继续采取优先支持的政策。(人民日报 1995. 1. 2)
④ 在武警大哥哥的帮助下, 我一个台阶一个台阶走了上去。(人民日报 1995. 3. 13)

위에서 '上', '下' 앞의 명사는 추상적 사건이며, 이산성이 강한 실체 명사에 비해 '강상태' 의미를 지니고 있지 않음을 알 수 있다.

다. '上', '下' 의미 변천의 역사적 고찰
'上'은 비실체명사 뒤에 쓰여 방면, 범위 등의 의미를 나타낸다. 대부분의 문법서에서는 이러한 언어현상에 대해 설명하였다. 呂叔湘(1965)은 이를 '上'의 '범방향성' 용법이라고 했지만, '下'가 비실체명사 뒤에 쓰여 범위, 조건 등의 의미를 나타낸다는 사실은 언급하지 않았다(吴之翰 1965). 丁声树 등(1961:76-77)과 胡裕树(1981:341-342)는 '上', '下'의 두 가지 의미를 파생의미로 보았지만, '上', '下'의 의미가 생성된 경로 및 유사점과 차이점에 관한 자세한 설명은 하지 않았다. 여기서는 통시적 시각에서 '上', '下'가 비실체명사 뒤에 쓰였을 때 나타난 의미변천을 살펴보기로 한다.

(2) 선진, 양한시기의 '上', '下'

가. '上', '下'는 명시적 위치를 나타낸다

  가) 선진, 양한시기의 '上', '下'가 공간위치관계를 나타낼 때 참조물
이 있는지에 따라 명시와 은폐의 두 가지 용법으로 나뉜다. 다음의 예문
은 '上'과 '下'의 명시적 위치를 나타낸다.

  ⑤ 子在川上曰：“逝者如斯夫!"(论语·子罕)
  ⑥ 孟子见梁惠王, 王立于沼上。(孟子·梁惠王上)
  ⑦ 从台上弹人, 而观其辟丸也。(左传·宣公二年)
  ⑧ 于是民皆巢居以避之, 昼拾橡栗, 暮栖木上, 故命之曰有巢氏之民。(庄子·
    盗跖)
  ⑨ 楚人坐其北门, 而覆诸山下。(左传·桓公十二年)
  ⑩ 射其左, 越于车下。(左传·成公二年)
  ⑪ 寡君将帅诸侯以见于城下。(左传·襄公八年)
  ⑫ 皆衿甲而縛, 坐于中军之鼓下。(左传·襄公十八年)

나. '上', '下'는 은폐위치를 나타낸다

  선진, 양한시기 '上', '下'가 은폐된 위치를 나타낼 대 대부분 대구형
식을 이룬다.

  ⑬ 夫蚓上食槁壤, 下饮黄泉。(孟子·滕文公下)
  ⑭ 上可以坐万人, 下可以建五丈旗。(史记·秦始皇本纪)

  위의 예문에서 '上'이 선진시기 위치를 나타낼 때 참조물은 기본적으
로 수직높이를 지닌 사물임을 알 수 있다. 목적물은 수직좌표의 상단에
있으며, 지탱과 피지탱의 관계는 존재하지 않는다(⑤, ⑥). 어떤 경우 이
러한 관계가 존재한다(⑦, ⑧). '下'가 선진시기에 위치를 나타낼 때 참조
물과 목적물은 각각 수직좌표의 상단과 하단에 위치한다.

다. '上'은 하류 명칭 뒤에 출현한다.

선진, 양한시기 '上'은 주로 하류 명칭 뒤에 쓰였다.

⑮ 郑人恶高克，使帅师次于河上。(左传·闵公二年)
⑯ 晋韩厥，荀偃帅诸侯之师伐郑，入其郛，败其徒兵于洧上。(左传·襄公元年)
⑰ 晋侯使荀会逆吴子于淮上，吴子不至。(左传·襄公三年)
⑱ 昭王南巡狩不返，卒于江上。(史记·周本纪)
⑲ 婴身生得左司马一人，所将卒斩其小将十人，追北至淮上。(史记·樊郦滕灌列传)

선진, 양한의 '上'이 하류 강둑에 쓰였을 때 위치는 두 가지로 설명할 수 있다. 하나는 수면보다 높은 뚝 또는 수면 위쪽의 공간을 나타내는데, 이는 하류의 총칭으로 쓰인다. 예를 들어, '子在川上曰 : '逝者如斯夫！''(论语·子罕), '象曰 : 风行水上，涣'(周易)등이 있다. 다른 하나는 하류의 상류로 일반적으로 하류의 고유 명칭이다.

라. 'X+上/下'가 명시적 위치일 때 두 가지 형식

선진시기의 언어자료에 의하면, '上', '下'와 명사가 결합해서 'X+上/下'를 이루면 명시적 위치를 나타낸다. 이는 다음과 같은 두 가지 형식이 있다.

가) '上', '下'가 명사 뒤에 와서 'X+上' 형식을 이룬다.

나) '上', '下'와 명사 사이에 조사 '之'를 삽입해 'X之上' 형식을 이룬다.

'X+上/下'에서 'X'는 대부분 단음절 명사이며, 'X之上'에서 'X'는 대부분 쌍음절 명사 또는 쌍음절 명사구이다. 한대시기, 이미 쌍음절 명사에 '之'없이 직접 '上', '下'를 부가한 문장이 출현하였다. 예를 들어, '始皇之上泰山，中阪遇暴风雨，休于大树下'(史记·封禅书)와 같은 예문이 있지만, 양한의 전적에서 우세를 차지하지는 않는다. 위에서 '之'는 해음절(谐音节) 작용을 한다. ⑦의 '上' 앞은 단음절 '台'를 썼으며, ㉒의 쌍음절 '鹿台'은 '之上'과 함께 쓰였다. 다음의 예문은 짝수의 쌍음절 명사와 결합해서 방위사구를 이루고 있다.

> ⑳ 西方有木焉, 名曰射干, 茎长四寸, 生于高山之上, 而临百仞之渊。(荀子·劝学)
> ㉑ 覆杯水于坳堂之上, 则芥为之舟。(庄子·逍遥游)
> ㉒ 紂走, 反入登于鹿台之上。(史记·周本纪)
> ㉓ 是故知命者, 不立乎岩墙之下。(孟子·尽心上)
> ㉔ 文夫人敛而葬之郐城之下。(左传·僖公三十三年)
> ㉕ 民相连而从之, 遂成国于岐山之下。(庄子·让王)

마. '上', '下'의 명시적 위치의 두 가지 특징

선진, 양한시기 '上', '下'가 현저한 위치를 나타낼 때 다음과 같은 특징을 지니고 있다.

가) '上'이 위치체계에 쓰이면 참조물은 수직차원을 지닌 실체명사이며, 목적물은 수직좌표의 상단에 있거나 참조물과 접촉하거나 접촉하지 않는다. 즉, 선진, 양한시기의 '上'은 아직 '표면 부착'의 의미를 획득하지 않았다.

나) 선진, 양한시기에 위치의미를 나타내는 '上'은 기본적으로 위에서 언급한 '上$_1$'와 '上$_2$'로 귀납된다. 여기서는 선진시기 언어현상에 주목하고자 한다. 선진시기 중국어는 방위사를 쓰지 않았지만 현대중국어로 번역할 때는 방위사가 필요하다. '上'으로 대역되는 것은 일반적으로 '上$_3$'의 의미이다. 이는 '上$_3$'의 의미가 선진시기에 완전히 발전하지 않았음을 증명해준다. 다음의 예문을 보자(刘丹青 2002).

㉖ 豕人立而啼。公惧, 队于车。伤足, 丧履。反, 诛履于徒人费。弗得, 鞭之, 见
血。走出, 遇贼于门。劫而束之。费曰："我奚御哉？" 袒而示之背。信之。弗
请先入。伏公而出, 斗, 死于门中。石之纷如死于阶下。遂入, 杀孟阳于床。
曰："非君也, 不类。" 见公之足于户下, 逐弑之, 而立无知。(左传·庄公八年)

위에서 '队于车', '杀孟阳于床'은 현대중국어 '从车上掉下来'와 '把孟
阳杀死在床上'으로 번역된다. 위에서 '下'는 생략할 수 없다.

선진, 양한시기에 '上', '下' 형식의 방위사와 참조물로서 명사 간에
조사 '之'를 삽입해 'X之上/下' 형식의 방위사구를 이루었다. 여기서는
'之'가 출현하거나 출현하지 않는 두 형식에 대한 선진, 양한시기의 언
어자료에서 출현빈도는 대략적인 양적 통계를 실시하였다. 결과적으로,
'X之上/下'는 'X上/下'보다 훨씬 출현빈도가 낮게 나타났지만, 선진, 양
한시기의 단음절 명사와 쌍음절 명사의 출현빈도를 결합하면 그 결과는
통계학적 가치를 지닌다. 따라서 두 구조의 방위구의 선진, 양한시기에
서의 우열을 가릴 수 없다. 이는 선진, 양한시기의 '上', '下'가 참조물로
서 명사와 결합해 방위사구를 이루며, 결합력 측면에서 현대중국어보다
훨씬 약하다는 사실을 방증한다.

(3) 위진시기에서 당송시기의 '上', '下'
가. '上₃' 의미의 출현

위진시기부터 당송시기까지 '上'은 선진, 양한시기의 의미와 용법을
기초로 일부 변화가 발생하였다. 위진시기부터 '上₃'의 의미가 언어자료
에 출현하기 시작했으며 이러한 변천은 당송까지 계속된다.

㉗ 既还, 蓝田爱念文度, 虽长大, 犹抱着膝上。(世说新语·方正)
㉘ 向夜, 举家作粥糜, 食余一瓯, 因泻葛汁暮中, 置于几上, 以盆覆之。(搜神
后记·卷六)

㉙ 往取, 乃一老雄狐, 脚上带绫香囊。(搜神后记·卷九)

㉚ 便举左手拍其腹上而喝一声, 象兵倒地, 不复更起。(祖堂集·卷二)

㉛ 夜至三更, 不令人见, 遂向南下中间壁上题作呈心偈, 欲求于法。(六祖坛经·敦煌本)

㉜ 昔有一老宿, 住庵, 于门上书心字, 于窗上书心字, 于壁书上心字。(五灯会元·卷六)

위의 예문에서 목적물과 참조물 간의 수직거리 관계는 무시되는 반면, 목적물과 참조물의 수평표면(㉗, ㉘), 전체표면(㉙, ㉚), 수직표면(㉛, ㉜) 간의 '부착' 관계가 부각된다.

나. '上' 의미의 장소표지로의 의미 변천

당대시기를 시작으로 '上' 앞에 출현하는 명사에 변화가 나타났다. 일부 공간 이산성이 약한 인명, '동, 서, 남, 북' 등의 방위사가 '上'과 결합해 방위사구를 이루었으며, '上'이 있는 문장에서 목적물과 참조물 간의 수직거리는 무시되거나 완전히 소실되었다. 이 시기, '上'은 장소를 나타내지 않은 명사와 공기해 장소구를 나타냈다. 이 시기 '上'의 의미는 수직공간을 나타내는 기본의미에서 장소표지로 허화되었다. 다음의 예문을 살펴보자.

㉝ 仆射闻吐浑王反乱, 即乃点兵, 鏨凶门而出, 取西南上把疾路进军。(敦煌变文·张义潮变文)

㉞ 一头在北上, 是为北极, 居中不动, 众星环向也。(朱子语类·卷二十三)

㉟ 过失推向将军上, 汉家兵法任交虏。(敦煌变文·李陵变文)

'上'이 단순하게 장소를 나타내는 용법은 현대중국어 보통화에서는 소실되었지만 일부 방언에는 여전히 남아있다. 청두화(成都话)에서 '城

的东(西, 南, 北) 边'을 나타내려면 '东(西, 南, 北)门上'으로 표현해야 한다. 산시 신저우화(山西忻州话), 상하이 총밍화(上海崇明话)에도 유사한 표현이 있다.[5]

3) '上' 범위, 방면의 의미 변천

당대시기 이후 '上'은 이산성이 약한 인명, 방위사 뒤에 쓰여 단순한 장소를 나타내는 외에, 이산성이 없는 비실체명사 뒤에 쓰여 추상적 범위, 방면의 의미로도 쓰였다. 이러한 용법은 당대시기 서적에서 보이기 시작했으며 송대시기 이후 빈번하게 출현한다.

㊱ 此三身佛, 从性上生。(六祖坛经·敦煌本·卷一)
㊲ 此法门中一切无碍, 外于一切境界上念不起为座, 见本性不乱为禅。(六祖坛经·敦煌本·卷一)
㊳ 自心地上觉性如来, 放大光明。(六祖坛经·流通本·决疑品)
㊴ 如今诸官大众, 各须体取好, 莫全推过师僧分上。(五灯会元·卷八)
㊵ 有是理便有是气, 但理是本, 而今且从理上说气。(朱子语类·卷一)
㊶ 但民心归向处, 只在德上, 不在事上。(朱子语类·卷二十三)
㊷ 心有所之谓之志, 志学, 则其心专一向这个道理上去。(同上)

라. '下'의 의미변천

'上'에 비해 '下'의 의미는 위진시기에서 당오대 시기까지 위와 같은 변화는 일어나지 않았다. 江蓝生(1998)은 한대 '下'는 이미 허화되었으며, 한위(漢魏)시기 '장소구+下'의 용법은 '遂破骑却于墨下'(史记·乐毅列传)를 증거로 들었다. 그러나 '下'의 의미가 허화되었다는 사실을 충분하게 설명하지 않았다. 먼저, 장소구는 주로 지명인데, 지명은 중국어에

---

5) 《成都方言词典》, 《忻州方言词典》, 《崇明方言词典》을 참고하기 바란다. (李荣主编, 《现代汉语方言大词典》, 江西教育出版社, 1996)

서 '강상태' 명사로 방위사와 결합능력이 강하다. 선진시기, 지명은 '下' 외에도 '上'과 방위구를 이룬다. 예컨대, '二十九年, 春, 介葛卢来朝, 舍于昌衍之上'(左传·僖公二十九年)이 있다. 현대중국어에는 '上海在杭州上面'와 같은 용법이 있는데, 수직위치를 나타내는 '上', '下'는 평면위치를 나타내는 용법에 해당한다. 당송시기, '下'가 인명과 결합해 방위사를 이루는 예문은 드물게 출현하였다. 江蓝生이 들은 당시(唐诗) '有钱石上好, 无钱刘下好, 士大夫张下好'는 '上'과 '下'의 대구를 비교를 한 것이기 때문에 당대시기 '下'가 보편적으로 인명과 결합해 장소를 나타낸다는 설명은 충분하지 않다. 남송시기 『朱子语类』의 '东边见不得, 西边须见得 ; 这下见不得, 那下须见得'에서 '下'는 장소를 나타낸다고 보았는데, 동시기 전적에서 '下'의 이러한 용법은 찾아볼 수 없다. 여기서는 '这下' 의 용법이 방언의 색채가 있는 것으로 생각한다. 朱熹의 고향과 강학을 했던 동북지역의 장시 간(赣) 방언에 대한 고찰을 통해 '这下'가 사용된 상황을 발견하였다. 이 방언에서 '这下'는 대체로 시간을 나타내며, 표준어의 '眼下', '时下' 등의 의미와 유사하다. 다음에서 장시 상요화(江西上饶话)를 살펴보자.

㊸ 阿这下没有空。(我现在没有空。)
㊹ 这下个台生晓不得有几□□ [dĭ¹³tɑ⁰]。
　　(眼下的年轻人不知道有多能干。)

사실상 『朱子语类』에서 '这下'는 '眼下', '时下' 등 시간을 나타낸다.

㊺ 这下又不知其狼狈如是。(朱子语类·卷一百三十一)
㊻ 且如当时覆军败将, 这下方且失利, 他之势甚张。(同上)

당송시기 전적에서 '下'가 비실체명사와 공기해 명사구를 이룬 용례는 드물게 출현한 반면, '上'이 비실체명사와 결합한 용례는 빈번하게 출현한다. 따라서 '下'의 의미는 '上'처럼 허화가 되지 않았음을 알 수 있다.

마. '上', '下'의 구문 형식의 발전

이 시기의 '上', '下'는 의미적으로 커다란 변화를 겪은 것 외에도 구문 형식과 기능에 발전이 있었다.

가) 선진, 양한시기 명사와 '上', '下'로 이루어진 방위사구 간에 '之'를 삽입할 수 있는데, 특히 쌍음절 명사와 '上', '下' 결합에서 '之'가 빈번하게 출현한다. 위진시기부터 시작해 선진시기에 우세구조가 되었으며 쌍음절 명사와 '上', '下'로 이루어진 방위사구는 '之'를 쓰지 않는 경우가 더 많이 출현한다.

㊼ 庾小征西尝出未还, 妇母阮是刘万安妻, 与女上安陵城楼上。(世说新语·雅量)

㊽ 顾彦先平生好琴, 及丧, 家人常以琴置灵床上。(世说新语·伤逝)

㊾ 夜照见一白鹿, 射中之明寻踪, 血既尽, 不知所在, 且已饥困, 便卧一梓树下。(搜神后记·卷八)

㊿ 主人欲杀一样, 羊绝绳便走, 来投入此道人膝中, 穿头向袈裟下。(搜神后记·卷七)

나) 'X上/下'구의 통사 기능은 위진시기에서도 변화가 나타났다. 선진시기 'X上/下'구는 대부분 개사의 목적어로 쓰였지만, 위진시기 'X上/下'구는 개사 목적어 외에 동사의 목적어로 쓰였고, 문장의 주어로도 쓰였다. 이러한 용법은 한대시기에 시작해 위진시기를 거쳐 수당시기까지 발전하였다(何乐士 1992). 다음의 예문을 살펴보자.

(51) 庾時颓然已醉，幘堕几上，以头就穿取。(世说新语·雅量)
(52) 文帝兄弟每造其门，皆独拜床下。(世说新语·方正)
(53) 既入户，鬼便持斧行棺墙上。(搜神后记·卷二)
(54) 县西山下有一鬼，长三丈。(搜神后记·卷六)

(4) 원명시기의 '上', '下'

가. '上' 의미 변화의 특징

원명시기 '上', '下'의 의미에 새로운 변화가 나타났다. 특히 '上'에 변화가 두드러졌다. 금원시기 북부의 알타이어와 중국어 접촉이 빈번했고 상호 영향과 침투가 이루어지면서 원대시기 북방방언은 커다란 변화가 발생했다. 이 시기 방위사 '上'의 의미 변화는 대체로 두 가지 특징을 지니고 있다.

가) 몽고어 서적을 직역했을 때 방위사 '上'은 몽고어의 격조사로 대역하였다.

나) 당시의 중국어 구어자료에서 중국어 방위사 '上'은 몽고어의 영향을 받아 새로운 용법과 의미가 출현하였다.

나. '上'을 몽고어 격조사로 대역했을 때 의미 변화

'上'을 몽고어 격조사로 변역했을 때의 상황에 대해, 余志鸿(1987)과 祖生利(2000)는 『蒙古秘史』와 원대의 백화비문(碑文)의 몽중 대역어 자료를 상세한 고찰하였다. 그들의 연구 결과는 기본적으로 일치한다. 원대시기 대역자료에서 중국어 방위사 '上'으로 대역한 몽고어 격조사는 주로 목적격조사, 여격조사, 방위격조사, 이격조사, 속격조사 등을 포함한다(余志鸿 1987).

원대시기에 중국어 '上'을 몽고어 격조사로 대역한 상황과 일반적인 어휘의 대역은 차이점이 있다. 먼저, 몽고어 격조사는 중국어 '上'의 독음과 동일하거나 유사한 것이 존재하지 않기 때문에 이러한 대역은 음역으로 볼 수 없다. 다음으로, 이러한 격조사의 의미 역시 방위를 나타내지 않는다. 따라서 의역으로 볼 수도 없다. 몽고어의 격조사는 실제 어휘의미가 없고, 명사 '격' 범주의 문법수단을 통해 실현되며, 문법의미만 지니고 있다. 중국어는 격 범주가 없기 때문에 몽고어의 격조사와 일치하는 문법수단이 없다 하지만 완전한 직역을 위해, 중국어에서 몽고어 격조사와 의미가 유사한 방위사 '上'을 통해 대역을 할 수 밖에 없었을 것이다. 이른바 '유사함'은 주로 두 가지 측면에서 비롯된다. 첫째, 몽고어에서 격조사는 후치사이다. 그들의 문법 특징은 명사 뒤에 긴밀하게 위치한다는 것이다. 이는 중국어 '上'이 현저한 위치를 나타낼 때 '명사+방위사' 구조가 표층 형식에 출현하는 것과 유사하다. 둘째, 오랫동안 변천을 거쳐, '上'의 의미는 일정정도 허화되었다. 특히 수당시기 '上'은 인명 뒤에서 장소를 나타내는 용법이 생겼는데, 이는 '上'과 몽고어의 격조사가 의미적으로도 유사하다는 것을 의미한다. 중국어에서 방위사 '上'의 사용빈도가 높기 때문에 몽고어 격조사를 대역하는데 가장 좋은 선택이라고 할 수 있다. 후치사 '行'은 몽고어 격조사의 번역어이다. 즉, 중국어는 '上'으로 대역을 한다.

'上'을 써서 격조사로 대역하는 것은 언어규칙에 부합하지 않지만, 이러한 대역 관계가 형성되고 오랫동안 존재하면 실제 언어에 영향을 미친다. 이러한 영향으로 원명시기 방위사 '上'에 새로운 의미와 용법이 출현하게 되었다.

가) 동작 대상을 나타낸다.

⑤⑤ 双亲行先报喜, 都为这一纸登科记。(元杂剧·倩女离魂·第三折)

㊶ 大师行深深拜了，启朱唇语言得当。(元杂剧·西厢记·第一本·第二折)
㊷ 明日病痊疴了时，太医上重重的酬谢。(老乞大谚解)
㊸ 做满月，老娘上赏银子段匹。(朴通事谚解)

원명시기 '上'의 이러한 용법과 수당시기 '인명+上'의 용법은 매우
유사하지만, 수당시기의 '인명+上' 구조는 개사 뒤에서 장소를 나타낼
뿐이다. 위의 예문에서 '上'이 나타내는 명사와 동사 간에 대상의 격
관계를 지니고 있으며, '인명+上' 구조는 문장의 주어를 담당한다. 이는
알타이어에서 차용된 문법수단이다.

　나) 결과를 나타낸다.

㊹ 所以上与他家做女婿，我满意的则是图他家私。(元杂剧·老生儿)
㊺ 我家里称了一百二十斤，你这称大。因此上折了十斤。(老乞大谚解)

　다) 영속을 나타낸다.

㊻ 谁是舅舅上孩儿，谁是姑姑上孩儿？(老乞大谚解)

4) 방위사 '上', '下'의 허화

(1) '上'의 허화 과정과 원인

가. '上'의 허화 과정

'上'의 의미와 용법에 대한 역사적 고찰을 통해 기본의미에서 허화의
미로 변천하는 과정은 다음과 같이 나타낼 수 있다.

上$_1$, 上$_2$ 의미 〉上$_3$ 의미 〉장소 의미 〉범위, 방면의 의미

허화 과정에서 먼저 '上'은 1차원, 2차원 '면' 범주의 '표면 부착' 의미

를 획득했으며, '上'의 기본의미인 '수식 거리'의 의미는 점차 상실되었다. '표면 부착' 의미는 '약(弱) 장소' 의미특징을 지니기 때문에 수당시기의 '上'은 인명 뒤에 단순한 장소를 나타내는 용법이 출현하였다. 장소의미를 나타내는 '上'은 '일반화(generalization)' 기제의 작용으로 더욱 허화되서 방면, 범위의 의미를 획득하였다. 이는 '上'의 허화의미이다.

나. 'X上' 형식에서 X의 범위 확대

'上'의 의미가 허화되면서 'X上' 구조의 내부 구성원의 'X'의 특징과 의미는 송대시기 '비실체명사+上'의 용법으로 발전하였다. 현대중국어에서 '上'의 의미는 더 허화되어, 범위, 방면의 의미를 나타낼 때 'X上' 형식에 들어가는 'X'의 범위가 확대되었다. X는 주로 다음과 같은 부류이다.

가) 비실체명사

报纸, 表格, 电视, 广播, 广告, 会议, 课堂, 书本, 杂志 등
'上'은 위의 명사 뒤에서 '범위'를 나타낸다.

根本, 经济, 经验, 精神, 社会, 生活, 水平, 思想, 实际, 事实, 体制, 文化, 文学, 形式, 业务, 政策, 政治, 职称, 作风 등
'上'은 위의 명사 뒤에서 '방면'을 나타낸다.

나) 동사

安排, 比赛, 表达, 处理, 创作, 搭配, 发展, 防守, 分配, 改革, 管理, 建设, 教育, 经营, 决策, 认识, 生产, 生活, 实行, 推广, 写作, 学习, 准备, 作战 등
'上'은 위의 동사 뒤에서 '방면'을 나타낸다.

(2) '上'의 음운 약화

가. 의미 허화와 동시에 음운 약화

'上'의 허화는 의미에서 뿐만 아니라 음운 약화(reduce)로도 나타난다. '上'의 음운 약화는 다음의 두 가지 형식으로 구분된다. 먼저, 표준어와 일부 방언에서 '上'의 음운 약화는 경성으로 발음된다. 『现代汉语词典』(第5版)에서 방위사 '上'은 4성 shàng과 경성 두 가지 발음으로 표기되어 있다. 4성으로 발음할 경우 다섯 가지 의미항으로 구분되며, ① 높은 곳에 위치, ② 등급이나 품질의 높음, ③ 순서와 시간적으로 앞쪽에 있음, ④전통시기의 황제를 가리킴, ⑤ 위로 향함을 나타낸다. 이들은 앞에서 논의한 '上'은 명시적 위치를 나타내는 '上₁', '上₂'와 '上'의 암시적 위치와 다음 장에서 논의되는 파생의미에 속한다. 경성으로 발음할 경우 세 가지 의미항으로 구분되며, ① 물체의 표면, ② 사물의 범위, ② 방면을 나타낸다. 이러한 의미항은 '上₃'과 '上'의 허화의미에 속한다.

나. 북방방언의 上의 약화

현대중국어의 일부 방언에서 '上'의 음운 약화는 성모의 변화로 나타난다. 성모 변화는 두 가지 종류가 있다. 하나는 산둥(山东), 산시(山西), 시베이(西北) 지역 방언에서 '上'의 허화의미를 나타낼 때 [xaŋ]으로 읽는다(江蓝生 1998). '上'의 약화 형식이 생성된 시대는 비교적 이르다. 원대에 약화 형식이 출현했다. '上'의 약화된 독음과 '排行'의 '行'의 독음은 유사하다. 따라서 원명시기의 전적에서 '上'이 약화 형식은 훈독어 '行'을 사용하였다. 일부 방언에서 음운 약화는 음운의 촉화(glottlization)를 수반한다. 즉, 운모는 음장의 복운모가 단음모로 변한 것이다. 예를 들어, 시안화(西安话)에서 허화의미인 '上'은 [xaˀ]으로 읽는다. 이는 표준어에서 경성의 '上'과 유사하다. 이러한 방언에서 '行'은 '上₃'과 방면, 범위의 의미를 지닌다. 방언에서 '行'은 또 다른 용법이 있다. 즉, 인칭대사 또는 지인대사 뒤에서 장소를 나타낸다. 예를 들어, '到俺行来吧', '这家行买了挂自行车' 등이다. 일부 방언에서는 다르게 발음해서 '上'의 장소의미와 허화의미를 구분하였다. 예를 들어, 赵秉璇 (1993)에 따르면, 시링스(西灵石) 방언에서 '上'이 장소의미를 나타낼 때 [xei^{53}]으로 읽고, 표면, 방면, 범위를 나타낼 때 [xɔ^{53}]으로 읽는다. 결론적으로 방언에서 '上'이 허화의의 발음은 위치를 나타낼 때의 발음과 구별된다.

다. 북부 오어(吴语)에서 '上'의 약화

'上'의 음성 약화에는 또 다른 형식이 있다. 북부 오어에서 '上'이 허화의미를 나타낼 때 독음은 설측음화된다. 즉, '上'의 성모는 원래 유성마찰음 [z]에서 변음 [l]로 변한다. 상하이화(上海话)에서 방위사 '上'은 [zã^{13}] [lã^0]의 두 가지 발음이 있다. [lã^0]은 훈독어 '浪'이 쓰인다. 상하이화에서 '上'을 써서 표면, 방면, 범위 등 허화 의미를 나타낼 때 [lã^0]으로 발음된다. 예를 들어, '地浪, 床浪, 电视浪, 实际浪' 등이 있다. [zã^{13}]의 설측음화는 북부 오어에서 자주 보이는 음성 약화 형식이다. '上'이 음성약화 되었을 때 성모 [z]이 [l]로 바뀌는 것 외에, 또 다른 어휘 '在'가 허화되었을 때 발음은 [zei^{13}]에서 [lei^0]로 변한다(钱乃荣 1997). 이로부터 북부 오어의 음운체에서 [z]에서 [l]로 약화되는 것은 체계적인 약화 규칙으로 볼 수 있다.

(3) '上'의 통사적 일반화

'上' 의미의 허화는 음성의 약화를 가져왔을 뿐 아니라 '上'의 통사 기능에도 변화를 가져왔다. 이러한 변화는 주로 두 가지 측면에서 나타난다.

가. '上'이 허화의미를 나타낼 때 단독으로 쓸 수 없다

'上'이 위치를 나타낼 때 실체명사 뒤에서 명시적 위치를 나타내는 것 외에 단독사용은 다양한 은폐위치를 나타낼 수 있다. '上'이 장소, 범위, 방면 등의 허화 의미를 나타낼 경우 반드시 'X上' 형식을 써야 한다.

나. 'X'와 '上' 사이에 조사를 부가할 수 없다

'上'이 상고 중국어에서 명시적 위치를 나타낼 때 '上'과 명사 간에 구조조사 '之'를 쓸 수 있다. '上'의 의미가 허화되면서 '上'의 통사 기능은 점차 상실된다. 위진시기 'X之上' 형식은 'X上' 형식보다 적게 썼다. 현대중국어에서 '上'이 허화의미를 나타낼 때 '上'과 그 앞쪽에 쓰인 어휘 사이에 어떠한 조사도 쓸 수 없다. 하지만 만일 위치를 나타낼 경우 '上'과 참조물 명사 간에는 조사를 부가할 수 있다. '上'의 쌍음절 형식에서 '上边, 上面, 上头' 등은 참조물 명사와 그들 간에 조사 '的'를 부가할 수 있는 반면 '上'는 허용되지 않는다.

이에 '上' 허화의미는 통사의 기능적 측면에서 자유식에서 점착식으로 발전했다고 할 수 있다.

(4) '上'의 허화 기제
가. '上'의 허화의 두 가지 작용 요소

'上'의 허화 과정은 주로 두 가지 요소가 작용한다. 하나는 인지적 심리요소이고 다른 하나는 언어접촉의 사회요소인데, 인지요소가 더 중요하다. '上'이 위치를 나타낼 때 주관적으로 목적물과 참조물 간의 거리보다는 지탱점이 부각되기 때문에 '上'의 장소의미의 약화가 유발된다. 이는 '上'이 더욱 허화될 가능성을 시사한다. 원대시기 발생한 언어

접촉 역시 '上'의 허화에 영향을 미쳤다. 중국어 '上'이 몽고어 격조사로 대역되면서 '上'의 접미사 특징이 점차 강화되었다. '上'의 몽고어 격조사에 대한 대역은 '上'의 의미가 이미 허화된 후 발생한 것이다. 언어접촉은 '上'의 허화 과정에서 부차적으로 작용을 했을 것이다.

나. '上'의 두 가지 허화 기제

'上'의 허화 기제는 유추(inference)와 일반화(generalization)이다. '유추'는 언어환경에서 추론을 통해 낱말의 내포 의미가 점차 명확해지거나, 동반의미가 독립되거나, 연상의미가 점차 고정화되는 것을 말한다(張谊生 2000b:362). '上₃' 의미의 생성은 목적어와 참조물 간의 수직거리가 무시된 결과인데, 거리가 무시된다는 의미는 거리가 없음과는 다르다. 사실상, '上₃'이 나타내는 것은 0 위치인데, 이는 두 가지 의미를 지니고 있다. 하나는 수치 0이고, 다른 하나는 '없음'인데, 일반적인 상황에서 0을 '없음'의 의미로 이해하는 경향이 있다. 따라서 '上₃' 의미에서 '上'이 단순한 장소의미로 전환했음은 '0 거리'를 '거리가 없음'으로 추론한 결과로 이해할 수 있다. 일반화는 어휘의미를 추상화한 기제인데, 장소의미가 범위, 방면 의미로 추상화된 것은 일반화 기제가 작용한 것이다. 여기서는 유추와 일반화의 허화 기제가 '上'의 허화 전 과정에서 작용한 것이 아니라 '上'이 허화되는 단계별 경로에서 발생했다고 보고 있다. 구체적인 그림은 다음과 같다.

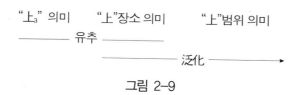

그림 2-9

(5) '下' 의미의 허화 문제

가. '下'의 허화의미

역사적 언어자료에 의하면, '下'의 의미는 시종일관 위치의 초기의미를 나타내는데 머물렀다. 현대중국어에서 '下' 역시 '上'과 마찬가지로 비실체명사 뒤에서 범위, 조건 등의 의미를 나타내지만, '上' 만큼 허화되지는 않았다. '下'는 비실체명사 뒤에 쓰이는 표층형식에서 '上'이 범위, 방면을 나타내는 용법은 유사하다. 그러나 이 둘 간에는 본질적인 차이가 있다. 이러한 차이는 다음과 같은 세 가지 측면에서 설명할 수 있다.

가) '下'는 비실체명사 뒤에서 발음이 약화되지 않는다. 음성과 의미의 약화는 허화의 기본형식이며, 그들 간에는 상호 작용과 인과관계에 있다.

나) 비실체명사는 '上', '下'와 결합하여 'X上/下' 구조를 이룬다. 'X上'와 'X下' 구조는 문법기능에서 커다란 차이가 있는데, 'X下 구조'는 'X上'비해 통사적 분포에서 자유롭지 못하다는 것이다. 일반적으로 'X下'는 개사 '在'의 목적어로만 쓰인다.

① 在传统的产权制度下, 国有资本在条条和块块的分割之中形成超稳定的结构, 不能流动, 长期在低效状态中运行。(人民日报 2000, 11. 13)

또한, 'X上' 구조는 '在', '到', '从'의 목적어가 될 수 있다.

② 我们按照江泽民同志提出的"集体领导、民主集中、个别酝酿、会议决定"的要求, 逐步形成并建立相应的工作规范和工作制度, 在制度上保证地方党委按照民主集中制原则来更好地发挥总揽全局、协调各方的领导核心作用。(人民日报 2000. 7. 1)

③ 反映到干部人事制度上, 除了离退休年龄的硬杠杠外, 缺乏干部"下"的评

判标准, 政策依据和具体途径, 什么情况该下, 往什么地方下, 以什么形式下, 没有科学的, 配套的, 操作性强的实施办法。(人民日报 2000. 8. 29)

④ 逐步建立领导干部任期制、任职试用期制、部分领导职务聘任制等制度, 从制度上进一步解决干部能上能下问题。(人民日报 2000. 8. 23)

개사의 목적어 외에 'X上'은 주어와 관형어로도 쓰인다.

⑤ 《生死抉择》这部电影中, 中阳纺织厂领导班子为什么烂了？那位省委副书记为什么从一位本来可能不坏的干部堕落成为一个犯罪分子？说明我们的制度上还有漏洞, 还有产生腐败现象的条件。(人民日报 2000. 8. 25)

⑥ 推行政务公开, 建立起一套有约束力的权力运行规范和运行机制, 提高权力运行的透明度, 为广大群众直接对政府权力进行最广泛的监督开通了一条渠道, 有利于对领导干部的监督, 为防止"暗箱操作", 防止滥用权力提供了制度上的保证。(人民日报 2000. 7. 28)

다) 위에서 언급했듯이, '上'이 범위, 방면의 의미를 나타낼 때 의 'X上'와 '下'가 범위, 방면을 나타낼 때의 'X下'는 문법기능에 차이가 존재한다. 그밖에 'X上'와 'X下' 구조의 내부는 'X上/下'구조에 대한 X의 선택에 커다란 차이가 있다.

'上', '下' 앞에 비실체명사를 쓸 수 있지만, 실제 말뭉치에서 'X上'에서 'X'를 단독명사 또는 명사 중심어의 수식구로 사용한 용례를 발견하였다. 반면, 'X下'에서 'X'는 명사를 중심어로 하는 수식구조만 출현하였다.

⑦ a. 为了增强这些银行的资金实力和竞争力, 中国人民银行采取了从政策上支持其分批上市的做法。(人民日报 2000. 12. 11)

   b. 两省可以在优惠的政策下发展符合本地特色的项目, 比如改善高原生态环境, 开发北部旅游资源等等。(人民日报 2000. 3. 25)

⑧ a. 根据农业和农村经济发展新阶段的需要和农民增收致富的要求, "双学双比"活动必须立足创新, 努力做到在内容上有新发展, 在领域上有

新开拓, 在方式上有新创造。(人民日报 1999. 10. 28)

b. 过去的结构调整, 大多是在粗放型经济增长方式下由于片面追求增长
速度和数量扩张, 造成经济过热或比例严重失调时进行的。(人民日报
2000. 11. 7)

나. '下'의 용법과 '上'은 다르다

'上'이 범위, 방면의 의미를 나타낼 때 단독동사와 결합해 'V上' 형식
을 이룬다. 반면, '下'가 범위, 조건을 나타낼 때 앞에는 'N+V' 형식만
쓸 수 있다.

⑨ a. 他说, 利民工程数额不大, 最有效的方式就是用在教育上。(人民日报
2001. 6. 19)

b. 这个出生在无量山脉一个哈尼寨子的山娃子, 在党的培养教育下, 成
长为一名共产党员、一个国有企业的厂长。(人民日报 2000. 4. 20)

다. 소결

'上'의 범위, 방식의 의미가 생성되기까지는 역사적 과정이 존재한다.
의미가 형성되고 고정화되는 동시에, 음성 약화가 수반되고 통사적으로
일반화되는 상황은 어휘 허화의 기본형식이다. 따라서 '上'은 범위, 방
면을 파생의미로 보는 것은 정확하지 않다. 다른 한편, '下'의 범위, 조건
의 의미는 '上'의 허화에 비해 음성 약화와 통사적 일반화가 존재하지
않는다. 따라서 그들을 '上'의 허화의미와 대응되는 '下'의 허화의미라
고 이해할 수 없다. 여기서는 이를 '下'의 파생의미라고 여기고 있다.

5) 방위사 '上', '下'의 파생의미
(1) '上', '下' 파생의미의 두 가지 특징

위에서 방위사 '上', '下'의 기본의미와 허화의미를 살펴보았지만 다

양한 의미와 용법에 대해서는 설명하지 않았다. 예컨대, '上午, 下午, 上级, 下级' 등에 쓰인 '上', '下'의 의미와 용법을 가리킨다. 이러한 '上', '下'의 의미는 기본의미도 아니고 허화의미로도 볼 수 없기 때문에 '上', '下'의 파생의미로 간주할 것이다. '上', '下'의 파생의미는 다음과 같은 두 가지 특징이 있다.

　가) 어떤 경우 위치가 아닌 품질, 등급 등의 비공간 개념을 나타낸다. 어떤 경우 위치를 나타내지만, 이러한 위치는 수직공간위치가 아닐 수도 있다.

　나) 파생의미 '上', '下'와 '上', '下'가 위치를 나타낼 때 일정한 의미적 관련이 있다.

(2) 은유기제에 의한 '上', '下'의 파생의미
가. 은유는 의미 파생의 주요 기제

　인지언어학에 의하면 은유(metaphor)는 어휘의 의미가 파생되는 주요 기제이다. 다양한 허화기제의 작용으로 어휘의 의미가 점차 변화하는 반면, 은유기제는 언어 발전의 어느 시기에 어휘 의미를 돌변시킨다. '上', '下'의 다양한 파생의미의 생성 역시 그러하다.

　은유는 줄곧 수사학 범주에 있는 특수한 수사적 수단으로 간주된 반면, 인지언어학은 오랫동안 주류 언어학자로부터 주목을 받지 못했다. Lakoff & Johnson(1980)은 *Metaphor We Live By*에서 최초로 개념적 은유(conceptual metaphor)를 제시했으며, 은유를 수사학의 범주에서 인지언어학의 범주로 가져왔다. 인지언어학에서 언급되는 은유로 표현될 뿐만 아니라 인간의 인지모형의 보편성을 지니고 있다. 언어에서 표현되는 다양한 은유 현상은 개념적 은유 체계의 외재적 표현이라고 할 수 있다. 은유는 개념화된 세계를 인식하는 기본 모형이다. 다시 말해서,

인간은 구체적이고, 내부구조의 분명한 개념을 통해 유사성을 갖춘 추상적이고 내부구조가 불분명한 개념을 이해한다는 것을 의미한다. 여기서 언급되는 개념은 단일한 개념이 아니라, 사물을 인식하는 개념 또는 범주 영역, 즉 인지역영(cognitive domain)을 가리킨다. 구체적 이해 과정은 인지영역 간에 사상(mapping)을 통해 완성된다.

나. 중국어의 공간은유 사상

'上', '下'는 중국어에서 인지적 공간 범주영역에 속한다. 공간범주는 분석 불가한 원시의 인지구조이며, 우리가 알고 있는 인지범주는 공간의 근원(source)범주를 통해 사상된다. Lakoff & Johnson(1980)은 '즐거움은 위, 어려움은 아래', '의식은 위, 무의식은 아래', '건강, 생존은 위, 질병, 사망은 아래', '통제, 힘은 위, 제재, 힘의 영향을 받는 것은 아래', '많은 것은 위, 적은 것은 아래', '지위가 높음은 위, 지위가 낮음은 아래', '좋은 것은 위, 나쁜 것은 아래', '도덕적인 것은 위, 도덕적 부패는 아래', '이성은 위, 감성은 아래' 등을 사례로 들었다. 공간을 근원영역으로 삼는 은유적 사상은 인간의 공통적 경험과 특정한 사회·문화적 경험의 이중 제약을 받는다. 따라서 중국어의 공간은유 사상의 상황은 매우 복잡하다고 할 수 있다. 여기서의 목표는 '上', '下'의 다양한 파생의미의 생성 경로를 명백히 밝히는 것이다. 따라서 다음에서 은유 유형의 측면에서 현대중국어 '上', '下'의 파생의미의 생성 원인과 과정에 대해 살펴보기로 한다.

(3) 방위은유에 의한 파생의미

가. 방위은유에 의한 '上', '下'의 파생의미

방위은유(orientational metaphor)는 공간 방위와 관련된 은유이며,

이러한 은유는 공간방위로 표현된 사물과 관련된다. 방위은유는 하나의 개념이 다른 개념으로 사상된 것이 아니라 개념체계 내부는 위아래, 안팎, 앞뒤, 얕고 깊음 및 중심-주변 등과 같은 공간 방위로 이루어졌다(张敏 1998). 방위은유에서는 방위를 나타내는 어휘로 다양한 실제 경험과 사회·문화적 경험을 나타낸다. 다시 말해서, 방위은유는 목표개념에 공간방위를 부여해 본래 방위의 특징이 없는 개념을 방위가 있는 개념으로 설명한다. 중국어는 방위은유에 의해 생성된 '上', '下'의 파생의미는 다음의 두 가지로 나뉜다.

나. 등급과 품질

중국어에서 등급, 품질처럼 공간의미가 없는 개념에 공간의미를 부여할 수 있다. 일반적으로 등급이 높고, 품질이 좋은 것을 '上'으로 간주하고, 등급이 낮고 품질이 나쁜 것을 '下'로 간주된다.

① 更让人难以忍受的是, 一些恶劣的习气却被一些节目主持人当成了妙招绝技乐用不疲, 硬要幽默风趣, 却不过是彼此浅薄地造些拙劣的噱头胡调乱侃, 一台节目下来废话差不多占去一半时间, 弄得"画虎不成反类犬", 堕入下下乘。(人民日报 1996. 11. 17)

② 宣纸为我国独创, 有"纸寿千年"之说, 为古籍藏书用纸首选, 而手工宣纸更是其中的上乘之品。(人民日报 2000. 12. 23)

③ 今天的辩论一结束, 路透社记者随即采访了6位政治分析家, 其中5位不约而同地认为, 戈尔在辩论中略占上风。(人民日报 2000. 10. 20)

④ 在消费者当中, 农村消费者更占下风, 由于信息渠道狭窄, 商品知识缺乏, 商品鉴别能力通常更低, 所以假药假酒老是在农村药死人和毒死人。(人民日报 1998. 4. 28)

이 외에도 '上等, 上策, 上品, 上流, 下等, 下策, 下品, 下流, 下贱' 등이 있다.

다. 사회적 지위

사회에는 사회적 등급과 계층적 차이가 있다. 예를 들어, 통치자와 피통치자, 지도자와 피지도자, 선배와 후배 간에는 일반적으로 존비 관계 또는 장유 관계가 존재한다. 중국어는 통상적으로 '上', '下'를 써서 사회관계를 나타낸다. 일반적으로 지위가 높은 사람, 어른의 지위는 '上'으로 간주되고, 지위가 낮은 사람, 어린아이는 '下'로 간주된다.

⑤ 因为他对国家的一项事业有特殊贡献, 上面有人替他说了几句话, 所以就没杀他, 判了无期徒刑, 从六五年到现在—他今年有70了吧?(王朔文集·过把瘾就死)

⑥ 我自己说的话我记着一些残句: "我给他们领导看守招呼……", "人不在职, 下面就是怠慢得多……"这好像应该是我们后来在地铁等车时说的。(王朔文集·玩的就是心跳)

이 외에도 '上峰, 上级, 上司, 上层, 上宾, 上流, 下级, 下人, 下层, 下头, 下属, 手下, 下三烂' 등이 있다.

라. 방위은유와 기타 은유의 차이

가) '上', '下'의 파생의미와 기본의미는 거의 동시에 생성되었으며, 상고시기, '上帝, 上苍, 上天, 皇上' 등의 표현 방식이 있었다. 이러한 의미는 '上', '下'의 기본의미와 밀접한 관련이 있다.

'上', '下'가 구체적 공간위치를 나타낼 때 의미와 형식의 두 가지 속성을 지닌다. 의미적 측면에서 '上', '下'는 수직의 위치관계이다. 형식적 측면에서 '上', '下'는 목적물(참조물), 방위사와 같은 틀이 있어야만 명확한 위치를 나타낼 수 있다. 위에서 제시한 다양한 '上', '下'의 파생의미는 첫 번째 속성만 지니고 있다. 즉, 수직좌표에서 구현되는 '高', '低'이다. 다시 말해서, 근원개념의 '上', '下'는 목표개념인 '高低', '好坏', '尊卑',

'长幼'로 완전히 사상되지 않는다. 이를 방위은유라고 부른다.

　나) 방위은유가 기타 유형의 은유와 다른 중요한 점은 하나의 개념으로 다른 개념을 설명하지 않는 데 있다. 따라서 여기에 '上'과 '下'가 쓰이더라도, 여전히 본래의 '高低', '好坏', '尊卑', '长幼'의 의미를 지닌다. 개념의미는 변하지 않을 뿐만 아니라 이러한 개념은 문법기능에서도 조차 변화하지 않는다. 등급, 품질, 사회지위 등의 개념을 나타내는 '高低', '好坏', '尊卑', '长幼' 등은 중국어에서 명사를 수식하는 관형어로 쓰인다. '上', '下'가 등급, 품질, 사회지위 등의 의미로 쓰일 때 대부분 명사 앞에 위치한다. '上', '下'가 구체적 위치를 나타낼 때 문법기능은 완전히 다르다. 赵元任(1979:279)은 이러한 '上', '下'를 방위사와 구별사에 속한다고 보았다.

마. 방위은유에 의한 '上', '下' 파생의미의 특수 용법

　방위은유로 생성된 '上', '下'의 파생의미는 다음과 같은 특수한 용법이 있다.

⑦ 还对国债项目的选择和国债投资计划的上报、编制、下达等各个环节进行了规范，确保投资的操作有章可循。(人民日报 2000. 12. 31)
⑧ 近年来，一些工人集体上访就多是这样引发的。(人民日报 2000. 1. 26)
⑨ 进入九十年代后，随着电影体制改革的深化，多数地区电影票的定价权已逐步下放到电影企业。(人民日报 2000. 12. 8)

　이 외에도 '上调, 上供, 上告, 上述, 上交, 上缴, 上行, 下达, 下行' 등이 있다.

　위의 예문에서 '上', '下'는 동사성 형태소 앞에 쓰인다. 이러한 문장에서 '上', '下'는 체언성 성분이기 때문에 개사 '朝, 向, 往' 등을 부가해

도 의미는 변하지 않는다. 절대적인 은폐위치를 나타낼 때 '向上, 朝上, 往上'과 다르다. 절대적 은폐위치를 나타낼 때 '向上, 朝上, 往上' 뒤에 위치이동을 나타내는 동사 '来, 去, 走' 등이다. 반면, 위의 예문에서 동사성 형태소는 일반적으로 이동성을 지니고 있지 않다. 이러한 '上', '下'는 강력한 지칭성을 지니고 있으며, 예컨대 上级' 등이 있다.

(4) 구조적 은유에 의한 파생의미

가. '上', '下'의 파생의미

구조적 은유(structural metaphor)는 하나의 개념을 통해 다른 개념을 설명하는 것을 의미한다. 구조적 은유에서는 이를 근원영역과 목표영역으로 불린다. 즉, 근원개념을 통해 목표개념을 이해하고 구성하는 은유가 구조적 은유이다. 구조적 은유를 이루기 위해서는 두 가지 조건이 필수적이다. 하나는, 목표개념과 근원개념은 서로 다른 인지영역에 속해야 하고 질적 차이가 있어야 한다. 다른 하나는, 근원영역과 목표영역 간에 유사점이 존재해야 한다. 구조적 은유는 서로 다른 개념의 유사점을 포착함으로써, 근원개념을 통해 목표개념을 이해하고 인식한다. 중국어에서 구조적 은유에 의해 생성된 '上', '下'의 파생의미는 다음과 같은 두 가지가 있다.

나. 시간과 순서를 나타낸다

중국어는 통상적으로 '上', '下'를 통해 시간 개념을 나타낸다.

⑩ 上世纪80年代以来, 发现在比较大的尺度上, 星系的分布呈泡状分布。(人民日报 2000. 6. 19)

⑪ 环顾全球, 国际形势相对平稳却不平静, 下世纪的世界格局仍会出现重大变化与调整。(人民日报 2000. 12. 14)

⑫ 有人给张晓路开玩笑说, 你名"路"又修路, 干了铁路干公路, 不知上辈子

是不是也是修路的? (人民日報 2000. 9. 22)
⑬ 或许, 下辈子他也与黄河分不开了。(人民日報 2000. 2. 13)

'上', '下'를 사용해 시간을 나타내는 용법은 중국어에서 보편적으로 쓰인다. 위의 용례 외에도 '上半年, 上季度, 上个月, 上旬, 上星期, 上周, 上午, 上半夜, 上次, 上回, 下半年, 下季度, 下个月, 下旬, 下星期, 下周, 下午, 下半夜, 下次, 下回' 등이 있다.

다. 기타 위치를 나타낸다

'上', '下'의 기본의미인 수직위치를 나타내지만, 중국어에서 기타 위치를 나타낼 수도 있다.

가) '上', '下'를 써서 '北', '南'을 나타낸다. 예를 들어 '到北方去'를 '北上'으로, '到南方去'를 '南下'로 표현할 수 있다.

나) '上', '下'를 써서 좌우 위치를 나타낸다. 대련의 왼쪽은 '上联'으로, 오른쪽은 '下联'이라고 불린다. 카드 놀이장에서 왼쪽 위치는 '上手'로, 오른쪽 위치는 '下手'로 불린다.

다) '上', '下'를 써서 앞뒤를 나타낸다. 예를 들어 '上线, 下线, 上手, 下手' 등이 있다.

구조적 은유에 의한 '上', '下'의 파생의미는 방향은유의 파생의미와 차이가 있다. 이러한 '上', '下'에서는 공간위치 의미를 나타내는 개념의미는 이미 상실되는 반면, 수직좌표의 상단과 하단에 있다. 그러나 '上', '下'가 위치를 나타낼 때의 '목적물(참조물)', '방위사'의 구조모형은 오히려 보존된다. 예를 들어, '上', '下'가 시간을 나타낼 때 반드시 참조물이 존재한다. 이러한 참조물이 '현재, 즉 '上星期', '下星期'이거나, '上', '下'가 나타내는 구체적 시점, 즉 '上午-中午-下午' 등이다. 그러나 이러한 참조물은 공간 참조물이 아니라 시간 참조물에 속한다.

(5) 존재론적 은유에 의한 파생의미

가. 존재론적 은유에 의한 '上', '下'의 파생의미

　존재론적 은유(ontological metaphor)는 일상생활에서 비물질성과 초월적 체험이 실체로 간주된다. 여기서 제시되는 존재론적 은유는 근원개념이 일상생활에서 익숙한 물체이기 때문이다. 이러한 물체는 시각과 촉각을 통해 그들의 기능을 이해할 수 있으며, 이러한 물체를 통해 목표개념을 인식하고 이해한다.

　중국어에서 추상적 경험, 예컨대 사건, 행위, 감각, 관념 등은 이산적으로 간주되며, 구체적 형태의 실체로 표현되는 현상을 빈번하게 볼 수 있다.

　　⑭ 他惟有苦练，每天百分之百地完成训练计划，练得厚实一点、再厚实一点，心下才感宽慰。(人民日报 2000. 9. 23)
　　⑮ 但是，今年8月中旬，当地法院在商业城四处张贴的公告，在他的心上蒙上了一层阴影。(人民日报 2000. 9. 7)

　위에서 '心'은 원래 생각, 감정을 나타내는 추상적 개념을 나타내지만, 존재론적 은유를 통해 추상적 개념에 구체적 형상을 부여해서, '생각의 기관'으로 이해할 수 있다. 동시에, 두 추상적 개념 간의 추상적 관계 역시 존재론적 은유를 통해 실체 간의 구체적 관계를 이룰 수 있다. 이는 '上', '下'의 파생의미의 생성을 초래시킬 수 있다.

나. 존재론적 은유에 의한 '下'의 파생의미

　존재론적 은유에 기반한 '下'의 파생의미는 '……情况下，……目标下，……背景下，……制度下，……场合下，……环境下，……气氛下，……前提下，……情况下，……状况下' 등이 이에 속한다.

'X下'를 사용했을 때, 주로 표현되는 것은 주체와 'X' 간의 관계이다. 이러한 관계는 본질적으로 제약과 피제약, 통제와 피통제 관계를 나타낸다. 그 중에 'X'는 제약과 통제를 담당하는 반면, 주체는 피제약과 피통제를 담당한다. 이러한 추상적 관계가 구체화되면 '참조물이 낮은 곳에 처함'의 의미를 지닌 방위사 '下'로 나타낸다. 'X下'구조에서 X는 '照料, 吹拂, 防范, 专政, 建议, 提议, 动员' 등의 동사가 올 수 있고, 이들은 통제의 의미특징을 지닌다. 이로부터 '下'의 의미는 '통제력 실현, 힘은 위이고, 피통제력, 힘의 구속은 아래다'라고 인식되는 경향에 부합하고 있음을 알 수 있다.

03

정태위치에 관한
통사형식의 인지연구

1. 정태위치의 영동사구문 유형의 인지·의미

본 절에서는 다음과 같은 유형의 문장에 대해 살펴보기로 한다.

① 山下一片好风光。
② 山顶上一块不大的平地。
③ 地板上一块块依稀可见的血迹。
④ 窗外一阵阵时隐时现的歌声。

위의 예문은 물체와 물체의 이동장소만 존재하며, 동사를 쓰지 않고 이동방식을 나타낸다. 이러한 구문은 동사가 결여되었기 때문에 술어위치에 있는 명사구가 공간위치를 나타낸다는 점이 중요하다. 이러한 구문을 영동사구문이라고 부르기로 한다. 본 절에서는 먼저 영동사구문의 술어위치에 있는 명사구의 구조적 특징을 살펴보기로 한다. 이를 토대로 공간위치체계에서 이러한 구문이 나타내는 의미를 밝힌 후 영동사구문과 관련된 화용적 문제를 논하고자 한다.

1) 영동사구문에서 서술부분의 구조적 특징

(1) 지칭에서 서술로 변화되는 조건

영동사구문은 동가가 결여되었으며, 서술부분은 명사성 수식구조가 담당한다. 명사의 지시기능은 영동사구문에서 서술기능으로 바뀌는데, 이러한 변화는 다음과 같은 두 가지 조건이 충족되어야 한다.

가. 서술부분에 '단독명사'가 출현할 수 없다

형식적으로 영동사구문의 서술부분은 '단독명사'가 올 수 없으며 반드시 수량사의 수식을 받아야 한다. 장소구가 이끌어낸 정태위치를 나타내는 구문의 문말은 '수량사+명사' 형식으로 출현한다. 예를 들어,

'宿舍前是一个网球场', '屋子里有不少客人', '墙上挂着一幅画' 등이 있다.[1] 영동사구문에서 수량사의 출현은 강제성이 있는데, 강제성은 영동사구문의 성립 여부를 결정한다. 영동사구문에서 서술부분에 만일 수량사가 결여되면, 그 구문은 부적격하다. 따라서 '*山顶上不大的平地', '*地板上依稀可见的血迹', '*窗外时隐时现的歌声'은 성립하지 않는다. 기타 구문은 이러한 강제성이 없다.

나. 서술부분의 명사는 대부분 [−유생성]의 의미특징을 지닌다.
　이러한 명사는 다음과 같은 두 가지 부류가 있다.

　　A. 窗子外面一片黄昏景色。
　　　　山下一派好风光。
　　　　小镇上一派繁荣景色。
　　　　长城外一派萧瑟秋色。
　　B. 山坡上一层层错落的梯田。
　　　　四周一座座才盖好的高楼大厦。
　　　　客厅里一套柚木家具。
　　　　山脚下一片广阔的平原。

　A류는 추상명사이고, B류는 구체명사이며, 모두 생명이 없는 물체에 속한다. 유생명사는 영동사구문에 드물게 출현한다. 만일 출현하면, 이러한 문장은 완전하지 않다. 다음을 비교해 보자.

　　① 山脚下一条新修的公路。
　　② 山脚下一队才参军的士兵。

．．．．．．．．．．．．．．．．．．．．．．

1) '宿舍前是网球场', '屋子里有客人', '墙上挂着画'는 모두 가능하지만 이들은 화용적 조건을 만족하지 않아도 된다.

①은 완전한 의미를 나타내지만, ②는 상응하는 동사를 부가해야만 완전한 의미가 된다. 만일 '行进着'류를 첨가하면 특수한 대구 또는 대조 구문에서 쓰일 수 있다. '장소+무생명사'에서 장소는 지시대상에 속하는 반면, '장소+유생명사'에서 장소는 대화의 배경이고 명사는 지시 대상에 속하기 때문이다. 일반적인 상황에서 지시성분 뒤에 서술부분이 있어야 완전한 문장으로 간주된다.

(2) 수량사 수식어의 특징

영동사구문에서 명사를 수식하는 수량사는 비교적 복잡하며 아래와 같은 두 가지 특징을 지니고 있다.

가. 비계량성

비계량성은 다음과 같은 형식으로 나타난다.

가) '一+양사 중첩'

③ 地板上一块块依稀可见的血迹。
④ 山坡上一层层错落的梯田。
⑤ 窗外一阵阵时隐时现的歌声。

'一块块'는 '一块一块'에서 '一'를 없앤 생략식이며, '一层层', '一阵阵' 역시 마찬가지이다. 수량사 중첩은 뒤에 수식하는 명사의 수량이 '一个'에 그치지 않고 불가산성이라는 것을 나타낸다.

나) '一+片'

⑥ 山脚下一片广阔的平原。
⑦ 舷窗外一片绿色的大海。

⑧ 山坡下面一片汪洋。

위에서 명사는 대부분 '水面' 또는 '地面'의 의미를 나타내고, '一片'의 수식만 받을 수 있다. 위의 '一片'은 계량에 쓰이는 '一块'로 대체할 수 없는 비계량성 수량사이며, 구체명사를 수식한다.

나. 비확정적 지시성(虛指性)

명사 앞의 수량사가 명확한 수량개념을 나타내지 못할 경우 수식 작용만 할 수 있다. 주로 '一片(派)+추상명사' 형식으로 나타낸다.

⑨ 山下一片好风光。
⑩ 窗子外面一片黄昏景色。
⑪ 长城外一派萧瑟秋色。

'一片(派)'에서 수사는 오로지 '一'만 쓰이며, '风光', '景色', '气象', '心情' 등의 추상명사는 실체가 아니기 때문에 수량사의 수식에 제약을 받는다. 예컨대, '一片好风光'에서 '一片'과 '一片绿色的大海'에서의 '一片'은 차이가 있다. 전자는 비확정적 지시(虛指)에 속하고, 후자는 확정적 지시(实指)에 속한다. '一片绿色的大海'에서 수사는 '一'만 쓸 수 있지만 '一片'은 원래의 '平而薄的东西'의 의미는 유지되는 반면, '一片好风光'의 '一片'은 '平而薄'의 의미를 지니고 있지 않다.

(3) 서술부분 앞의 동사 생략 문제

范方莲(1963)은 B부분이 결여된 존재문은 동사 '有'가 생략된 것이라고 하였다. 范开泰(1988)는 어떤 경우 존재동사를 생략하더라도 여전히 단순한 존재의 정태의미를 나타낸다고 하였다. 예를 들어, '树上许多彩

을 받은 '繁荣', '寂静', '混乱'이 함의하고 있는 '景象', '气氛' 등의 의미가 강화된다. 다음을 비교해보자.

⑯ 卧室里一片混乱。
⑰ 卧室里一阵混乱。

⑯에서 '混乱'은 국면을 의미하며 정태적 상태를 나타낸다. ⑰에서 '一阵混乱'은 기타 수량사로 바꿀 수 있기 때문에 동작으로 이해할 수 있다.

나. '一片+쌍음절 형용사/동사'에서 '一片'은 생략할 수 없다

특수한 영동사구문에서 서술부문에 출현하는 수량사는 필수성분이기 때문에 삭제할 수 없다. 따라서 '*小镇上繁荣', '*会议室里寂静', '*病房里沉寂' 등은 적격하지 않다. 이는 宋玉柱(1982)에서 수량사를 삭제하더라도 이러한 문장은 모두 성립된다는 주장과 상반된다. '*卧室里混乱'은 비문인데, 문장이 성립하려면 '混乱'은 '一片混乱'의 의미가 아닌 '一阵混乱'의 의미를 가져야 한다.

다. 서술부분에 '有'를 부가할 수 없다

특수한 영동사구문은 동사 '有'를 부가할 수 없어서 '*小镇上有一片繁荣', '*病房里有一片沉寂' 등은 성립하지 않는다. 이러한 현상은 '一片'의 수식을 받는 것은 형용사 또는 동사가 아니라 '一次+추상명사' 구문의 의미와 동일하기 때문이다.

2) 영동사구문의 의미특징

영동사구문의 서술부분의 특징에 관한 논의로부터 구문의 의미특징

을 다음과 같이 정리할 수 있다. 공간위치체계에서 영동사구문은 단순히 위치에 있는 물체를 나타내며, 물체가 어떤 방식으로 위치에 존재하는지를 형식적으로 설명할 수 없다. 영동사구문의 의미특징은 아래의 몇 가지로 설명할 수 있다.

(1) 장소구의 소개 기능 약화

장소구가 주어를 충당하는 구문은 대부분 소개문에 속한다. 그러나 영동사구문의 장소구는 일부는 소개하는 기능을 하는 반면, 일부는 단순한 지시기능을 한다.

가. 소개 기능의 영동사구문

아래의 영동사구문에서 장소구는 소개 기능을 하며, 위치점에 있는 물체를 이끌어낸다.

① 客厅里一套红木家具。
② 墙上两幅颜真卿的字。

위의 예문은 다음과 같이 바꿀 수 있다.

客厅里一套红木家具 ➞ 一套红木家具在客厅里
墙上两幅颜真卿的字 ➞ 两幅颜真卿的字在墙上

가. 소개 기능이 없는 영동사구문

아래의 예문에서 장소구는 단순한 장소위치를 나타내는 지시기능을 한다. 따라서 아래의 예문은 다음과 같이 바꿀 수 없다.

小镇上一派欣欣向荣的景象 → *一派欣欣向荣的景象在小镇上
山下一片好风光 → *一片好风光在山下

이처럼 공간위치체계에서 영동사구문의 의미특징을 단순하게 위치
상의 물체를 나타낸다고 설명할 수 있다.

(2) 서술부분에 물체 이동방식을 나타내는 동사가 결여된다

영동사구문의 서술부분은 명사구가 담당하며, 명사구의 지시적 특징
이 서술의 특징으로 바뀌면서 물체의 운동방식을 나타내는 동사는 결여
된다. 또한 존재를 나타내는 '有'를 부가할 수 없으며, 어떤 경우 동사를
부가할 수 없다.

앞 절에서 언급했던 서술부분에 동사를 부가하는 불규칙성은 문두의
어휘와 서술부분의 명사구 간의 의미 관계에 의해 영향을 받는다. 이는
다음의 세 가지 상황으로 나뉜다.

가. 전항의 범위가 후항의 범위보다 큰 경우

장소구의 범위가 사물이 차지하는 위치의 범위보다 크면 일반적으로
동사 '有'가 쓰인다.

墙角上一只沙发 → 墙角上有一只沙发
院子里两棵开着花的芭蕉树 → 院子里有两棵开着花的芭蕉树

나. 전항의 범위가 후항의 범위보다 작은 경우

장소구의 범위가 사물이 차지하는 위치의 범위보다 작으면 일반적으
로 '是'가 쓰인다.

舷窗外一片绿色的大海 ➝ 舷窗外是一片绿色的大海

山坡下一片平原 ➝ 山坡下是一片平原

다. 후항이 범위를 나타내지 않는 경우

장소구에 추상명사가 오면, 기타 동사를 부가하는 경우도 있지만, 부
가하지 않는 경우도 있다.

脸上一团和气 ➝ 脸上显出一团和气

窗外一阵阵时隐时现的歌声 ➝ 窗外传来一阵阵时隐时现的歌声

小镇上一派欣欣向荣的景象 ➝ ？

山下一片好风光 ➝ ？

(3) 문말 명사의 한정성 강화

소개문에서 목적어는 통상적으로 '수량사+명사' 형식을 이룬다. 소개
문이 비한정적 명사구를 이끄는 경우 문말에 출현한다(汤廷池 1988).
영동사구문에서 '수량사+명사'는 문장의 서술부분이다. 따라서 여기에
출현하는 명사는 완전히 비한정성이라고 할 수 없다.

'一片+추상명사'에서 '一片'은 비확정적 지시를 나타낸다. '小镇上欣
欣向荣的景象', '山下一片好风光'에서 '一派', '一片'은 구체명사와 결합
한 '一张桌子', '两棵树'의 '一张', '两棵'과 차이가 있다.

다음에서 영동사구문을 살펴보자.

③ 院子里两棵开着花的芭蕉树。

④ 墙上一幅山水画。

⑤ 窗台上一本正翻到三月六日的日历。

⑥ 湖面上一片白莹莹的雾气。

⑦ 舷窗外一片绿色的大海。

⑧ 村西头一间孤零零的土坯房。

위의 예문에서 수량사는 명사를 직접 수식하지 않고 기타 수식어와 함께 쓰여 명사를 수식하고 있다. 말뭉치에 의하면, 수량사가 직접 명사를 수식하는 영동사구문은 거의 출현하지 않는다. 여기서는 수식어가 쓰이면 명사의 외연을 축소시켜 한정성이 강화된다고 여기고 있다. 따라서 영동사구문은 소개문과 달리, 문말 명사는 어떤 위치에 있는 사물을 나타낸다.

3) 영동사구문의 화용적 특징

영동사구문은 주로 문학작품에서 묘사 기능으로 쓰이는데, 이는 서술의 기능을 하는 정태위치를 나타나는 구문과 차이가 있다.

(1) 화제의 무표지성

가. 영동사구문의 문두 장소구 앞에 '在'를 부가할 수 없다

장소구가 이끄는 정태위치문은 문두 개사 '在'를 쓸 수 있으며 이에 관해서는 문법서적에서 이미 논의되었다.[3] 반면, 영동사구문의 문두에는 개사 '在'가 쓰이지 않는다. 따라서 아래의 예문은 성립하지 않는다.

> *在墙上一幅郑板桥的画。
> *在舷窗外一片绿色的大海。
> *在小镇上一派欣欣向荣的景象。

영동사구문의 문두 장소구에 '在'를 부가하지 못하는 이유는 동사가 결여되었기 때문이다.

....

3) 중국어의 관습적 용법은 문두에 '在' 등 개사를 부가하지 않지만 만일 '在'를 쓰면 문장 역시 적격하다. 예컨대 '在桌子上放着一本书', '在柜子里有好多衣服' 등이 있다.

나. 영동사구문에서 서술부분의 제한

　가) '在+장소구'는 개사구이다. 개사구는 지시성이 없으며, '준서술'의 작용을 한다. 위에서 언급했듯이 문장에 준서술이 있는 경우 반드시 서술이 있어야 한다. 서술은 반드시 동사가 참여한 '진서술'이어야 하는데, 만일 지시성에서 전환된 서술인 경우는 진서술이 될 수 없다. 사실상, 영동사구문에서 서술부문은 지시성에서 전환된 것이다. 따라서 준서술에 반드시 (진)서술이 있어야 한다는 요구에 만족하지 않는다.

　나) 통사적 측면에서 영동사구문은 명사술어문에 속한다. 명사구가 술어성분으로 쓰여서 문장을 이루는 능력은 약하다. 주어 선택에서 날씨, 절기, 장소, 구체적 인물, 사물 외에 명사성 술어에 대한 수식어는 제약을 받는다. 영동사구문에서 술어성분에 속하는 '수량사+명사' 앞에 수식어가 출현할 수 없는데, 만일 수식어가 출현하면 수량사와 명사 사이에만 올 수 있다. 따라서 '*舷窗外绿色的一片大海', '*小镇上欣欣向荣的一派景象'이 아니라 '舷窗外一片绿色的大海', '小镇上一派欣欣向荣的景象'이라고 표현해야 한다. '在+장소구'는 '수량사+명사' 형식으로 출현할 수 없다.

다. 영동사구문의 문두 장소구는 '무표지 화제'이다

　문두의 '在+장소구'는 개사가 출현하기 때문에 '유표지 화제'로 간주된다. 무표지 화제는 화제와 진술의 결합이 느슨하며 비교적 긴 휴지를 둔다. 영동사구문의 경우 문두 장소구와 뒤쪽의 명사구 간에 비교적 긴 휴지를 둔다. 다음의 예문을 보자.

　　⑨ 小镇上/一派欣欣向荣的景象。
　　⑩ 舷窗外/一片绿色的大海。

(2) 영동사구문의 초점과 전제

중국어에서 문장 초점은 문말에 있으며 화자가 강조하고자하는 내용의 중심부분이이다. 다음에서 영동사구문과 정태위치구문을 비교해보자.

⑪ 墙上一幅郑板桥的画。
⑫ 墙上有一幅郑板桥的画。
⑬ 墙上挂着一幅郑板桥的画。

위의 예문에서 초점은 '一幅郑板桥的画'이며, 전제는 초점에 배경지식을 제공해준다.

다음의 〈표 3-1〉을 살펴보자.

〈표 3-1〉

예 문	초 점	전 제
墙上一幅郑板桥的画。	一幅郑板桥的画	在墙上的一样东西
墙上有一幅郑板桥的画。	一幅郑板桥的画	墙上存在一样东西
墙上挂着一幅郑板桥的画。	一幅郑板桥的画	墙上挂着一样东西

전제와 문장구조는 서로 관련되기 때문에 문장 구조에 근거해 전제를 설명할 수 있다(文炼 1986). 다시 말해서, 전제가 다르면 문장구조가 나타내는 의미에 차이가 있다는 것이다. 영동사구문의 문장구조는 동사가 결여되었으며, 위치점에 어떤 물체가 존재한다는 것을 나타낸다.

2. 정태위치 '着'구문의 통사구조와 인지 의미

여기서 논의되는 '着'구문은 다음과 같다.

① 台上坐着主席团。

② 台上演着梆子戏。
③ 马路上走着一群人。

위에서 주어는 장소구이며, '동사+着+명사'는 술부에 속한다.
다음에서 세 가지 부류의 예문을 살펴보자.

   A. 台上坐着主席团。
     床上躺着一个人。
     衣架上挂着一件大衣。
   B. 台上演着梆子戏。
     门外敲着锣鼓。
     体育馆里进行着篮球比赛。
   C. 马路上走着一群人。
     操场上滚着雪球。
     沟里流着许多污浊的水。

위의 통사구조는 동일한 반면, 의미구조는 차이가 있다. 이러한 사실은 아래의 변환을 통해 확인할 수 있다.

   台上坐着主席团 → ① 主席团坐在台上 → ② *台上正在坐主席团
   台上演着梆子戏 → ① *梆子戏演在台上 → ② 台上正在演梆子戏

A식과 B식의 변환은 상보적이다. A식은 ①로 변환되며 ②로 변환될 수 없는 반면, B식은 ②로 변환되며 ①로 변환할 수 없다. 따라서 A식과 B식의 의미구조는 다르다고 할 수 있다.
  C식은 아래와 같이 변환할 수 있다.

   马路上走着一群人 → 一群人在马路上走着 → ③ 马路上走来一群人

C식은 ③ 형식으로 변환할 수 있다. 즉, 동사 뒤의 '着'를 방향동사로

바꾸면 새로운 구문이 생성된다. 반면, A식과 B식은 그렇지 못하다. 이에 C식의 의미구조는 A식, B식과 차이가 있음을 확인할 수 있다. A, B, C식의 '着'구문을 '着₁', '着₂', '着₃'라고 표기하기로 한다.

다음에서 '着₁', '着₂', '着₃' 구문의 내부구조의 차이를 살펴본 후, 구문의 의미특징과 화용적 특징을 살펴볼 것이다. 공간위치체계에서의 지위와 '着'구문의 대응관계, 시태조사 '了'가 있는 문장과의 비교에 관해서도 살펴볼 것이다.

1) '着'구문에서 동사의 의미특징

(1) '着'구문에서 동사의 동작성 특징

가. '着₁'구문의 동사는 비동작동사이다

'着₁'구문의 동사는 비동작동사이며, 전체 구문은 동작 이후의 상태지속을 나타낸다. 다음의 예문에서 동사는 모두 비동작동사이다.

> ① 柜子里藏着不少细软。
> ② 本子里记着许多学习中的心得。
> ③ 身上盖着三床被。
> ④ 天空中飘扬着红旗。
> ⑤ 烈士陵园里埋葬着无数先烈。

'着₁'구문에서 동사의 비동작성은 상태성을 지니기 때문에 동사 뒤에 반드시 '着'를 부가해야 한다. 이는 대부분의 상태동사가 상대적인 동형(同形)의 동작동사가 있기 때문이다(李临定 1990).

나. '着₂'구문과 '着₃'구문의 동사는 동작동사이다

'着₂'구문과 '着₃'구문의 동사는 동작동사이며, 이러한 동사의 동작성은 동사 자체에 내재되었으며, '着'를 부가한 뒤 동작의 지속을 나타낸다. 다음에서 A류는 '着₃'구문이고 B류는 '着₃'구문에 속한다.

> A. 收音机里唱着流行歌曲。
>   外事办公室里陪着客。
>   教室里辩论着谁当学生会主席的问题。
>   灯光下审查着报表。
> B. 天空中飞着一群小鸟。
>   阴沟里爬着许多小虫。
>   身后跟着一些不明身份的人。
>   广场上空盘旋着一群白鸽。

위에서 '着₁'구문의 동사는 [-동작]의 의미특징을 지니고 있는 반면, '着₂'구문과 '着₃'구문의 동사는 [+동작]의 의미특징을 지니고 있다.

(2) '着'구문에서 동사의 지속성 특징

가. '着₁'구문의 동사는 상태지속을 나타낸다
  '着₁'구문의 동사는 상태동사이다.

> ⑥ 墙上挂着一幅画。
> ⑦ 银行里存着一笔钱。
> ⑧ 床上躺着一个人。
> ⑨ 门外蹲着两只石狮子。

위에서 '挂', '存', '躺', '蹲'은 상태의 지속을 나타낸다.

나. '着₂'구문의 동사는 동작의 지속을 나타낸다
  '着₂'구문은 동작지속을 나타내기 때문에 순간동사는 출현하지 않는다. 일부 학자는 '门外敲着锣鼓'에서 '敲'류 동사는 동작성이 강하고 구

체적이며 중복성을 지닌 순간동사라고 하였다(戴耀晶 1991). 의미적 측면과 분포적 측면에서, '敲'류 동사와 '死', '开始'와 같은 순간동사는 명확히 구분된다. '敲'류 동사는 '着'와 공기하여 동작을 지속성을 나타낼 때 비순간동사와 구별할 수 없다. 예를 들어, '着₁'구문에 출현하는 '敲'는 기타 동사와 마찬가지로 시간량을 나타내는 동사와 공기할 수 있다. 다음의 예문을 보자.

台上演着梆子戏 → 台上演了两小时梆子戏。
门外敲着锣鼓 → 门外敲了半天锣鼓。

다. '着₃'구문의 동사는 반드시 지속동사이다

어떤 경우 '着₃'구문에 출현하는 동사가 순간동사처럼 생각되는데, '马路上走着一群人'에서 '走'가 그러하다. '走'가 지속동사 또는 동작동사로 쓰일 때 다른 의미항을 지니고 있다. '走'가 '떠나다' 의미를 나타낼 때 순간동사에 속하며, '걷다'라는 의미일 때 지속동사에 속한다. 위의 '马路上走着一群人'에서 '走'는 '걷다' 의미로 쓰인 지속동사에 속한다. 지속동사에는 '飞, 爬, 盘旋' 등이 있다.

'着₁'구문에 출현하는 동사는 [+상태지속]의 의미특징을 지니는 반면, '着₂'구문과 '着₃'구문에 출현하는 동사는 [+동작지속]의 의미특징을 지닌다.

(3) '着'구문 동사의 이동성 특징

가. '着₁'구문과 '着₂'구문의 동사는 비이동동사이다

'着'구문은 공간위치를 나타내며, '着₁'구문과 '着₂'구문에 출현하는 동사는 비이동성의 특징을 지니고 있다. '着₁'에 출현하는 동사는 비동작동사이기 때문에 이동성을 지니고 있지 않다. '着₂'구문에 출현하는 동사는 동작동사이며 동작은 '점'에서만 진행되고 동작행위는 시간축에

서만 이동하며 공간축에서 운동하지 않는다. '台上演着梆子戏'에서 '演'
이 실현되는 동작의 공간위치는 '台上'이라는 '점'에서 진행되는 반면,
시간축에서 '시작-진행-종점'의 과정이 있다.

나. '着₃'구문의 동사는 이동동사이다

'着₃'구문에 출현하는 동사는 이동동사이며, 동작행위가 동작위치의
'점'에서 '점'으로 진행한다는 특징이 있으며, 동사 뒤에 방향동사를 부
가해야 한다. '着₂'구문에서 어떤 경우 동사는 방향동사를 부가해야 하
는데 '唱→唱起来', '审查→审查出来' 등이 있다. 이러한 동사에 방향동
사를 부가하더라도 구체적 이동을 나타내지는 않는다. 여기서 방향동사
는 파생의미로 '着₃'구문의 동사와 구분된다.

따라서 '着₁'구문과 '着₂'구문의 동사는 [-이동]을 나타내는 반면, '着₃'
구문의 동사는 [+이동]을 나타낸다고 할 수 있다.

(4) '着'구문의 동사의 목적어
가. '着₂'구문 동사는 수동자를 요구한다

⑩ 菩萨面前磕着头。
⑪ 外事办公室里陪着客。
⑫ 洗衣机里洗着衣服。
⑬ 台上演着梆子戏。

위에서 동사 뒤의 목적어는 동작성이 있는 수동자이며, 행위자는 출
현할 수 없다.

나. '着₂'구문 동사 뒤에 수동자가 올 수 없다

⑭ 马路上走着一群人。

⑮ 水沟里流着污浊的水。

위의 예문에서 동사 뒤의 명사는 행위자이다. 따라서 '一群人在马路上走着', '污浊的水在水沟里流着'로 바꿀 수 있다.

다. '着₁'구문의 동사의 두 가지 상황
  '着₁'구문의 동사 뒤에 수동자가 올 수 있는 경우이다.

⑯ 墙上挂着一幅画。
⑰ 柜子里藏着不少东西。

'着₁'구문의 동사 뒤에 수동자가 올 수 없는 경우이다.

⑱ 床上躺着一个人。
⑲ 门外蹲着两只石狮子。

따라서, '着₁'구문의 동사는 [±수동자], '着₂'구문의 동사는 [+수동자], '着₃'구문의 동사는 [-수동자]로 나타낼 수 있다.
  정리하자면, '着₁'구문 동사의 의미특징은 [-동작] [+상태지속] [-이동] [±수동자]이고, '着₂'구문은 [+동작] [+동작지속] [-이동] [+수동자]의 의미특징을 지니며, '着₃'구문은 [+동작] [+동작지속] [+이동] [-수동자]의 의미특징을 지니고 있다.

2) '着'구문이 공간위치체계에 나타내는 의미특징

(1) '着₁'구문의 의미특징

  공간위치체계에서 살펴보면, '着₁'구문은 위치점에 지속상태의 물체가 존재함을 나타낸다. '着₁'구문의 의미특징은 다음의 두 가지로 설명할 수 있다.

가. 동사 뒤 '着'는 지속을 나타낸다

지속은 상태 특징에 속한다. 马希文(1987)은 동사 뒤에 '着'를 부가하면 상태로 변화된다고 하였다. '着'의 정태의미는 많은 학자에 의해 주목을 받았다. 여기서는 '着'는 정태의미만 있고 동태의미는 없다고 여기지 않고, 정태의미와 동태의미로 분화되었다고 여기고 있다. '着'는 비동작동사 뒤에 있는 문장은 정태적 특성을 지닌다. 이 경우 문장은 동사를 지배하는 성분과 동사를 통제하는 성분 모두 운동의 초기상태에 있다. 운동의 초기상태는 시간이동의 정지(静止)와 공간이동의 정지를 의미한다.

나. '着' 앞에 출현하는 동사는 비동작동사이다

비동작동사는 朱德熙가 언급한 '위치의미'를 지닌 '挂, 贴, 堆, 放' 등의 동사와 '자세의미'를 지닌 '坐, 躺, 蹲, 站' 등의 동사로 구분된다. 비동작동사는 '부착'과 '보류 상태'의 두 가지 의미특징을 지니고 있어야 한다(朱德熙 1982). 동사가 '부착'과 '보류 상태'의 의미특징을 실현하기 위해서는 '동사+정태의미 '着'' 형식을 부가해야 한다. '어떤 위치에서 지속상태에 처해 있는 물체가 존재한다'를 나타내는 '着1'구문의 의미특징은 '비동작동사+정태의미 '着'' 형식으로 실현된다.

(2) '着2'구문의 의미특징

공간위치체계에서 살펴보면, '着2'구문은 어떤 위치에서 동작을 지속하는 물체가 존재한다는 것을 의미한다. '着2'구문의 의미특징은 다음의 몇 가지로 설명할 수 있다.

가. '着'는 동작지속을 나타낸다

'着1'구문에서 '着'는 정태의미로 상태지속을 나타내는 반면, '着2'구문에서 '着'는 동태의미로 동작지속을 나타낸다. 동작지속은 두 가지 의미를 함의하고 있다. 첫째, 동사가 나타내는 사건은 동작성이 있으며, 동작 후 상태를 보류되지 않지만 여전히 동작을 진행하고 있다. 둘째, 동작과정을 나타내는 반면, 동작의 시작과 종점을 나타내지 않는다. 이러한 동작지속은 반드시 '着'를 통해서만 나타내는 것은 아니라 시간부사도 나타낼 수 있다. 따라서 '着₂' 구문은 다음과 같이 바꿀 수 있다.

台上演着梆子戏 ➝ 台上正在演梆子戏
书房里陪着客 ➝ 书房里正在陪客

　의미적 측면에서 두 구문은 동등한 가치를 지니고 있다.

나. 동작의 지속은 공간축의 한 점에서 진행된다

　'着₂' 구문에서 동작지속은 시작, 종점을 나타내지 않으며, 시간축에서 시작과 종점이 불분명하고 과정이 있는 동태의미를 나타낸다. 공간축에서 동작지속은 한 점에서 진행되기 때문에 위치이동은 발생하지 않는다. '收音机里唱着流行歌曲', '书房里陪着客'에서 '唱'의 시작과 종점은 '收音机里'에서 진행되며, '陪'는 '书房里'에서 진행된다. '唱着', '陪着'는 시작을 나타내지 않지만, 시간이동이 구현된다. 따라서 여기서는 '着₁' 구문이 나타내는 동작지속은 정태적 위치에서 진행된다고 할 수 있는데, 이는 공간위치체계로부터 얻은 결론이다.

다. '着' 앞에 출현하는 동사는 비이동동사이다.

　'着₂' 구문은 어떤 위치에서 물체가 동작지속을 나타내며, 이는 '着₂' 구문의 동사의 특징에서 구현된다. '着₂' 구문의 동사는 비이동성의 특징을 지니고 있다. 비이동동사는 공간축에서 한 점에서 다른 한 점으로의 이

동이 구현되지 않으며, 비이동동사와 이동동사 뒤에 방향동사를 부가한
후 의미는 달라진다.

> 唱起来 [시간의 운동이 있는 반면, 공간이동은 하지 않는다]
> 拿起来(시간과 공간 운동이 있으며, 아래에서 위로 공간이동을 한다)

비이동동사에 방향동사를 부가하면 단지 공간의 위쪽에서 아래쪽으
로의 이동만을 나타낼 수 있다. 바꿔 말하면, 비이동동사가 진행하는
동작은 위치에서 진행할 뿐, 위치점에서는 진행되지 않는다는 것이다.

(3) '着₃'구문의 의미특징

공간위치체계에서, '着₃'구문은 어떤 위치에 방향성이 없는 물체가 존
재하고 있음을 나타낸다. '着₃'구문의 의미특징은 다음의 몇 가지 측면
에서 설명할 수 있다.

가. '着₃'구문에서 장소구는 '점'을 나타낸다

공간범위의 형태는 점, 선, 면, 체적으로 나뉘며 '着₃'구문의 장소구는
다음과 같은 범위를 나타낸다.

> ① 身后跟着一个人。[점]
> ② 马路上走着一群人。[선]
> ③ 操场上滚着雪球。[면적]
> ④ 天空中飞着一群白鸽。[체적]

좀 더 높은 차원에서 보면, 점, 선, 면, 체적은 일종의 '점'인데, 이는
'위치점'이거나 '위치이동점'이다. '马路上走着一群人'에서 '马路上'은
'위치점'을 나타내는 반면, '马路上走来一群人'에서 '马路上'은 '위치이

동점'을 나타낸다. 이처럼 '着₃'구문에서 동사가 지배하는 명사성 성분은 체적이지만, 높은 층위에서 살펴보면 '점'의 범위로 인식할 수 있다.

나. 동사 뒤 '着'의 작용은 '이동성'을 약화시킨다

'着₃'구문의 동사는 이동동사이지만, 공간위치에서 동작의 이동성은 '동작의 지속을' 나타내는 '着'의 작용으로 약화된다. '着₂'구문의 비이 동동사와 마찬가지로 동작의 지속은 보류된다. 하지만 동사의 이동성과 비이동성은 구분되며, 이동동사의 동작지속과 비이동동사의 동작지속은 위지점에서의 표현에 차이가 있다. 다음에서 〈그림 3-1〉을 보자.

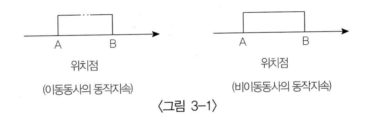

〈그림 3-1〉

이동동사와 비이동동사의 동작지속은 공간위치점에서 구역과 '점'으로 구분된다.

다. '着₃'구문에서 이동은 무방향이다

공간위치 표현에서 위치이동은 기점, 종점, 이동방향으로 이루어진다. '着₃'구문은 이동방향이 없기 때문에 문장에 위치이동의 표지인 기점, 종점을 나타내는 개사와 방향동사가 결여되었다. 이처럼 무방향 이동일 경우에 동작지속이 가능해진다. 따라서 '이동동사+着'와 '이동동사+방향동사'는 상호 배척된다. 예를 들어, '走着'와 '走来'에서, '走来' 는 방향이 있는 이동을 나타내며, '走'의 동작을 하는 물체가 화자가 있는 위치로 향해 '走来'하고 있음을 나타낸다. 한편, '走来着'와 '走着来'라고 표현할 수 없다. '着₃'구문이 나타내는 이동은 지속동작인 경우 '走着', '跟着' 등의 동사 역시 시간축에서 운동을 하는 반면, 공간축에서 정지로 이해할 수 있다.

3) '着₁'구문의 내부 분류

'着'구문의 내부 분류는 주로 '着₁'구문에 관한 것이다. '着₂'구문과 '着₃'구문의 내부구조는 비교적 간단하기 때문이다.

(1) 분류 기준

가. 이전의 '着₁'구문 분류

'着₁'구문의 내부 분류는 어떤 위치점을 점유하는 물체와 그 위치점에서 동작상태 간의 관계를 기준으로 삼아야 한다. 일부 학자는 '着₁'구문에 관한 내부 분류를 논의했지만 합리적으로 설명하지 못했다. 范方莲(1963)은 동사의 타동성과 자동성에 근거해 분류했지만 개념적으로 모호한 측면이 있다. 다음의 예문을 살펴보자.

   ① 屋子里挤着许多人。
   ② 牙刷上挤着许多牙膏。

위에서 '挤'류 동사는 타동성과 자동성을 명확히 구분하기 어렵다. 따라서 范方莲의 내부 분류에 관한 논의는 불분명하다고 볼 수 있다. 聶文龙(1989)은 '着₁'구문을 '坐'류와 '贴'류로 구분했으며, 동사의 타동성과 자동성을 주요 기준으로 삼지 않았다. 李临定(1990)은 『现代汉语动词』에서 '着₁'구문의 동사를 의미적 측면에서 A-G의 일곱 가지 부류로 구분하였다. 이들을 '着₁'구문의 내부 분류로 삼았지만 분류방법을 형식적으로 검증할 수 없기 때문에 '着₁'구문에 관한 내부 분류로 충분하지 못하다.

나. 체계기능문법의 측면에서 '着₁'구문의 분류

　여기서는 '着₁'구문의 분류 방법에 관해 체계적으로 살펴보기로 한다. '着₁'구문에서 동작상태는 어떤 위치점에 참여자가 하나(사람 또는 사물)만 있으며, 참여자의 신분이 동일하지 않았을 때 서로 다른 신분의 참여자는 '着₁'구문에 내부 분화를 유발한다. 동시에, '着₁'구문은 위치점에 보류되는 동작 또는 상태를 나타내며, 동사는 상태지속을 나타내는 '着'를 부가한 후 공간위치구문에서 비동작성의 '상태동사'가 된다. '着'가 지니고 있는 부착 의미로 인해 '着₁'구문의 외부형식은 일치하는 경향이 나타난다. 따라서 '着'구문의 내부 분류는 필요시 '着'를 삭제한 구문에서 고찰해야 한다. 이러한 원칙에서 출발해 '着₁'구문은 세 가지 부류로 구분할 수 있다. 이는 기존의 분류 결과와 유사한 측면이 있지만, 분류 기준이 다르기 때문에 다른 측면에서 설명할 수 있을 것이다.

(2) 주체 '着₁'구문

가. 참여자가 주체인 경우

　'着₁'구문에서 참여자가 상태지속에 있는 주체인 경우이다.

　　③ 床上躺着一个人。
　　④ 外面站着几个哨兵。
　　⑤ 门边蹲着两只石狮。

나. 위치점에 있는 동작상태는 참여자가 초래한다

　이러한 동사에는 '坐, 趴, 跪, 钻, 围, 卧, 住, 藏, 混' 등이 있다. 위에서

'躺着, 站着, 蹲着'는 상태동사 '躺, 站, 蹲'에 정태적 지속성을 나타내는 '着'를 부가한 것이다. 동작의 상태는 위치점 '床上, 外面, 门边'에 존재하며, 참여자 '一个人, 几个哨兵, 两只石狮'가 이러한 동작을 수행한다. 아래의 변환식에서 참여자의 신분을 구현할 수 있다.

床上躺着一个人 → 一个人躺在床上
外面站着几个哨兵 → 几个哨兵站在外面
门边蹲着两只石狮 → 两只石狮蹲在门边

戴浩一(1988)는 동사 뒤의 장소구의 기능은 동사의 영향을 받는 동작의 참여자가 있는 장소를 나타낸다고 하였다. 변환식은 주체의 '着₁'구문에서 참여자의 신분을 잘 설명해 준다.

(3) 객체 '着₁'구문

가. 참여자가 객체인 경우

'着₁'구문에서 참여자가 상태지속에 있는 객체인 경우이다.

⑥ 墙上挂着一幅画。
⑦ 竹竿上晾着几件衣服。
⑧ 信封上贴着两张外国邮票。

나. 참여자는 동작상태와 관련된 대상이다

이러한 동사에는 '放, 摆, 摊, 铺, 吊, 盛, 架, 停, 垫, 堆, 埋, 盖, 戴, 带, 穿' 등이 있다. 위에서 참여자 '一幅画', '几件衣服', '两张外国邮票'는 동작상태 '挂着', '晾着', '贴着'와 관련된 대상이다. 이러한 구문에서 '挂着', '晾着', '贴着'의 동작상태에 있는 물체 '一幅画', '几件衣服', '两张外国邮票'는 위치점 '墙上', '竹竿上', '信封上'에 존재한다. 따라서 객

체 '着₁'구문은 아래와 같이 변환할 수 있다.

> 墙上挂着一幅画 → 在墙上挂画
> 竹竿上晾着几件衣服 → 在竹竿上晾衣服
> 信封上贴着两张外国邮票 → 在信封上贴邮票

다. 객체 '**着₁**'구문과 주체 '**着₁**'구문의 구분

객체 '着₁'구문은 주체 '着₁'구문으로 변환할 수 있다.

> 墙上挂着一幅画 → 一幅画挂在墙上
> 竹竿上晾着几件衣服 → 几件衣服晾在竹竿上
> 信封上贴着两张外国邮票 → 两张外国邮票贴在信封上

그러나 변환 후 戴浩一(1988)가 언급한 '동작 참여자'가 처한 장소가 아니라 동작목적의 장소가 된다. 따라서 객체 '着₁'구문은 아래와 같이 변환할 수 없다.

> 一幅画挂在墙上 → *一幅画挂

이와 달리, 주체 '着₁'구문은 아래와 같이 변환할 수 있다.

> 一个人躺在床上 → 一个人躺

이로부터 다음과 같은 사실을 알 수 있다. 위에서 제시한 '屋子里挤着许多人'은 '许多人挤'로 변환 가능하며, 주체 '着₁'구문에 속하는 반면, '牙刷上挤着许多牙膏'는 '许多牙膏挤'로 변환 불가능하며, 객체 '着₁'구문에 속한다.

(4) 존재물 '着₁'구문

가. 참여자가 존재결과의 신분인 경우

'着₁'구문에서 참여자가 존재결과인 경우 다음의 예문을 보자.

⑨ 黑板上写着几行大字。
⑩ 袖口上绣着一朵小花。
⑪ 纸上画着一只小鸭。

나. 동작상태가 위치점에 존재하는 결과생성참여자인 경우

이러한 동사는 '刻, 织, 印, 抄' 등이 있다. 이 구문에서 '写着', '绣着', '画着'와 같은 동작상태는 위치점 '黑板上', '袖口上', '纸上'에서 '几行大字', '一朵小花', '一只小鸭' 등의 참여자를 생성시킨다. 다시 말해서, '写', '绣', '画'라는 동작행위가 실현된 뒤 '几行大字', '一朵小花', '一只小鸭'이 출현한다는 것이다. 따라서 존재물 '着₁'구문은 다음과 같이 변환할 수 있다.

黑板上写着几行大字 → 黑板上写出几行大字
袖口上绣着一朵小花 → 袖口上绣出一朵小花
纸上画着一只小鸭 → 纸上画出一只小鸭

다. 주체 '着₁'구문과 객체 '着₁'구문의 구분

주체 '着₁'구문과 객체 '着₁'구문의 참여자는 '출현'의 의미가 없기 때문에 존재물의 '着₁'은 다음과 같이 변환할 수 없다.

床上躺着一个人 → *床上躺出一个人
信封上贴着两张外国邮票 → *信封上贴出两张外国邮票
屋子里挤着许多人 → *屋子里挤出许多人

牙刷上挤着许多牙膏 → *牙刷上挤出许多牙膏

위의 논의를 정리하면 '着₁'구문을 세 가지 하위 부류로 나타낼 수 있다.

〈표 3-2〉

참여자	동사	예문	변환식	의미
주체	躺, 坐, 站	床上躺着一个人	一个人躺在床上	위치점에 존재하는 동작상태는 참여자를 유발함
객체	挂, 晾, 贴	墙上挂着一幅画	在墙上挂画	위치점의 동작상태는 참여자를 존재하게 함
존재물	写, 绣, 画	纸上画着一只鸭	纸上画出一只鸭	위치점의 동작상태의 결과는 참여자를 생성함

4) '着'구문의 화용적 기능

(1) '着'구문의 화제

가. '着'구문과 변환식은 화제가 다르다

李临定(1987)에 따르면, '着₁'구문 '墙上挂着一幅画', '床上躺着一个人'과 변환식 '一幅画挂在墙上', '一幅画在墙上挂着', '一个人躺在床上', '一个人在床上躺着'는 정태구문의 기본식으로 간주된다. 또한, 그들이 나타내는 기본의미는 동일하다. 사실상 공간위치체계에서 이 세 가지 구문이 나타내는 의미는 다른데, 가장 큰 차이는 화용적 기능에 있다. 먼저, 화제의 차이를 살펴보자.

'着'구문과 위의 세 가지 구문은 공간위치에 관한 표현이지만, 화제 성분은 차이가 있다. '着'구문의 문두는 모두 방위사구가 오며, 방위사 구로 지시된 장소는 화제에 속한다. 반면, 기타 세 가지 구문은 정태위 치에 있는 물체가 화제에 속한다. 화제는 무표지 화제와 유표지 화제로 나뉘는데, 일반명사가 화제일 경우 무표지 화제이며, 개사구조가 화제로 쓰인 경우 유표지 화제에 속한다. 무표지 화제(topic)과 진술(comment) 사이에 비교적 큰 음운 휴지를 두거나 어기사를 삽입할 수 있다.

> 一幅画在墙上挂着 → 一幅画哪, 在墙上挂着呢
> 一个人躺在床上 → 一个人, 躺在床上了

나. '着'구문은 유표지 화제

'着'구문은 문두 방위구 앞에 개사 '在'를 부가할 수 있지만 실제 사용에서 '在'를 생략할 수 있다(李英哲 1990). 따라서 '着'구문의 화제는 유표지 화제이다. 유표지 화제에서 화제와 진술은 결합은 긴밀하기 때문에 그 사이에 휴지를 두거나, 기타 성분을 삽입 할 수 없다.

> ① 墙上挂着一幅画, 这幅画是名画家黄胄画的, 黄胄画的牛可有名啦……

(2) '着'구문에서 문말의 명사성 성분의 한정적 지시와 비한정적 지시

가. '着₁'구문과 '着₃'구문의 문말 명사성 성분

'着₁'구문과 '着₃'구문의 명사성 성분은 신정보로 문말에 출현하며, 비한정적 지시를 나타내며 '수량사+명사' 형식으로 쓰인다. 일부 학자는 문말에 한정적 명사구도 쓰인다고 하였다(李临定 1987). 여기서는 '한정적' 명사구의 출현은 일정한 조건이 필요하다고 여긴다. 李临定의 주장에서 다음과 같은 몇 가지 문제를 살펴볼 필요가 있다.

가) '한정성 지시/비한정성' 개념은 화자와 관련되며, '한정적 지시/비한정 지시'의 개념은 청자와 관련된다. 따라서 李临定이 제시한 '한정성'의 정의에서 명사구는 '한정적 지시'를 가리킨다. 화자의 측면에서 '수량사+명사', 즉 '墙上挂着一幅画', '马路上走着一群人'에서 '一幅画',

'一群人'은 한정성을 나타낸다.

나) 문말의 명사성 성분이 한정적 지시이면 일반적으로 고유명사, 즉 '身旁躺着车长杰', '墙上挂着'岁寒四友' 등이다. 문말에 출현한 인칭대사는 구정보에 속한다.

> ② 她谈锋甚健地扯着美国的见闻, 忽地想起和她一起来的江华怎么好长时间听不见声响了, 忙用眼光朝客厅四周扫了一遍, 发现靠墙拐的沙发上坐着他。
> ③ 王长华与这个女人一路小跑着, 只要听喘气声, 就知道身后跟着她。

다) 그러나 고유명사에 관습적으로 수량사 '一个', '一位'를 부가하면 '한정성'이 약화된다(汤廷池 1981). 여기서는 '身旁躺着车长杰'와 '身旁躺着一个车长杰' 그리고 '身后跟着她'와 '身后跟着个她'의 두 쌍의 문장에 대해 고찰하였다. 대부분의 화자는 수량사를 첨가하면 관습적 용법에 더 부합한다고 하였다. 테스트 결과는 〈표 3-3〉과 같다.[4]

〈표 3-3〉

	身旁躺着车长杰	身旁躺着一个车长杰	身后跟着她	身后跟着个她
회하 이북 방언	2	11	1	3
회하 이남 방언	1	10	0	1

'着₁'구문과 '着₃'구문의 문말 고유명사는 '是'구문, '有'구문의 문미의 고유명사처럼 자유롭지 못하다. 이는 '是/有'구문에 문말 고유명사가 출현하고 대부분 장소구 담당하며, '着'구문의 문말 명사는 장소구가 오지 않기 때문이다.

....

4) 조사 대상은 상하이사범대학교 2학년 대학원생 24명이며, 회하(淮河) 북쪽의 방언 지역 12명과 회하 남쪽의 방언 지역 12명이 포함되었다.

나. '着$_2$'구문의 문말 명사성 성분

'着$_2$'구문의 문말 명사성 성분은 대부분 상황에서 '수량사+명사' 형식으로 출현하지 않는데, 이것이 의미하는 바가 이 구문의 문말 명사성 성분이 한정적 지시를 나타낸다는 것을 의미하지는 않는다. '수량사+명사'는 비한정적 지시의 표지이며, 단독명사가 목적어 위치에 있을 경우 역시 대부분의 상황에서 비한정적 지시를 나타낸다. 다음의 예문을 살펴보자.

台上演着梆子戏 ➝ 台上演着一出梆子戏。
书房里陪着客 ➝ 书房里陪着一位客

그러나, '着$_2$'구문의 문말 명사성 성분은 한정적 지시성를 나타내는데 있어서 자유롭다. '着$_1$', '着$_3$'처럼 일정한 조건을 갖출 필요는 없다는 것이다. 따라서 위의 예문은 다음과 같이 변환시킬 수 있다.

台上演着梆子戏 ➝ 台上演着那出梆子戏。(沙家浜)
书房里陪着客 ➝ 书房里陪着那位从北京来的客

(3) '着'구문의 전제와 초점

가. 세 가지 '着'구문의 화제 기능의 차이

'着'구문은 소개문으로, '着'구문의 화제 기능은 대화의 상대방이 사람이나 사물을 소개하는 데 있다.

④ 墙上挂着一幅画。
⑤ 台上演着梆子戏。
⑥ 马路上走着一群人。

‘着₁’구문에서 화자는 청자에게 ‘墙上’에 위치하는 ‘一幅画’를 소개하는 반면, ‘着₂’구문에서 화자는 청자에게 ‘台上’에 ‘梆子戏’를 하고 있음을 소개하고 있음을 나타내며, ‘着₃’구문에서 화자는 청자에게 ‘马路上’에 위치하는 ‘一群人’을 소개하고 있다. 소개된 사람이나 사물이 어떤 방식으로 위치에 존재하고 있는지는 동사와 지속을 나타내는 조사 ‘着’에 의해 결정된다.

나. ‘着’구문의 정보초점은 문미에 분포한다

‘着’구문의 변환식은 소개문이 아니라 ‘화제문’에 속한다. 화제문의 어순은 ‘아는 것에서 모르는 것으로’의 원칙에 부합해야 한다. 즉, 문장에서 구정보에 속하는 성분은 앞에 위치하고, 신정보는 뒤에 위치한다. ‘着’구문은 공간위치를 나타내는 화제문에서 정보초점이 문말에 있다. 두 구문의 차이점은 ‘着’구문의 초점은 정태위치에 있는 사람 또는 사물이며 정태위치의 방위구는 구정보에 속하는 반면, 화제문의 초점은 사람과 사물이 일정한 방식으로 존재하는 장소이며 사람과 사물은 구정보에 속한다. ‘着’구문은 화제문의 구정보를 문말로 이동시켜 전경(fore-grounding)으로 삼았을 때 ‘문말 정보 초점(endfocusing)’이 된다.

문장에서 초점이 달라지면, 전제도 달라진다. 다음에서 ‘着₁’구문과 두 가지 변환식을 비교해 보자.

〈표 3-4〉

예 문	초 점	전 제
墙上挂着一幅画	一幅画	墙上挂着一样东西
一幅画挂在墙上	墙上	有一幅画挂在某个地方
一幅画在墙上挂着	挂着	有一幅画以某种方式留在墙上

5) '着'구문과 '了'구문

(1) '着₁'구문과 대응관계에 있는 '了'구문

가. '了'구문의 다양한 형식

'장소구+동사+了+명사' 형식에서 '了'구문은 다음과 같은 유형이 있다.

    A. 村子里死了一头牛。
    B. 墙上挂了一幅画。
    C. 台上演了一小时梆子戏。
    D. 床上躺了一个人。

위에서 '着'와 대응관계에 있는 것은 D류의 '了'구문이다. 반면, D류에 속하는 '了'구문와 대응관계에 있는 것은 오로지 '着₁'구문뿐이다. 이에 D류에 속하는 '了'구문와 '着₁'구문을 집중적으로 논할 것이다.

나. 주체의 '着₁'구문과 '了'구문의 대응관계

'着₁'구문과 '了'구문을 상세히 관찰해 보면, '방위사+동사+着+명사'가 '방위사+동사+了+명사'로 변환되며, 정태위치를 나타낼 때 동일한 작용을 하는 것은 '着₁'구문의 일부분임을 알 수 있다. 여기서는 주체 '着₁'구문이 '了'구문과 대응관계에 있다고 여긴다. 다음의 예문을 살펴보자.

    床上躺着一个人 → 床上躺了一个人
    门外站着几个哨兵 → 门外站了几个哨兵

객체 '着₁'구문과 존재물 '着₁'구문은 대응되는 '了'구문을 가지고 있지 않다. 따라서 다음과 같은 변환식은 성립하지 않는다.

墙上挂着一幅画 → *墙上挂了一幅画

袖口上绣着一朵花 → *袖口上绣了一朵花

한편, 아래의 동사는 '着₁'구문과 유사한 의미구조 '了'구문에만 들어갈 수 있다. 이러한 동사는 '碎, 破, 留, 塌, 肿' 등이 있다. 다음과 같은 변환식은 성립되지 않는다.

窗上碎了一块玻璃 → *窗上碎着一块玻璃

衣服上破了一个洞 → *衣服上破着一个洞

小店里留了两位客 → *小店里留着两位客

东院里塌了一堵墙 → *东院里塌着一堵墙

위의 세 가지 상황을 다음의 〈표 3-5〉로 정리하였다.

〈표 3-5〉

	변환 상황	동사	'着₁'구문	'了'구문
1	有'着₁'구문	挂, 绣, 贴, 写	墙上挂着一幅画 袖口上绣着一朵花	
2	有'着₁'구문 '了'구문	躺, 站, 坐, 蹲	床上躺着一个人 门外站着几个哨兵	床上躺了一个人 门外站了几个哨兵
3	有'了'구문	碎, 破, 留, 塌		窗上碎了一块玻璃 东院里塌了一堵墙

(2) 동작상태의 '了'구문의 특징

가. 동사는 '부착', '보류 상태'의 두 가지 특징을 지니고 있다

朱德熙(1982)에 의하면, 위치점에 동작 상태를 나타내는 '着₁' 구문의 동사는 반드시 '부착'과 '보류 상태'의 두 가지 특징을 지닌다고 하였다. 이에 따르면, 주체 '着₁'구문이 '了'구문으로 변환된 뒤 '躺', '站', '坐', '蹲'과 같은 동사는 여전히 '부착'과 '보류 상태'의 두 가지 특징을 지니고 있다. 예를 들어, '床上躺了一个人'에서 '躺'의 동작은 위치점에서 '一个人'이 '부착'되어 '床上'에 보류된다. 이와 달리, 객체 '着₁'구문 또는 존재물 '着₁'구문이 '了'구문으로 변환된 뒤 '부착'과 '보류 상태'의 미는 더 이상 존재하지 않는다. '墙上挂了一幅画'에서 '挂'의 동작은 이미 완료되었으며, 위치점 '墙上'에 더 이상 '부착'되어 있지 않다. '一幅画'는 동작 '挂'의 동작의 대상으로, '挂着'의 동작이 보류된 상태에 있지 않다. '袖口上绣了一朵花' 역시 '墙上挂了一幅画'와 동일한 상황이다. 따라서 주체의 '着₁'구문만 '了'구문과 대응된다고 할 수 있다.

나. '了'의 상표지와 관련된 단어를 부가할 수 없다

'床上躺了一个人', '门外站了几个哨兵'에서 동사는 동작상태를 보류하고 있다. 여기서 '了'가 동작의 완성을 나타내지 않는다는 사실은 시간사를 부가할 수 있는지를 통해 증명할 수 있다. '墙上挂了一幅画'와 '袖口上绣了一朵花'는 상적 특징을 지닌 '了'를 부가할 수 있다. 다음의 예문을 살펴보자.

① 墙上先挂了一幅画, 后来又挂了一幅字。
② 袖口上绣完了一朵花, 又在领口上绣了起来。

'床上躺了一个人'에 동작의 완성과 관련된 낱말을 부가할 수 없기 때문에 '*床上先躺了一个人, 又躺了另一个人'이라고 표현할 수 없다.

다. 상태과정의 참여자는 오로지 하나이다

체계기능문법에서 볼 때, 지속상태의 존재를 나타내는 '着₁'구문에서 상태과정의 참여자는 단지 하나만 출현한다. '床上躺了一个人', '门外站了几个哨兵'에서도 참여자는 하나이다. '一个人', '几个哨兵'은 주체 참여자로서 '躺了', '站了'의 상태과정에 참여한다. '墙上挂了一幅画', '袖口上绣了一朵花'에서 '一幅画', '一朵花'는 더 이상 객체나 존재물이 아니라 동작의 목표가 된다. 동작과정의 특징은 문장에 하나 또는 두 개의 참여자가 출현할 수 있는데, 만일 두 개의 참여자가 있으면 동작 행위자와 동작과정에 해당한다. 반면, 하나의 참여자가 있으면 이는 동작의 행위자에 해당한다. '墙上挂了一幅画', '袖口上绣了一朵花'에서는 하나의 참여자만 출현하는데, 참여자는 동작의 목표이며, 또 다른 참여자인 동작 행위자는 은폐되어 있다. 문장에 두 개의 참여자가 있으면 지속상태를 나타낼 수 없다.

라. 피동형식을 나타낼 수 없다

'着₁'구문의 의미구조와 유사한 '了'구문은 참여자가 하나이기 때문에 피동형식을 가지지 않는다. 일부 문법사전(예를 들어 孟琮 1999)에서 이러한 '了'구문은 존재문에 속하며, 정태위치점에 지속상태를 유지한다는 의미를 나타낸다고 하였다. 그러나 여기서는 이러한 '了'구문은 피동형식이 있기 때문에 '着1'구문과 차이가 있는 반면, '墙上挂了一幅画', '袖口上绣了一朵花'와 유사하다고 여긴다. 아래의 예문은 동작의 행위자가 암시된 경우이다.

③ 脚上叮了一个包。
④ 墙上掏了一个洞。
⑤ 窗户纸上捅了好几个窟窿。
⑥ 马路中间挖了一条沟。
⑦ 地上糟蹋了好多粮食。

'床上躺了一个人', '门外站了几个哨兵'은 지속상태를 지니고 있는데, 주요 원인은 문장의 동사가 결코 자동사가 아니기 때문이다. 范方莲

(1963)은 전형적인 내동사(즉, 자동사)는 동목관계를 나타내지 않기 때문에 '着₁'구문은 '了'구문으로 변환할 수 있으며, '走', '飞' 역시 전형적인 내동사에 속한다고 하였다. 사실상 '走', '飞'와 같은 동사가 있는 문장에서 '着'와 '了'는 대응관계를 이루지 못한다.

> 马路上走着一群人 → *马路上走了一群人。
> 天上飞着一群小鸟 → *天上飞了一群小鸟。
> 学校里走了一群人 → *学校里走着一群人。
> 树枝上飞了一群小鸟 → *树枝上飞着一群小鸟。

'走', '飞'와 같은 이동동사는 지속상태를 나타내는 문장을 이룰 수 없다. 따라서 '墙上躺了一个人'이 성립하는 주요 원인이 동사의 타동성이나 자동성에 있지 않다는 것을 알 수 있다.

(3) 지속상태의 보류 의미를 나타내는 '了'구문의 두 가지 문제
가. '了'구문은 강력한 방언의 경향이 있다

'着₁'구문과 대응되는 '了'구문은 강력한 방언의 경향이 있는데 이는 대부분의 학자가 지적하였다. 范方莲(1963)은 '了'를 부가한 형식은 정통의 베이징 구어가 아니라 방언의 색체가 농후하며 대부분 남방 작가의 글에서 나타난다고 하였다. 胡明扬(1988)과 于根元(1983)은 저장 하이엔 방언(浙江海盐方言)과 상하이화(上海话)의 사용에서 '着₁'구문과 대응되는 '了'구문의 방언의 경향이 있다고 하였다. 또한 그들은 방언에서 '着₁'구문과 '了'구문이 대립하고 있음을 증명하였다. 즉, '着'는 정태를 나타내는 반면, '了'는 동태를 나타낸다. 방언에서 두 구문의 대립은 다음과 같이 설명할 수 있다. 존재문에 쓰이는 동사에 '着', '了'를 부가할 수 있으며, '了'를 부가한 후 명사는 수량사의 수식을 받아야 한다는 주장에는 문제가 있다(胡明揚 1988). '着'를 '了'로 대체하는 용법은 방언의 경향으로 볼 수 있으며, 방언에서 '着', '了'는 대립적이라는 것인데, 이러한 전제는 존재문의 동사에 '着'와 '了'를 부가할 수 있다는 결론을 도출하지 못한다. 여기서는 일부의 '着₁'구문이 동일한 의미를 지닌 '了'구문으로 변환할 수 있을 경우 주체 '着₁'구문으로 보고 있다.

나. '了'구문은 '着₁'구문의 출현빈도에 미치지 못한다

사실상 '床上躺了一个人'와 같은 구문, 즉 '着₁'구문과 의미구조가 같은 '了'구문은 규범적인 문장이 아니며, '着₁'구문보다 훨씬 적게 쓰인다. 위치점에서 지속상태를 존재한다는 의미는 텍스트 및 앞뒤 문맥에 의지해 이해할 수 있다.

⑧ 石得富朝南走去，忽见十字路口挤了一堆人。
⑨ 玉茹急急跑上楼，心想这父子俩还不知会闹出什么笑话。谁知推门一看，沙发上坐了一个，地板上又趴了一个，正在忙着各自的事呢……

'着₁'구문의 의미를 지닌 '了'구문은 〈표 3-5〉의 세 번째 부류인 '东院里塌了一堵墙'에 속하지만, 세 번째 부류인 '了'구문에 출현하는 동사는 매우 드물며, 『汉语动词用法词典』에서 10여 개에 불과하다. 이러한 점에서 볼 때 '着₁'구문과 대응되는 '了' 구문의 합법성을 재검토할 필요가 있다.

3. 정태위치를 나타내는 상태 '在'구문 연구

'在+Np+Vp'구문은 문법학계에 커다란 주목을 받았다. 朱德熙(1978)가 〈'在黑板上写字'及其相关句式〉를 발표한 후, 이 구문에 대한 논쟁이 벌어진 적이 있다. 朱德熙는 1981년에 일부 관점을 수정해 재차 발표하

였다. 그의 논문과 施尖淦(1981), 王还(1980), 邵敬敏(1982) 등은 변환 분석법을 통해 '在黑板上写字' 형식이 동일하고 의미가 다른 구문 간의 관계를 설명하였다.

朱德熙가 들은 예문 '在黑板上写字'의 변환식은 아래와 같다.

在黑板上写字 → 字写在黑板上 → 黑板上写着字(呢)

위의 세 가지 구문의 형식과 동일한 예문이지만 의미적으로 차이가 있다.

在汽车上看书 / 箭射在靶子上 / 屋里开着会(呢)

변환식의 추론을 통해 형식이 같고 의미가 다른 구문의 분화 방식을 찾을 수 있다. 이러한 구문의 동사는 부차적 범주를 이룬다.

80년대 초 '在+Np+Vp' 구문에 대한 연구와 논의의 중점은 구문 자체의 특징을 찾는 대신 구문에 대한 구체적 분석을 시도해 중국어 문법의 연구 방법을 개선하는데 있었다. 따라서 朱德熙를 포함한 많은 학자의 이론적 공헌은 방법론에 있다. 그들은 변환분석법을 통해 중국어의 중의성을 설명하였다. 그러나 연구의 중점이 변환 방법의 운용이었기 때문에 '在+Np+Vp' 구문에 대한 논의는 충분하지 못했다.

본 절에서는 공간체계에서 출발해 '在+Np+Vp' 구문에 대한 문제를 살펴보기로 한다. 논의의 중점은 다음과 같다. (1) '在'구문은 정태위치를 반영한 구문으로 간주할 것이며, (2) 상태의 '在'구문의 의미적 특징, (3) 상태의 '在'구문의 통사적 특징, (4) 상태의 '在'구문의 화용적 특징에 대해 살펴보기로 한다. 마지막으로 위의 논의를 토대로 위치체계에서 상태 '在'구문이 나타내는 구문 의미를 귀납하기로 한다.

1) '在'구문은 정태위치구문이다

(1) 공간위치체계에서 '在'구문의 지위

가. 范继淹의 '在+Np+Vp' 구문에 대한 연구

范继淹의 '在+Np+Vp' 구문에 대한 연구와 관련 구문의 논의 과정에서 나타난 일부 문제는 많은 학자에 의해 주목을 받았다. 이러한 구문의 특징을 논하는 것은 문법연구의 흥미로운 과제이며, 십여 년 동안의 연구에서 많은 성과를 거뒀다. '在+Np+Vp' 구문을 공간위치체계로 귀납한 논의는 范继淹이 1982년『语言研究』에 발표한 논문〈论介词短语'在+处所'〉을 들 수 있다. 范继淹의 논의는개사구 '在+장소' 구문과 앞서 논의한 '在黑板上写字' 구문을 포함한다. 그는 형식적 측면과 의미적 측면에서 전면적인 분석을 했으며, 'Pp+Np+Vp', 'Np+Pp+Vp', 'Vp+Pp+Np' 구문으로 구분해 설명하였다.

范继淹은 공간위치체계의 측면에서 '在'구문을 장소를 나타내는 범위로 제한해 공간위치체계에서의 지위를 확정하였다. 그의 논의는 2,700여 개의 예문을 귀납 및 분석함으로써 강력한 설명력을 지니고 있다.

나. '在'구문의 공간위치체계에서의 지위

공간위치체계에서 '在'구문은 정태위치를 나타내는 구문으로 위치문에 속한다. 이러한 이유는 다음과 같이 설명할 수 있다.

가) 范继淹이 귀납한 'Pp+Np+Vp'구문은 사건의 발생장소를 나타내며, 이는 앞서 논의한 '墙上一幅画挂着呢', '墙上一个人躺着呢' 등의 의미와 유사하다. '墙上一幅画挂着呢', '床上一个人躺着呢'와 같은 구문에서 문두 장소구에 개사 '在'를 부가할 수 있으며, 이는 위치문에 속한다. 문두 장소구에 개사 '在'를 부가하지 않은 경우 위치이동문에 속한다(齐沪扬 1997). 다음의 예문을 살펴보자.

前面一个人走来了 → *在前面一个人走来了
车厢上不少乘客涌了下来 → *在车厢上不少乘客涌了下来]

이로 볼 때 'Pp+Np+Vp' 구문은 위치문에 속한다.

나) 范继淹이 제시한 'Np+Pp+Vp', 'Vp+Pp+Np' 구문, 즉 '在黑板上写字', '字写在黑板上'은 정태위치구문이라고 여기는데, 이는 다음과 같은 이유로 설명할 수 있다.

(가) 공간위치를 확정하려면 시·공간의 일치성을 고려해야 한다. 공간운동은 시간운동을 수반해 진행된다. 공간의 위치이동이 참조하는 것은 공간의 어떤 참조물이며, 시간의 위치이동이 참조하는 것은 시간의 어떤 참조물이다. 공간위치이동과 시간위치이동은 서로 다르지만, 이들의 주체는 동일한 물체이며 동일한 물체의 공간위치이동과 시간위치이동은 서로 관련된다.

위에서 논의는 이론적 가설이기 때문에 구체적인 문장을 표현할 때 위의 논의가 성립하는지 증명해야 한다.

① 小王从学校回来。
② 在黑板上写字。

①에서의 '小王'의 공간위치이동은 화자의 발화시 장소를 참고위치로 삼는다. '学校'에서 화자의 발화시 장소까지의 구간은 공간이동의 궤적이다. 시간위치이동은 '小王'이 '走'하기 시작한 것을 참조위치로 삼는다. '学校'에서 화자가 발화한 장소까지 걸린 시간은 시간위치이동의 이동궤적이다. 이처럼 '小王'은 공간위치이동과 동시에 시간위치이동을 경험한다. ②의 '在黑板上写字'에서 '字'는 공간위치에서 상대적 정지로 존재한다. 참조물 '黑板'에서 살펴보면 '字'는 시종일관 '黑板'에 존재하는 반면, 시간위치이동에서 살펴보면 쓰기의 시작과정에서 쓰고 있는

과정이 존재하며, '写' 동작의 과정은 시간의 흐름을 동반한다. 따라서 존재물 '字'에서 살펴보면, 공간위치이동과 시간위치이동은 서로 관련된다고 할 수 있다.

　(나) 물체운동의 초기상태를 '0', 운동상태를 '1'이라고 가정하고, 물체의 운동이 시간 변화에서 X축에 있고, 공간 변화에서 Y축에 있다고 가정하면, 'Np+Pp+Vp' 구문과 'Vp+Pp+Np' 구문은 (1,0)으로 표시된다. '在' 구문은 시간위치상에서만 이동하며 공간위치는 상대적으로 정지에 있기 때문에 공간체계에서 '在' 구문은 정태위치구문으로 간주되며, 이는 위치문에 속한다.

(2) '在' 구문의 구분
가. 'Pp+Np+Vp'는 단독 구문이 아니다

　본 절에서 논의되는 '在' 구문은 范继淹이 귀납한 뒤쪽의 두 가지 구문 'Np+Pp+VP', 'Vp+Pp+Np'이다. 'Pp+Np+Vp'는 개사 '在'를 부가해 장소구를 이끌어낸 구문이다. 따라서 공간위치체계에서 'Pp+Np+Vp'는 단독의 구문이 아니다.

　여기서는 范继淹이 귀납한 'Np+Pp+VP', 'Vp+Pp+Np'을 고찰한 후 공간위치이동과 시간위치이동에서 불이치하는 점을 발견하였다. 다음의 예문을 살펴보자.

　　③ 在墙上挂着一幅画。
　　④ 在地上搭着积木。

예문 ③은 다음과 같이 변환할 수 있다.

　　在墙上挂着一幅画 → 一幅画挂在墙上 → 一幅画在墙上挂着

예문 ④는 위에서처럼 변환할 수 없다.

在地上搭着积木 → *积木搭在地上 → *积木在地上搭着

여기서는 '着'구문을 논할 때 '着₁'구문의 문법적 특징이 '在墙上挂着一幅画'의 변환식과 동일하다고 여긴다. 따라서 '在墙上挂着一幅画'와 두 종류의 변환식이 의미상 동일하며, '在墙上挂着一副画'와 '墙上挂着一幅画'가 동등하다고 볼 수 있다. 그러나 '地上搭着积木'에서 '在'는 생략할 수 없으며, 또한 '墙上挂着一幅画'와 동일한 변환식은 없다. 따라서 '着₁'구문과 동등하다고는 할 수 없다.

나. 형식표지 '在+Np'는 두 구문에 출현한다

'在+Np'는 일종의 형식표지로서, 공간위치의 물체가 공간위치이동의 측면에서 상대적으로 정지를 나타낸다. 반면, 시간위치이동의 측면에서 '在+Np'의 위치는 상대적 정지상태와 동작상태의 두 가지 상황을 나타낸다. '一幅画在墙上挂着', '一幅画挂在墙上'은 상대적 정지를 나타내는 반면, 地上搭着积木(동작의 발생장소)', '把信递在他手中(동작의 완료)'은 상대적 동작상태를 나타낸다. 전자는 상태 '在'구문으로, 후자는 동작 '在'구문으로 불린다.

(3) 상태 '在'구문의 유형

상태 '在'구문은 다음과 같은 유형으로 나뉜다.

A. 一幅画在墙上挂着。
　　他在床上坐着。

B. 他在北京住。
　　他在车站里等候。

B. 一幅画挂在墙上。
　　他坐在床上。

D. 他在医院里死了。
　　他在马路上摔了。

A류와 B류의 차이는 개사 '在'의 위치가 다른데 있다. A류와 B류는 각각 'Np+Pp+Vp'와 'Vp+Pp+Np'의 서로 다른 두 가지 구문에 속한다. A류는 C류와 달리, A류의 문말 동사 뒤에 '着'를 써야 하는데, 그렇지 않으면 성립하지 않는다. 따라서 '*一幅画在墙上挂', '*他在床上坐'로 표현할 수 없다. 반면, C류는 문말 동사 뒤에 '着'를 부가할 수 없어서 '*他在北京住着', '*他在车站里等候着'는 부적격하다. C류는 D류의 차이는 다음과 같다. C류의 문말 동사는 '了'를 쓸 수 없어서 '*他在北京住了', '*他在车站里等候了'는 성립하지 않는 반면, D류의 문말 동사는 반드시 '了'를 부가해야 한다. 따라서 '*他在医院里死', '*他在马路上摔'는 성립하지 않는다.

공간위치체계에서 위의 네 가지 구문은 물체가 어떤 위치에 어떤 상태를 보류하고 있음을 나타낸다. 이른바 '어떤 상태'란 상태의 지속이나 상태의 변화를 가리킨다. 이제 의미적, 통사적, 화용적 측면에서 상태 '在'구문에 대해 살펴보기로 하자.

2) 상태 '在'구문의 의미적 특징

(1) 공간위치에 있는 물체는 상태를 나타낸다

가. A류의 의미 특징

A류에서 '着'는 생략할 수 없다. '着'는 지속의미를 나타내는 표지이며, 상태의 지속을 나타낸다. 따라서 아래의 예문은 성립하지 않는다.

> *一幅画在墙上正在挂着。
> *他在床上正在坐着。

'一幅画'와 '他'는 '挂着', '坐着'의 지속상태로 공간위치 '墙上', '床上'에 존재하고 있다. A류에 관한 학자들의 견해는 일치한다.

나. B류의 의미 특징

　B류에 대해 范继淹(1982)은 중의성이 있다고 지적한 바 있다. '他坐在沙发上'의 중의성으로 인해 순간 동작을 나타낼 수도 있고, 지속상태를 나타낼 수도 있다. 이 경우 맥락적 상황이 주어져야만 명확한 의미를 전달할 수 있는데, 范继淹은 동작과정에 참여자 '他'와 장소위치 '沙发'의 관계에 대해서는 설명하지 않았다. 侯敏(1992)은 范继淹의 관점을 수정해 '在沙发上'은 '坐'의 장소를 나타내며 '他'가 '坐'의 동작으로 처해있는 장소에 영향을 미친다고 설명하였다. 또한, 范继淹가 언급한 '순간을 나타내는 동작'을 동작참여자의 거주에 영향을 미친 장소로 수정해야 한다고 설명하였다. 그러나 이러한 문장은 여전히 중의성을 지니고 있다고 생각된다. 사실상, 공간위치체계에서 물체가 어떤 형식으로 위치를 차지하는지를 논할 때, 중의성은 하나로 통합될 수 있다. 즉, 상태지속으로 이해한다면 '他坐在沙发上'은 '他在沙发上坐着' 등을 의미하는 반면, 상태변화로 이해한다면 '他坐在沙发上'과 '他死在医院' 등일 것이다. 이러한 구문에서 순간동작의 완성과 상태변화는 갑작스런 변화의 특징은 지니고 있는 반면, 점차적 변화의 특징은 없다. 侯敏에 의하면, '他坐在沙发上'은 '坐'의 동작으로 인해 '他'가 처한 장소에 영향을 미친다고 하였다. 사실상 '坐' 동작의 시작(또는 정지)은 '他'가 '沙发上'에 있도록 변화시킨다. 따라서 위치점에 있는 사물이 상태를 나타내는 구문에 출현했을 때 '他坐在沙发上'은 '一幅画挂在墙上'과 등가일 뿐만 아니라 다른 부류의 구문과 비교했을 때 표현 의미는 기본적으로 동일하다.

다. C류의 의미 특징

　C류는 동사 뒤에 지속상태를 나타내는 '着'를 부가할 수 없지만 기간

을 나타내는 시량사를 부가할 수 있다. C류는 다음과 같이 바꿀 수 있다.

① 他在北京住了三年。
② 他在车站里等候了好几个小时。

따라서 시량사가 나타내는 기간 내에 문장이 나타내는 의미는 A류와 동일하다. ①에서 '三年'의 기간 내에 '他'는 지속상태의 '住'로 공간위치 '北京'에 존재한다. 여기서 '他在北京住'와 같은 문장은 상태 '在'구문임을 알 수 있다. 戴浩一(1981)에 의하면 '住'는 실제로 '睡', '躺', '死' 등과 동일한 유형의 동사에 속한다고 설명하고 있다. 이러한 관점은 주목할 만하다. '住', '等候' 등의 동사는 지속동사이며 뒤에 지속량을 나타내는 시간사를 부가할 수 있다. 이는 '死'류 동사와 다르다. 한편, 戴浩一는 '他在北京住着'는 적격하지만 중국어의 관습에 부합하지 않다고 하였다.

라. D류의 의미 특징

D류는 상태변화를 나타내는 동사로 이루어진 구문이다. 따라서 '他在医院里死了'와 변환식 '他死在医院里了'는 '医院里'에 '死'의 상태에 있는 '他'가 존재하고 있음을 나타낸다. D류의 의미는 A류와 유사한데, 이는 많은 학자의 일치된 견해이다.

위의 네 가지 부류는 공간위치에 물체가 상태를 나타낸다는 점을 반영한다는 점에서 볼 때 의미상 동일하다고 볼 수 있다.

(2) 동작과정의 참여자
가. 동작과정의 참여자는 오로지 하나이다

상태 '在'구문에서 동작과정의 참여자는 하나이다. 이와 달리, 동작

'在'구문에서 동작과정의 참여자는 두 개이며, 공간위치에 존재하는 물체는 행위자와 수동자로 두 개 중의 하나 일수도 있고 두 개 모두 공간위치에 존재할 수도 있다. 공간에서 상태에 처해있는 물체는 행위자 또는 수동자이며, 동작 결과 그중의 하나의 물체만 공간위치에 존재한다. 다음의 예문을 살펴보자.

    ③ 一幅画在墙上挂着。
    ④ 他在床上坐着。

'一幅画'는 '挂' 수동자이며, '挂'의 결과 '一幅画'가 공간위치 '墙上'에 '挂着'의 지속상태로 존재한다. '他'는 '坐'의 행위자이며, '坐'의 결과, '공간위치 '床上'에 '坐着'의 지속상태로 존재한다.

    ⑤ 他在北京住。
    ⑥ 他在医院里死了。

'他'는 동작 '住', '死'의 행위자이며 동작결과 공간위치 '北京'과 '医院里'에 '住'의 지속상태와 '死'의 상태변화로 존재한다.

나. 통사적 측면에서 참여자의 의미특징

상태 '在'구문에서 동작참여자의 의미특징은 통사적으로 반영된다. 이러한 구문을 이루는 동사는 대부분 타동사이다. 타동사의 연원으로 인해 동작과정의 참여자는 하나일 수밖에 없다.

(3) 시간특징의 현재성과 실현성

가. 시간특징의 현재성과 기실현성의 표현

시간특징은 주로 동사에서 구현된다. 여기서는 '在'구문이 공간위치에서 상태적인 정지와 시간이동에서 운동을 나타내는 구문으로 간주하기로 한다. 상태 '在'구문의 동사는 현재, 과거를 나타내는 반면, 미래는 나타내지 못한다.

현재를 나타내는 서술에서, 동사는 지속상태를 나타내는 '挂, 坐, 拿, 放, 贴' 등이 쓰이며, 이러한 동사 뒤에 대체로 지속의 '着'를 부가한다. '住', '等候' 등의 동사는 상태 '在'구문에서 현재성의 특징으로 구현된다. 이러한 동사는 지속의 상태를 나타내며, 공간위치의 지속상태는 시간특징에서 현재성과 관련된다.

기실현을 나타내는 서술에서, 동사는 상태변화를 나타내는 '死, 摔, 跌' 등의 순간동사가 담당한다. 이러한 동사 뒤에는 대체로 완료태 '了'를 부가한다. 공간위치에서 상태변화는 시간특징의 기실현성과 관련된다.

나. 상태 '在'구문이 미실현을 나타내지 않은 원인

상태 '在'구문은 미실현을 나타내지 않는 이유는 상태에 처해있는 물체는 미래에 존재할 수 없기 때문이다. 이러한 점에서 A류, B류, D류가 표현하는 특징은 매우 명확한데, 이러한 문장에서 '着', '了'는 미실현의 시간특징과 상호 배척되기 때문이다. C류에 대해 范继淹(1982)은 미실현을 나타내며, '你在中山公园门口等(我)'를 예로 들었다. 여기서는 평서문과 명령문의 시간특징의 요구가 다르고, 주어 인칭이 다르고, 시태를 나타내는 데 차이가 있다고 여긴다. '他在中山公园门口等'은 현재를 나타내며, 뒤에 기간을 나타내는 어휘를 부가할 수 없기 때문에 "*你在中山公园门口等了三小时'는 성립하지 않는다. 여기서는 C류는 현재를 나타내며, 주어 인칭이 다르면 시태에 영향을 미친다고 보고 있다. 彭兰玉(1992) 등도 이러한 문제에 주목하였다.

3) 상태 '在'구문의 통사적 특징

(1) 상태 '在'구문의 동사 특징

가. 상태 '在'구문의 동사는 상태지속과 상태변화를 나타낸다

위에서 살펴본 시간특징의 현재성과 실현성은 상태 '在'구문의 동사의 유형과 관련된다. 상태 '在'구문에 출현하는 동사는 상태지속동사와 상태변화동사이다. 이들은 다음과 같은 공통적 특징을 지니고 있다.

가) 'Np+Pp+Vp'와 'Np+Vp+Pp'에 출현한다.

나) 대부분 자동사 '坐, 住, 死, 摔' 등이 쓰이며, 일부 타동사도 출현할 수 있다. 예컨대 '一幅画挂在墙上'에서 '挂'와 '包在火车上遗失了'의 '遗失' 등이다.

나. 상태지속동사와 상태변화동사의 특징

위의 두 부류의 동사는 다음과 같은 두 가지 특징을 지니고 있다.

가) '着', '了'와 공기한다. 'Np+Pp+Vp' 구문에서 상태지속을 나타내는 동사는 '着'와 공기하며('住' 등은 제외), '一幅画在墙上挂着', '他在床上躺着' 등이 있다. 반면, 상태변화를 나타내는 동사는 '了'와 공기하며, '他在医院里死了', '他在马路上摔了' 등이 있다. 'Vp+Pp+Np' 구문에서 상태지속을 나타내는 동사로 이루어진 문장의 문말에 '了'를 부가할 수 없다. '了'를 부가한 후 상태지속의 특징은 상실된다. '一幅画挂在墙上了'는 '一幅画已经挂到了墙上'과 와 마찬가지로 동작의 완성을 나타낸다. 여기서는 '一幅画挂在墙上'의 의미는 '一幅画挂着+一幅画在墙上'라고 여긴다. 'V在'는 'V着'의 변이체로 간주되는데, 이는 많은 논문에서 언급한 현상이다.[5] '他住在北京' 뒤에 '了'를 부가할 수 없으며 '了'를 부가한 후 상태지속의 의미는 상실된다. '他住在北京'은 '他正在

住+他在北京'으로 사건을 분해할 수 있는데, 여기서 '住'는 상태지속을 나타낸다. 상태변화를 나타내는 문장의 문말에 '了'를 부가할 수 있어서, '他死在医院里了', '他摔在马路上'라고 표현할 수 있다. '他死在医院里了'는 '他死了+他在医院里'로 사건을 분해할 수 있으며, 'V在'는 'V着'의 변이체로 볼 수 없다.

　나) 기간을 나타내는 시간사와 공기한다. 상태지속동사는 시간특징에서 '기간'의 개념을 지니고 있다. 따라서 '一幅画在墙上挂着', '一幅画挂在墙上'에서 문말에 기간을 부가해 '一幅画在墙上挂了三年'이라고 표현할 수 있다. '他在北京住', '他住在北京'에 문말에 기간을 부가해 '他在北京住了好几个月'라고도 표현할 수 있다. 또한, '挂三年', '住好几个月'라고도 표현할 수 있다. 상태변화를 나타내는 순간동사는 시간특징에서 '시점'의 개념을 지니고 있다. '他在医院里死了', '他死在医院里了'는 일반적으로 '*他在医院里死了三年了', '*他死在医院里三年了'으로 표현할 수 없는 반면, '他在医院里死了有三年了', '他三年前在医院里死了'로는 표현할 수 있다. '死三年'이라고는 표현할 수 없다. 李临定 (1990)은 순간동사는 기간을 나타내는 시간사와 결합할 수 있지만 그의 논의는 'V了+기간' 형식의 예문으로 제한하였다. 'V了+기간'은 동작자체 또는 동작에 보류된 상태, 결과 등의 연속시간을 나타내지 않기 때문에 '挂三年'은 '三年里一直挂着'라고 이해할 수 있는 반면, '死了三年'은 '三年里一直在死'라고 이해할 수 없다.

　위에서 살펴본 상태 '在'구문에 출현하는 동사의 특징은 〈표 3-6〉과 같다.

....

　5) 梅祖麟(1988), 马希文(1987), 徐丹(1992)

〈표 3-6〉

	V + '着'	V + '了'	V + 기간 시간사
상태지속을 나타내는 동사	+	-	+
상태변화를 나타내는 동사	-	+	-

(2) '把'구문과 '被'구문으로 변환할 수 없다

가. 상태 '在'구문이 '把'구문과 '被'구문으로 변환할 수 없는 원인

상태 '在'구문의 동작과정의 참여자는 단지 하나이며, 의미특징은 통사형식에 반영된다. 이러한 구문은 의미가 유사한 '把'구문과 '被'구문으로 변환할 수 없다.

자동사로 이루어진 상태 '在'구문이 지속상태, 상태변화를 나타낼 때 '把'구문과 '被'구문으로 변환할 수 없다.

　　一个人在椅子上 → *把一个人坐在椅子上 → *一个人被坐在椅子上
　　他死在医院里 → *把他死在医院里 → *他被死在医院里

나. '一幅画在墙上挂着'와 '在墙上挂画'의 차이

타동사로 이루어진 상태 '在'구문은 대응되는 '把'구문과 '被'구문이 있을 수 있지만, 여기서는 이들을 상태 '在'구문의 변환식이 아니라고 여긴다. 다음의 예문을 살펴보자.

　　一幅画在墙上挂着 → 墙上挂着一幅画 → 一幅画挂在墙上 → 把一幅画挂在墙上 → 一幅画被(人)挂在墙上

뒤쪽의 두 변환식은 '在墙上挂画'에서 변환된 것이다.

'一幅画在墙上挂着'와 '在墙上挂画'는 의미상 차이가 있다. 전자는

위치점에 어떤 상태에 있는 물체를 나타내고 동작은 이미 상태로 변화했음을 나타낸다. 후자는 위치에 사람 또는 사물이 어떤 동작을 진행하고 있음을 나타낸다. 따라서 전자는 상태 '在'구문에 속하고, 후자는 여기서 논의하고자하는 동작 '在'구문에 속한다. 동작 '在'구문에서 동작 과정의 참여자는 반드시 두 개가 출현하며, '把'구문, '被'구문은 두 참여자가 참여한 구문에서 변환된 것이어야 한다. '把一幅画挂在墙上'과 '一幅画被挂在墙上'에서는 하나의 참여자만 출현하는데, 또 다른 참여자는 동작과정의 행위자로 화자와 청자가 분명히 알고 있는 참여자이기 때문에 생략이 가능하다.

(3) 합체 '在'의 문제

가. 위치점에 상태지속을 나타내는 물체가 있는 문장의 합체 '在'로 이해된다

范继淹(1982)과 Chen Chung-yu(1978)는 'Np+Pp+Vp' 구문에서 '在'는 부사 '在'와 개사 '在'의 합체라고 하였다.

> 他在屋子里看书 = 他在屋子里 + 他在看书

그들이 합체 '在'를 귀납하는 방식은 차이가 있지만 결론은 유사하다.

합체 '在'의 문제는 상태 '在'구문에서 구현된다. 여기서는 위치점에 상태지속을 나타내는 물체가 있는 구문에서의 '在'를 합체 '在'라고 간주할 것이다. 상태지속은 연속의 의미를 지니고 있기 때문에 부사 '在'의 의미와 일치한다.

> 他在北京住 = 他在北京 + 他正在住
> 他在车站上等候 = 他在车站 + 他正在等候

한편, '着'는 상태지속을 지니고 있어서 부사 '在'의 의미는 '着'로 대체할 수 있다.

一幅画在墙上挂着 = 一幅画在墙上 + 一幅画正在挂着 = 一幅画在墙上 + 一幅画挂着

'正在'는 '着'와 의미적으로 유사하며, 언어의 경제성원리에 따라 '正在'는 생략된다.

나. 위치점에서 상태변화의 물체가 있는 구문은 합체 '在'가 아니다

위치점에 상태변화를 나타내는 물체가 있는 구문에서 동사는 순간동사가 쓰인다. 따라서 '在'는 개사이며, 부사 '在'가 나타내는 '正在'의 의미를 지니고 있지 않다.

他在医院里死了 ≠ 他在医院 + 他正在死
他在马路上摔了 ≠ 他在马路上 + 他正在摔

4) 상태 '在'구문의 화용적 특징
(1) 개사구의 준서술 기능

상태 '在'구문의 개사구 '在+Np'의 준서술 기능은 다음의 두 가지로 설명할 수 있다.

가. '在+Np'는 서술 기능의 동사와 관련된다

상태 '在'구문에서 개사구는 동사와 긴밀한 위치에 있다. 'Np+Pp+Np' 구문과 'Np+Vp+Pp' 구문에서 '在+Np'는 서술 기능이 있는 동사와 관련된다.

一幅画在墙上挂着 / 一幅画挂在墙上
他在医院里死了 / 他死在医院里了

준서술 기능이 있는 '在+Np'의 격표지의 강제성에서 '在'는 중요한 기능을 담당한다. '在+Np'가 동사와 공기하면 완전한 서술을 나타내는데, 이는 개사구가 문두에 위치하는 'Pp+Np+Vp'와 차이가 있다.

在墙上挂着一幅画 / 在医院里他不幸去世了

개사구와 동사의 거리가 먼 경우 격표지의 강제성은 분명하지 않으며, '在'의 중요성도 약화되기 때문에 '在'는 대체로 생략된다.

나. 문두의 '在+Np'는 준진술 기능이 없다

개사구 '在+Np'의 의미는 상태 '在'구문에서 동사와 관련된다. 范继淹(1982)이 제시한 그림을 통해, 상태가 나타나는 장소에서 동작을 나타내는 장소와 동작이 도달한 장소의 통합부분은 상태와 동작이 관련된다는 있음을 설명하였다. '在+Np'는 상태 '在'구문에서 동사에 종속된다. 따라서 '서술'의 종속 구성원으로 '준서술'이라고 불린다. 반면, 문두의 '在+Np'는 동사와 직접적 관련이 없기 때문에 사건의 발생장소를 나타내며 전체 구문에 종속된다. 문두의 '在+Np'가 준서술 기능을 지니고 있지 않기 때문에 그것이 참여해서 구성된 문장은 상태 '在'구문으로 볼 수 없다.

(2) 장소 방위의 한정성
가. '在+Np'가 나타내는 장소 방위는 한정성을 나타낸다

상태 '在'구문에서 개사구는 문두와 문말에 출현할 수 있으며, '在

+Np'는 장소 방위는 한정성을 나타낸다. '一幅画挂在墙上'과 '一幅画在墙上挂着'에서 '墙上'은 지시성을 지니기 때문에 여기서는 '*一幅画挂在一堵墙上', '*一幅画在一堵墙上挂着'라고 표현할 수 없고 '一幅画挂在那堵墙上', '一幅画在那堵墙上挂着'라고 표현해야 한다. 상태변화를 나타내는 문장 역시 장소사 앞에 불특정을 나타내는 수량사를 부가할 수 없다. 따라서 '*东西遗失在一辆车子上', '*他在一条马路上摔了'라고 표현할 수 없다. 이와 같은 현상은 다음과 같이 두 가지 이유로 설명할 수 있다.

나. '在+Np'의 장소방위가 한정성인 원인

가) 의미적 측면의 영향

상태 '在'구문에서 개사 '在' 뒤의 장소구는 물체가 상태에 처한 후 존재하는 공간위치이다. 상태는 동작의 결과('挂着') 혹은 동작 후 생성된 변화('死了')를 의미한다. 결과적으로, 동작이 나타내는 것은 미래성이 아니라 미실현성과 기실현성이다. 따라서 화자에게 대해서 동작의 결과에서 생성된 상태는 발화 전 반드시 명확해야 하고, 동작의 시태는 장소사가 한정성일 것을 요구한다.

나) 어기의 영향

상태 '在'구문의 문미는 대체로 '呢', '了'를 부가할 수 있다. 徐丹 (1992)은 'V在'는 '了'와 공기할 수 있는 반면, 'V着'는 '呢'와 공기할 수 있다고 하였다. 따라서, '一幅画挂在墙上'은 문말 어기사 '了'를 부가해 '一幅画挂在墙上了'라고 표현하는 반면, '一幅画在墙上挂着'는 문말 어기사 '呢'를 부가해 '一幅画在墙上挂着呢'라고 표현할 수 있다. 여기서는 '了', '呢'가 모두 실현을 나타내는 어기사라고 보고 있다. 따라서

문장의 어기사의 특징은 발화 전 화자가 서술하는 사건에 대해 이미
알고 있음을 나타내며, 문중의 장소구는 한정성을 나타낸다.

4. 동작 '在'구문의 통사, 의미, 화용적 분석

동작 '在'구문의 유형은 아래와 같다.

① 他在黑板上写字。
② 他在飞机上看海。
③ 他在火车上遇见朋友。

위의 구문은 상태 '在'구문과 다르며, '他从北京回来', '他沿着河边走
去' 등의 위치이동문과도 다르다. 상태 '在'구문과의 차이는 위의 3절에
서 이미 논하였다. 공간위치체계에서 동작 '在'구문은 동작의 발생장소
또는 동작이 종결된 장소를 의미한다(范继淹 1982).

위치이동문은 시간축과 공간축의 좌표에서 (1,1)로 표시되는 반면, 동
작 '在' 구문은 (1,0)으로 표시된다. 공간축에서 '0'으로 표시되고 시간
축에서 '0'(정지)이든 '1'(운동)이든, 여기서는 이들을 위치문으로 귀납
시켰다. 공간위치체계에서 위치문과 위치이동문은 상호 대립하는 문형
이다.

본 절에서는 동작 '在'구문의 의미, 통사, 화용적 특징과 구문에서 물
체의 위치와 참조위치의 관계를 논할 것이다. 마지막으로, 위의 논의를
토대로 위치체계에서 동작 '在'구문이 위치체계에서 나타내는 구문의미
를 귀납하기로 한다.

1) 동작 '在'구문의 의미적 특징

(1) 동작과정의 참여자

가. 동작과정의 참여자 : 행위자, 동작의 목표

동작 '在' 구문은 상태 '在' 구문에 비해, 의미적 차이는 동작과정의 참여자가 하나가 아니라 두 개의 참여자가 있다는 것이다.

> ① 他在黑板上写字。
> ② 老马在飞机上看海。

위의 문장에서 위치점에 있는 '写', '看'의 동작과정은 두 개의 참여자와 관련된다. 하나는 '写' 동작 행위자 '他'와 '看'의 동작 행위자 '老马'이고, 다른 하나는 동작의 목표 '字'와 '海'이다.

나. '在教室里讲课'와 '教室里在讲课'의 차이점

어떤 경우 참여자가 하나만 출현한다.

> ③ 在教室里讲课。
> ④ 在地上搭积木。

그러나 위의 문장은 두 개의 참여자가 있는 문장으로 봐야 한다. 또다른 참여자인 동작의 행위자는 출현하지 않았지만, 전체 동작과정에서 결여될 수 없다.

'在教室里讲课', '在地上搭积木'에서 '在'는 삭제할 수 없기 때문에 '*教室里讲课'와 '*地上搭积木'는 성립되지 않는다. 따라서 이러한 구문은 '教室里在讲课', '地上在搭积木'류와 차이가 있다. 전자의 '在教室', '在地上'은 개사구이며 문장의 주어가 될 수 없다. 반면, 후자의 '教室里', '地上'은 방위사구로 주어가 될 수 있으며 지시적 특징을 지니고 있다. 서술이 있으면 반드시 지시성이 있다는 원리에 따르면, '在教室里讲课', '在地上搭积木'에서 지시성이 결여되었고 서술부분만 있기 때문에 반드시 지칭성분을 보충해야 한다. 이러한 지칭은 장소를 지칭하지 않고, 동작의 행위자만을 지칭한다.

'在教室里讲课', '在地上搭积木'에서 동사 뒤의 명사성 성분은 동작의 수동자이다. 상태 '在'구문에서는 단지 하나의 참여자만 출현하는데, 참여자는 동작의 수동자에 속하지만, 문두로 이동할 수 있다.

墙上挂着一幅画 → 一幅画挂在墙上。

동작 '在'구문에서 동작의 수동자는 문두로 이동할 수 없다.

*课在教室里讲。
*积木在地上搭。

이러한 현상이 나타나는 이유는 동작 '在' 구문에서 행위자가 결여될 수 없기 때문이다. 위에서 행위자는 출현하지 않지만, 전체 동작과정에서 살펴보면 두 개의 참여자는 동작 '在'구문을 이루기 위한 필수조건이다.

(2) 동작 '在'구문에서 동사의 의미 특징
가. 비상태성

상태는 지속의 상태와 변화의 상태를 포함한다. 상태 '在'구문 '一幅画挂在墙上', '他在床上坐着'에서 '挂', '坐'는 지속상태의 특징을 지니고 있다. 반면 '他死在医院里', '他在马路上摔了'에서 '死', '摔'는 변화상태의 특징을 지니고 있다. 동작 '在'구문에서 동사는 동작성을 지니고 있으며, 진행 동작에 있는 물체를 설명해 준다. 따라서 동작 '在'구문에서 동사는 상태지속의 '着'가 아니라 동작지속의 '着'와 공기할 수 있다.

⑤ 他在教室里讲着课。
⑥ 他在地上搭着积木。

　한편, 동작 '在'구문은 동사 뒤에 '了'를 부가해서 '*他在医院里死了', '他在马路上摔了'처럼 표현할 수 없다. '了'는 상태변화를 나타내는 동사 뒤에 부가할 수 있다. 따라서 '他在教室里讲课了', '他在地上搭积木了'에서 '了'는 전체 문장에 대해서 말하자면 동사 '讲', '搭'에 관한 것이 아니다.

나. 비이동성

　동작 '在'구문에서 공간위치에서 물체가 진행하고 있음을 나타낸다. 그러나 이러한 동작은 시간축에서 구현될 뿐이고, 공간축에서는 '0'으로 상대적 정지로 표시된다. 즉, 운동은 위치상에서 비이동상태로 진행된다. 이러한 구문에 출현하는 동사는 비이동동사에 속한다.

⑦ 他在黑板上写字。
⑧ 他在飞机上看海。
⑨ 他在书本里找例句。
⑩ 他在教室里讲课。

비이동동사 뒤에는 이동방향을 나타내는 방향동사는 출현할 수 없다.

他在黑板上写字 → *他在黑板上写出字
他在木盆上搓衣服 → *他在木盆上搓出衣服

어떤 경우 방향동사가 출현하기도 한다.

他在书本里找例句 → 他在书本里找出例句。

사실상 오른쪽 문장은 성립하지 않는다. 개사 '在'를 '从'으로 바꿔 '他从书本里找出例句'로 표현해야 한다.

다. 비지속성

동작 '在'구문에서 동사 뒤에 동작지속의 '着'를 부가할 수 있다.

> 他在教室里讲着课。
> 他在地上搭着积木。

그러나 위의 동작 '在'구문에서 동사가 지속성을 지니고 있음을 의미하지 않는데 그 이유는 다음과 같다.

가) '着'의 출현은 조건적이다. 동작과정의 두 참여자가 출현하는 상황에서만 동작지속의 '着'를 부가할 수 있다. 만일 행위자가 결여되었을 경우 '着'를 부가하면 문장은 성립하지 않는다. 만일 문두 개사 '在'를 삭제하면, '着₂'구문과 동일한 문장이 된다(齐沪扬 1995).

> 在教室里讲课 → *在教室里讲着课 → 教室里讲着课

나) '着'의 출현은 필수적이지 않다. 상태 '在'구문은 지속상태가 아니며, '着'는 반드시 출현해야 한다. 예를 들어, '一幅画在墙上挂着'에서 '着'가 그러하다. '着₂'구문에서 '着'는 반드시 출현해야 한다. 예컨대 '台上演着梆子戏'는 '台上正在演梆子戏'와 동일하다. 위에서 두 종류의 '着'는 시태와 일정한 관련이 있지만, 동작 '在'구문은 시태를 나타내는 데 불확정적이며, 아래와 같이 진행, 기실현, 미실현을 나타낼 수 있다.

⑪ 他在教室里讲课, (连下课的铃声也未听见。)[진행]

⑫ 他在教室里讲了课, (就去图书馆了。) [실현]
⑬ (明天,)他将在教室里讲课。 [미실현]

따라서 '着'가 출현하지 않더라도 문장의 적격성에 영향을 미치지 않는다.

(3) 동작과정의 참여자와 참조위치와의 관계

가. 기타 위치에서 동작 참여자는 하나이다

동사 '是', '有'로 이루어진 위치문에서 동작과정의 참여자는 하나만 출현한다. 참여자가 차지하는 공간위치는 문두 장소구가 지시하는 위치에 있다. 예를 들어, '大门外有一张椅子'에서 '一张椅子'는 장소구가 지시하는 공간위치 '大门外'에 존재한다. '着'구문에서 동작의 참여자는 하나가 출현하며 '墙上挂着一幅画'에서 '一幅画'는 장소구가 지시하는 공간위치 '墙上'에 존재한다. 상태 '在'구문 역시 하나의 참여자가 출현한다. 참여자가 차지하는 위치는 개사 '在'로 이루어진 개사구가 나타내는 장소위치이다. 예를 들어, '一幅画在墙上挂着'에서 '一幅画'가 차지하는 공간위치는 개사구 '在墙上'이 나타내는 위치이다. '他死在医院里'에서 '他'가 차지하는 공간위치는 '在医院里'로 지시된 장소위치이다.

나. 동작과정의 두 참여자와 장소위치 간의 다양한 관계

동작 '在'구문의 동작과정의 참여자는 두 개가 출현한다. 두 참여자는 '在' 개사구가 지시한 장소위치에서 다양한 관계로 존재한다. 이와 관련해 어법학계에서는 많은 논의가 있었다. 王还(1957)은 자전에서 이러한 글자를 찾을 수 없다고 했으며, 戴浩一(1981), 朱德熙(1982), 范继淹(1982) 등 역시 이 문제에 대해 논했지만, 구체적인 문장에 대해서만 고찰하였고, '在'구문에서 동작행위자와 동작의 목적이 공간위치에 차지하는 규칙에 대해서는 설명하지 않았다. 여기서는 동작 '在'구문에서 동작과정의 두 참여자와 공간위치의 관계가 공간에 물체가 차지하는 위치와 참조위치가 관련이 있다고 여긴다. 장소위치를 (+), (-)로 표기하기로 한다. 이러한 관계는 다음과 같이 나타낼 수 있다.

가) 동작 행위자(+), 동작 수동자(+)

⑭ 他在火车上遇见朋友。

⑮ 他在教室里讲课。

⑯ 我们在全市最高级的饭店里举行结婚仪式。

나) 동작 행위자(+), 동작 수동자(-)

⑰ 他在飞机上看海。

⑱ 他在床上听流行歌曲。

⑲ 代表团的每个人都静静地坐着, 在开往北京的列车上回想才过去的那几天。

다) 동작 행위자(-), 동작 수동자(+)

⑳ 他在墙上挂画。

㉑ 他在书本里找例句。

㉒ 时间一到, 他们就开门见山地在电话里讨论起生意经来。

라) 동작 행위자(-), 동작 수동자(-)

㉓ 他在桌子上写信。

㉔ 他在屋梁上挂灯笼。

㉕ 小林光一沉默了好长时间, 终于在五尺长、两尺宽的茶几上, 于星位投下一枚黑子。

위의 네 가지 상황은 사물이 차지한 위치와 참조위치 간에는 중첩관계(+)와 비중첩관계(-)의 두 가지 관계에 있다. 중첩관계와 비중첩관계의 출현조건에 관해서는 다음 절에서 자세히 설명하기로 한다. 다른 상황은 물체가 차지하는 위치와 참조위치가 불분명한 경우이다.

　마) 동작 행위자(?), 동작 수동자(?)
　　㉖ 他在人群中发现了她。

(4) 동작 '在'구문은 물체가 어떤 경우 시간축에서의 운동을 나타낸다
　위에서 논의된 동작 '在'구문의 의미특징은 어떤 위치에서 물체가 시간축에서 운동을 한다는 것으로 볼 수 있다. 동작 '在'구문에서 참여자는 반드시 두 개가 출현해야 한다. 따라서 어떤 위치의 시간축에서 운동하는 물체는 행위자이거나 수동자일 가능성이 있다. '他在桌子上写信'에서 행위자 '他'와 수동자 '信'은 위치점 '桌子上'에 있지 않기 때문에 여기서는 '桌子上'을 '간접 위치점'으로 부를 것이다. '信'은 직접적 접촉은 없지만('편지지'에 접촉), '写信'의 전 과정을 수행하는 장소이다. 따라서 이러한 문장의 의미특징은 '어떤 위치에 있는 물체'로 설명할 수 있으며, '어떤 위치'는 '간접 위치점'을 포함한다.

2) 동작 '在'구문의 통사적, 화용적 특징

(1) 동작 '在'구문의 무피동형식

가. 중국어 동작 '在'구문의 무피동형식

　체계기능문법에서는 동사가 나타내는 과정을 여섯 가지 유형으로 분류했으며, 아울러 동작과정에 두 개의 참여자, 즉 행위자와 목표가 출현한 문장은 능동식과 피동식으로 나뉜다고 하였다. 행위자가 과정 전에 있고 목표가 과정 후에 있으면 능동식으로 불리는 반면, 목표가 과정 전으로 이동하고, 행위자가 과정 후에 있는 것을 피동식이라고 불린다

(胡壯麟 1989). 체계기능문법에서 분석한 대상은 중국어가 아니라 영어이다. 중국어는 두 참여자가 능동식과 피동식에 반드시 출현하는 것이 아니다. 여기서 논의하고자 하는 동작 '在'구문이 그러한데, 이러한 동작 '在'구문은 피동형식이 없다.

他在飞机上看海 → *海被他在飞机上看了
他在书本里找例句 → *例句被他在书本里找了

중국어에서 능동식과 피동식이 공존하는 문장은 반드시 동작과정에 두 참여자가 출현한다. 반면, 동작과정에 두 참여자가 출현하는 문장이 반드시 피동형식으로 출현하는 것은 아니다.

나. 동작 '在'구문이 상응하는 피동식이 없는 원인

가) 문장이 표현하는 의미. 중국어 피동문은 표지가 없는 의미상 피동문이 있다. 일반적으로 피동문은 형식표지인 개사 '被, 让, 给, 叫' 등으로 나타낸다. 의미적 측면에서 중국어 피동문은 대부분 수동자가 좋지 않은 일을 당한다는 의미를 지닌다. 최근 몇 년 동안 포의의 의미상 피동문 '小王被大家选为组长'은 출현했지만, 이러한 피동문의 수량은 여전히 많지 않다. 동작 '在'구문은 대부분 폄의의 의미가 없으며 좋지 않은 일을 당했다는 의미를 지니고 있지 않다. 따라서 피동문으로 쓰이는 사례는 드물다.

나) 중국어의 표현 습관. 영어의 표현 형식은 다양한 반면, 중국어는 능동문을 위주로 표현한다. 피동문의 응용 범위는 언어마다 다르고 시대마다 다르게 나타나며, 중국어에서 피동문의 사용범위는 비교적 협소하다(王力 1980). 역사적 발전에서 볼 때 중국어 피동문의 응용은 외국어 문법의 영향을 받았지만, 언어표현의 민족성 특징을 고려하면 역사

적 요소는 여전히 중요한 위치를 차지하고 있다. 따라서 이론적 측면에서 동작과정에 행위자와 목표 두 가지 참여자가 있으면 능동식과 피동식으로 나눌 수 있다. 그러나 구체적 언어 표현의 습관에서 살펴보면, 체계기능문법학파가 귀납한 것처럼 일치하지는 않는다.

다. '부착 의미'를 지닌 동사는 피동식을 지니고 있다

　동작 '在'구문이 피동식으로 변환할 할 수 있는 피동문은 '부착 의미'의 동사 '挂', '贴'류로 이루어진 '在'구문이다. 다음의 예문을 살펴보자.

> 他在房梁上挂灯笼 → 灯笼被他挂在房梁上
> 他在玻璃上贴窗花 → ?窗花被他贴在玻璃上

　위처럼 변환식은 가능하지만 위와 같은 '被'구문은 드물게 쓰인다. 이러한 '被'구문은 의미상 상태 '在'구문 '灯笼挂在房梁上'과 쉽게 혼동된다. 동작 '在'구문의 피동형식과 '挂', '贴' 등의 동사로 이루어진 '被'구문 역시 거의 찾아볼 수 없다.

(2) 동작 '在'구문의 개사구조의 전치 이동 문제
가. '在+N'의 문두 이동의 두 가지 상황
　동작 '在'구문은 적지 않는 문장은 '在+N'을 문두로 이동시킬 수 있다.

> 他在火车上遇见朋友 → 在火车上他遇见朋友
> 我们在全市最高级的饭店里举行婚礼 → 在全市最高级的饭店里我们举行婚礼
> 他们在电话里讨论起生意经来 → 在电话里他们讨论起生意经来

　일부 동작 '在'구문에서 '在+N'은 문두 이동을 할 수 없다.

他在墙上挂画 → *在墙上他挂画

他在飞机上看海 → *在飞机上他看海

나. John Y Hou의 관점

의미적 측면에서 문두 '在+N'은 范继淹이 제시한 것처럼 사건의 발생장소를 나타낸다. '在火车上他遇见朋友', '在飞机上他看海'의 표현은 일치하지만, 제한조건이 무엇인지를 살펴볼 필요가 있다.

미국 캘리포니아대학 John Y Hou(1977)는 관계이론을 근거로 중국어의 두 장소구를 설명하였다. 그는 배경 장소구를 '동사의 발생장소'로 정의했으며, 구조 장소구를 '동작이 발생한 장소와 동작의 경험자가 동작의 결과가 도달한 장소'라고 정의를 내렸다. 또한, '좌향이동' 규칙, 개사구 이동규칙 등을 근거로 두 장소구에 대한 분화를 시도하였다. Hou(侯)가 제시한 두 장소구에 대한 정의는 엄격하지 않지만, 그가 채택한 방법은 참고할 만하다. 첫째, 동작 '在'구문에서 '在+N'의 문두 이동이 성립하는지는 동사 '挂'와 '遇见'의 의미 차이에 커다란 관련이 없다. 둘째, 동작 '在'구문에서 '在+Np'의 문두 이동의 성립 여부는 Hou(侯)가 언급했던 '동작의 경험자가 동작이 도달하는 장소로 간주된다'라는 사실과 관련이 없다. 다시 말해서, 수동자가 공간을 차지하는지와 관련이 없다는 것이다.

다. 동작 '在'구문에서 개사구조의 문두 이동에 관한 제한조건

여기서는 동작 '在'구문의 개사구의 문두 이동 여부는 통사적으로 단음절구조와 화용적 표현에 영향을 받는다고 여긴다.

단음절 동사로 이루어진 동작 '在'구문은 일반적으로 개사를 문두로 이동시키지 않는다. 다음의 예문을 비교해 보자.

他在书本里找例句 → *在书本里他找例句

他在书本里寻找例句 → 在书本里他寻找例句

위에서 '找'와 '寻找'의 의미는 유사하다. 그러나 '在+N'의 문두 이동의 적격성은 단음절인지 쌍음절인지와 관련된다.

단음절 동사로 이루어진 동작 '在'구문의 개사구가 문두 이동을 하면, 문말에 남는 것은 세 개의 단음절 단어이다. 이 세 개의 단음절 낱말의 음절구조는 '1+1+1'이다. 중국어 표현특징에서 볼 때, 4음절의 음절구조 형식은 '2+2'이며, 이는 쌍음보 조합에 속한다. '2+2' 음절구조는 안정적이고 장중한 특징이 있는 반면, 홀수 음절은 활발하고 경쾌하며 변화가 풍부한 특징이 있다(文炼 1989). 刘勰은 『文心雕龙』에서 '짝수 음절은 평안하고, 홀수 음절은 안정적이지 못하다(偶语易安, 奇字难适)'라고 언급했는데, 따라서 '1+1+1'와 같은 음절구조가 문말에 오면 안정적이지 않다.

3) 동작 '在'구문에서 물체가 차지하는 위치와 참조위치의 통합 조건

(1) 동작 '在'구문의 내부 분류가 불가한 원인

朱德熙(1982)는 변환관계를 통해 동형(同形)의 동작 '在'구문을 구분했으며, '他在黑板上写字'는 '他把字写字黑板上'으로 바뀔 수 있지만, '*他在飞机上看海'는 '*他把海看在飞机上'으로 바뀔 수 없다고 하였다. 나아가 '在黑板上'은 사람 또는 사물의 위치를 나타내는 반면, '飞机上'은 사건의 발생장소를 나타낸다고 하였다. 그러나 그가 내린 결론의 일부를 수정해야 한다. '他在黑板上写字'는 '他把字写在黑板上'으로 바꿀 수 있지만, '他在书房里写字'는 '*他把字写在书房里'로 바꿀 수 없다. '他在桌子上写信' 역시 '*他把信写在桌子上'으로 바꿀 수 없다. 그밖에,

'他在书房里写字'와 '他在桌子上写信'은 모두 변환할 수 없지만, 두 문장 간에는 의미 차이가 있다. 따라서 范继淹(1982)은 朱德熙의 분석 결과에 대해 합리적이지 못하다고 지적하면서, '통사형식은 의미제약을 받고, 의미는 객관적 현실의 제약을 받는다'라는 관점을 제시하였다. 또한 'Np+Pp+Vp' 구문은 동작이 발생한 장소이며, 朱德熙처럼 분류할 필요가 없다고 하였다. 그러나 范继淹은 물체가 장소에 있는 상황에 대해 상세한 분석을 하지 않았다.

동작 '在'구문의 내부분류 문제에 대해 范继淹의 관점과 일치한다. 공간위치체계에서 동작 '在'구문은 어떤 위치점에서 물체가 시간축이 운동을 하고 있음을 나타낸다. 따라서 더 이상 내부분류를 할 필요가 없다고 여긴다. 그들 간의 차이는 물체의 위치와 참조위치가 중첩되는지에 달려있다. 이러한 차이는 의미제약이나 객관적 현실의 제약을 받는다. 물체가 차지하는 위치와 참조위치의 중첩 조건에 관한 논의는 동작 '在'구문의 내부 차이를 명확히 밝히는 좋은 방법이다.

(2) 행위자가 차지하는 위치와 참조위치의 중첩 조건

행위자가 차지하는 위치와 참조위치가 중첩되는 경우이다.

① 他在火车上遇见朋友。
② 他在飞机上看海。

위와 같은 문장에서 행위자가 차지하는 위치와 참조위치의 중첩 조건은 아래의 두 가지로 설명할 수 있다.

가. 논리적 의미

참조위치가 포함한 장소는 행위자가 차지하는 장소위치보다 크다. 다시 말해서, 참조위치의 장소는 동작 행위자가 있는 장소를 안쪽으로 포섭된다. 이는 다음의 그림으로 나타낼 수 있다.

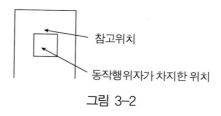

그림 3-2

'他在火车上遇见朋友'와 '他在飞机上看海'에서 '火车上'과 '飞机上'은 '他'가 차지하는 위치보다 크며, '他'는 '火车上', '飞机上'에 존재한다. 반대로, '他在书本里找例句'에서 '书本里'가 나타내는 장소는 '他'가 차지하는 장소보다 작다. 따라서 이러한 문장에서 행위자가 차지하는 위치와 참조위치는 중첩될 수 없다.

나. 공간범위의 특징

'他在火车上遇见朋友'와 같은 문장에서 공간범위는 대부분 '里'형 공간인데, 이는 '里'형 공간이 '체적' 공간범위를 나타내기 때문이다. '체적' 공간범위는 일반적으로 행위자가 공간의 존재한다는 요구에 만족한다. 따라서 '他在火车上遇见朋友', '他在飞机上看海'는 '他在火车里遇见朋友'와 '他在飞机里看海'로 바꿀 수 있다. 그러나 '里'형 공간의 이러한 조건은 필수적이지 않고, '上'형 공간은 '면적' 공간범위처럼 '他在球场上打篮球'에서 행위자가 차지하는 위치는 참조위치와 중첩된다. 이러한 '면' 공간범주는 반드시 수평면이어야 한다.

(3) 수동자가 차지하는 위치와 참조위치의 중첩 조건

다음의 예문은 수동자가 차지하는 위치와 참조위치가 중첩되는 경우이다.

> ③ 他在书本上找例句。
> ④ 他在墙上挂画。
> ⑤ 他在火车上遇见朋友。

한편, 수동자가 차지하는 위치를 수동자의 전체 동작이 차지하는 위치로 확대하면 '他在桌子上写信'에서 수동자가 차지하는 위치와 참조위치는 중첩된다. 이러한 중첩 조건은 다음과 같다.

가. 논리적 의미 관계

수동자가 차지한 장소는 참조위치의 장소보다 작아야 한다. 다시 말해서, 참조위치의 장소는 수동자가 차지한 위치의 장소는 안쪽으로 포섭된다. 이는 위의 〈그림 3-2〉와 동일하다. 위의 ③에서 '例句'의 위치는 반드시 '书本上'에 있으며, ④에서 '면적'의 장소 위치는 '墙上'에 있다. ⑤에서처럼 수동자가 유생명사인 경우 '他在火车上遇见朋友'에서 '朋友'이다. 무생명사인 경우 '他在书本上找例句'에서 '例句'이다. 수동자가 차지하는 장소 위치는 참조위치보다 작거나 일치한다. 만일 수동자가 차지하는 장소위치가 참조위치보다 크면 그 둘의 위치는 중첩되지 않는데, '他在飞机上看海'에서 '海'와 '飞机上'이 그러하다.

나. 공간범주의 특성

만일 수동자가 유생명사이면 수동자가 차지하는 공간범주는 '里'형 공간에 속하고, 무생명사이면 '上'형 공간에 속한다. '他在火车上遇见朋

友'에서 '朋友'가 유생이고 '火车上'은 '체적' 공간범주를 나타내는 반면, '他在墙上挂画'에서 '画'는 무생이고 '墙上'은 '면적' 공간범주를 나타낸다.

다. 간접위치와 참조위치의 통합

수동자가 차지하는 간접위치와 참조위치가 중첩되면 다음과 같은 특징이 나타난다.

가) 행위자가 차지하는 위치는 참조위치와 중첩되지 않는다. 예를 들어, '他在桌子上写信'에서 '桌子上'은 '체적' 공간범주를 나타내지 않는다. 만일 '체적' 공간범주에 있으면, 수동자의 위치는 그 안으로 포섭된다.

나) 수동자는 출현하지 않는 또 다른 장소구가 지시하는 위치에 있고, 그 장소가 지시하는 위치는 문장의 장소구가 지시하는 위치에 있다. 객관적 추론에서, '他在桌子上写信'은 '他在桌子上往纸上写信'으로 해석되며, '信'은 '纸上'에 있고 '纸'는 '桌子上'에 부착되어 있다.

다) 공간범주의 특성에서 문장의 장소구는 '里'형 공간범주가 아니라 '上' 형 공간범주이다. '면' 공간범주가 나타내는 장소는 다른 장소('纸上')로 하여금 거기에 부착할 수 있게 한다. 반면 '체적' 공간범주는 기타 위치로 하여금 그 곳에 존재할 수밖에 없어서 직접적으로 중첩되는 상황이 나타난다.

라) 수동자는 대부분 무생명사가 담당한다.

(4) 중첩의 언어환경 조건

范继淹에 의하면, 의미는 객관적 현실의 제약을 받는다고 했으며, '小明在桌子上写字'를 네 가지 상황으로 설명할 수 있다고 하였다. 즉, '小明坐在桌子上写字, 字写在其他处 ; 小明坐在桌子前, 把字写在桌子上 ;

小明坐在桌子上, 把字写在桌子上 ; 小明坐在桌子前, 把字写在纸上'이다. 이는 (+, +), (+,-), (-,+), (-,-)의 네 가지 상황으로 표시된다. 여기서는 네 번째 상황이 가장 좋은 선택이고, 나머지 세 가지 상황은 객관적 현실의 제약을 받기 때문에 특수한 상황에서만 성립할 수 있다고 여긴다. 范继淹이 제시한 '객관적 현실'은 특수한 언어환경을 의미한다. 즉, 현실생활의 상식을 근거로 선택한다는 것이다. '小明在桌子上写字'와 같은 문장은 네 번째 상황을 선택한 것이다.

다음의 예문은 언어환경에 의존해 중첩되었는지를 판단해야 한다.

⑥ 他在人群中发现了她。

위의 예문은 세 가지 상황으로 설명할 수 있다.

A. 他站在人群中发现了人群外的她(+, -)
B. 他站在人群外发现了人群中的她(-, +)
C. 他站在人群中发现了也在人群中的她(+, +)

위에서 중첩은 현실생활의 상식이 아니라 언어환경에 의지해 판단해야 한다. 이러한 부류에 속하는 문장은 '他在甲板上看到了她' 등이 있다.

언어환경에 의해 판단한 중첩의 여부는 행위자와 수동자 쌍방이 불분명한 것 외에 행위자가 처한 위치와 참조위치가 중첩되는 경우가 있다. 동작 수동자의 위치가 불분명한 경우는 范继淹에서 가져온 예문에서 볼 수 있다.

⑦ 他在小船上拉着我的手。(+, ?)

동태위치에 관한
통사형식의 인지연구

1. '把'구문의 기본의미와 공간이동모형

여기서는 장소범주와 관련된 '把'구문, 즉 '把+O+V+L' 구문에 관해 살펴보기로 한다. 위의 구문에서 V는 실제로 동사와 보어와 결합한 VR 이다. O는 '把'의 목적어이고 L은 VR 뒤에 출현하는 목적어이다. 이 목 적어는 의미상 장소에 속한다. 다음의 예문은 본 절에서 논의되는 유형을 나타낸다.

① 小王不小心把水洒在床单上了。
② 把个孩子生在火车上了。
③ 你怎么会把车翻到路边上了？
④ 我不小心把皮包掉进水里了。
⑤ 杨重把老太太送出古董店。
⑥ 小王把车开上了马路。

다음의 두 쌍의 예문을 비교해 보자.

A. 小王不小心把水洒在床单上。   B. 杨重把老太太送出古董店。
   我要把悲伤深深地埋藏在心里。   小王把车开上了马路。
   我把外套脱在椅子上。   不小心把皮包掉进水里了。
   我怎么会把车翻到路边上了？   他赶快把脸扭到一边。

A류에서 VR은 'V在' 동개식이고, '在'는 정태의미를 나타내는 개사에 속한다. 따라서 A류의 예문은 다음과 같이 바꿀 수 있다.

把水洒在床单上 → 水洒在床单上
把悲伤埋藏在心里 → 悲伤埋藏在心里
把外套脱在椅子上 → 外套脱在椅子上
把车翻在路边上 → 车翻在路边上

B류의 VR은 '上' 등의 동추식이며 '上/下', '进/出' 등의 방향동사는 위치이동의 특징을 지니고 있기 때문에 위와 같이 바꿀 수 없다. 이에 따라 '把+O+V+L' 구문은 R에 따라 두 가지로 나뉘며, A류와 B류는 차이가 있음을 알 수 있다. A류는 '원래 L에 없었던 사물이 L에 존재하도록 한다'라는 의미를 나타낸다(金立鑫 1993). 대부분의 학자는 이러한 점에 주목하였다. 반면, B류 구문은 '어떤 사물이 이동과정에서 L과 관계를 맺는다'라는 의미를 나타낸다. 공간위치체계에서 A류와 B류의 문장은 전형적인 위치문과 위치이동문의 변환식으로 볼 수 있다(齐沪扬 1998).

여기서는 R을 '把+O+V+L' 구문에서 V 뒤의 격표지로 간주하기로 한다. 하지만 R은 반드시 명시적 표지로 존재하는 것은 아니며 아래와 같은 상황에서 탈락할 수 있다.

把车翻在路边上 → 把车翻路边上
把瓜子扔进嘴里 → 把瓜子扔嘴里

R이 탈락한 후 기본식과 차이가 없으며, 동시에 '把+O+V+L'의 동사와 공기관계 등의 문제에 전혀 영향을 미치지 않는다. 이러한 상황은 격표지 탈락으로 불린다.

언어는 언어형식과 언어의미의 두 가지 측면의 변천이 존재하다. 언어형식의 변천에서 중요한 특징은 음성 간화 또는 음성 약화이고, 언어의미의 변천에서 중요한 특징은 의미의 허화이다. 즉, 실제의미의 낱말이 점차 의미가 상실된 문법성분으로 변천하는데, 이러한 과정을 문법화라고 부른다. 언어형식과 언어의미의 두 가지 방면의 변천은 '把+O+V+L' 구문에서 동사 뒤의 격표지가 탈락하는 현상을 촉진시켰다. 그렇다면 어떤 상황에서 격표지가 탈락하며, 격표지 탈락에 영향을 미

치는 주요 요소는 무엇인가? 다음에서 논의되는 몇 가지 문제는 '把
+O+V+L' 구문의 격표지 탈락과 관련된다.

1) 동사의 이동성 기능

형식적, 의미적 분석에서 공간위치의 정태위치와 동태위치는 정태의
미와 동태의미가 다르다는 것을 설명해준다. 정태의미와 동태의미가 반
영된 구문을 '위치문'과 '위치이동문'이라고 부르기로 한다. 위치문과
위치이동문의 차이는 동사의 특징에 의해 구분된다. '把+O+V+L' 구문
에서 동사의 특징은 동사의 이동성 기능이 강력한지, 그렇지 못한지를
반영하고 있다. 동사의 이동성 기능은 주로 장소를 나타내는 N, 존재를
나타내는 V, 이동을 나타내는 V, 물체를 나타내는 N 등과 관련된다.

'把+O+V+L' 구문의 동개식과 동추식이 나타내는 구문의 특징을 살
펴보자. 여기서는 이러한 구문에서 동사 뒤의 격표지 탈락이 동사의 이
동성 기능과 관련된다고 여긴다. 徐丹(1994)은 현대중국어 '在'와 '到'
의 분업은 근대시기 『儿女英雄传』에서 완성되었으며, 『水浒』에서는 여
전히 '在'의 방향동사 용법이 있다고 설명하였다. 徐丹은 동사의 '이동'
의미특징이 '在/到' 상호교체에 영향을 미쳤다고 설명하였다. 사실상 동
사의 이동성 기능은 '在/到' 뿐 아니라 R의 탈락에도 영향을 미쳤다.
격표지 탈락은 아래의 동사에서도 나타난다.

(1) 비지속의 우발성 비이동동사 ('翻', '掉' 등)
   ① 把车翻沟里了。
   ② 把他掉水里了。

(2) 지속의 비이동동사 ('锁', '停' 등)
   ③ 把车锁礼堂门口了。

272 현대중국어 현실공간의 인지연구

④ 把车停路边。

(3) 비지속의 비수반 이동동사 ('扔', '递' 등)
⑤ 把望远镜扔沙发上。
⑥ 把茶递他手里。

(4) 지속의 비수반 이동동사 ('搂', '放' 등)
⑦ 把钱包搂怀里。
⑧ 把手放脖子上。

만일 R 앞의 동사가 [+이동] [+수반]의 의미특징을 지니면 동사 뒤의 R은 탈락할 수 없다. 다음의 예문을 살펴보자.

⑨ 把他带回家。(*把他带家里。)
⑩ 把他拉回了团里。(*把他拉团里。)

아래의 두 예문을 비교해보자.

⑪ 我把他送到了门口。(*我把他送门口。)
⑫ 我可不想把你送上刑场。(我可不想把你送刑场上。)

위의 두 예문에서 동사 '送'은 완전히 동일한 의미특징을 지니고 있지만 사실상 그렇지 않다. ⑪에서 '送'은 [+수반 이동]의 의미특징을 지니고 있으며 격표지는 탈락할 수 없다. ⑫의 동사 '送'은 [+수반 이동]의 의미특징으로 이해하기보다는 비지시적 의미를 지닌 동사로 이해할 수 있다. 즉, 행위자가 반드시 '刑场'으로 가는 것은 아니다. 다시 말해서, '送'은 반드시 [+수반 이동]의 의미특징을 지니고 있다고 볼 수 없다. 다음에서 이와 유사한 예문을 살펴보자.

⑬ 父母辛辛苦苦攒钱，是为了把他送到国外去。(父母辛辛苦苦攒钱，是为了把他送国外去。)

위에서 행위자 '父母'가 반드시 외국에 간다고 볼 수 없다. 따라서 이러한 상황에서 동사 뒤의 격표지는 탈락할 수 있다.

위치문과 위치이동문의 동사는 이동 기능의 강약에 근거해 비위치이동문과 위치이동문으로 나뉘며, 위치이동문은 자주이동동사, 타동이동동사, 수반이동동사로 구분된다(齐沪扬 1996). 위의 '把+O+V+L' 구문에서, 격표지 탈락은 동사의 이동성 기능의 강약에 영향을 받는다. 격표지 탈락의 난이도에 근거해 동사를 연속체에 분포시킬 수 있다. 비위치이동동사의 격표지는 쉽게 탈락되며, 격표지 탈락이가장 어려운 동사는 수반이동동사이다. 격표지 탈락의 연속체 분포는 다음과 같다.

비이동동사 〉 타동이동동사 〉 자주이동동사 〉 수반이동동사
('停', '锁')　　('扔', '递')　　　　('掉', '落')　　('领', '送')

이동성 기능의 강약에 따라 중국어 동사는 하나의 연속체에서 분포하고 있으며, '수반이동동사〉타동이동동사〉자동이동동사〉비이동동사'(齐沪扬 1996) 순으로 나타난다. 위의 '把+O+V+L' 구문에서 VR의 탈락의 상황에서 보듯이, 탈락 난이도의 연속체 분포는 동사의 이동성 기능의 연속체 분포와 상반된다. 타동이동동사와 자동이동동사의 분포에 변화가 없는 것은 '把'구문의 구성 조건의 영향을 받았기 때문이다. 타동이동동사는 '把'구문을 쉽게 구성할 수 있다. 동사 뒤에 하나의 목적어를 취하며, 동사 뒤의 목적어가 장소목적어일 경우 객체이동을 나타내는 대상목적어는 개사 '把'의 동사 앞으로 이동시켜야 한다. 타동이동동사의 격표지는 쉽게 탈락된다는 관점은 양적 통계에 의한 것이다.

2) 격표지 R의 허화

문법화는 실제 의미가 있는 어휘에서 문법기능의 성분으로 전환되는 과정 또는 그러한 현상을 가리킨다. 중국 전통언어학에서는 이를 '실사 허화'라고 불린다. 문법화는 문법범주 및 문법성분의 출현과 형성에 중점을 둔다. '把+O+V+L' 구문에서 전형적인 R은 '在'이다. '在'의 문법화 과정은 상표지 '着'의 형성 과정과 밀접한 관련이 있다. 우선, '在' 또한 V+X+O 구조에서 X의 위치에 출현할 수 있다. 둘째, '在'는 또한 보어에 속하며, 이는 지동(指動)보어에서 발전하였다.

徐丹(1992)은 대량의 근대중국어 코퍼스를 고찰한 후 중국어 북방언어에서 'V在'와 'V着'은 'V著'의 변이체이며, 'V著' 뒤에 장소 L을 이끄는 용법은 육조시기에 출현했다고 하였다. 동시에, 문헌에서 '在'는 동사로 출현했지만(V의 앞, V의 뒤), 'V在'는 '부착', '동작의 일치성' 등 의미특징을 지니고 있어서 '在……V'와의 관계가 명확하지 않다고 주장하였다. 따라서 '把+O+V+L' 구문의 VR에서 '在'는 이미 허화되었으며, 이는 '在'가 탈락하는데 중요한 원인으로 볼 수 있다.

赵金铭(1995)은 현대중국어 'S+V+(在/到)+NL' 구조를 고찰한 결과, 'V在+NL'과 '在NL'에서 '在'는 같지 않다는 결론을 내렸다. 이는 徐丹의 견해와 유사하다. 그는 더 나아가 'V在'에서 '在'는 동사의 접미사라고 하였다. 赵金铭은 북경어 'S+V+(在/到)+NL' 구조에서 보어 위치의 '在/到'는 약화된 형식인 '·de'가 존재하며, '·de'는 '在/到'보다 더 보편적이다. 어떤 경우 '·de' 조차도 생략된다고 하였다. 다음의 예문을 살펴보자.

抓在手里/抓手里 搁在书柜里/搁书柜里
贴到信封上/贴信封上 躺到沙发上/躺沙发上

赵金铭(1995)에 의하면 'V在'에서 '在'의 허화 정도가 훨씬 높으며, '동사〉개사〉접사'의 문법화는 이미 완성되었으며, 이는 '在'가 탈락 형식을 갖게 되는 주요 원인이라고 설명하고 있다.

赵金铭(1995)이 고찰한 'S+V+(在/到)+NL' 구문은 사실상 '把+O+V+L'에서 '在'의 탈락 상황과 유사하기 때문에 다량의'S+V+(在/到)+NL'구문이 '把+O+V+L'로 전환할 수 있다고 하였다. 그러나 이전의 논의는 격표지 탈락 문제는 범위를 개사 '在'와 '到'에 한정하였다. 사실상 '把+O+V+L' 구문에서 R은 개사 '在/到'뿐만 아니라 개사 '向/往', 방향사 '上/下', '进/出'도 될 수 있다. 여기서는 기타 R의 탈락 역시 허화와 관련된다고 보고 있다.

① 把车翻进山沟里了 - 进山沟里找东西
② 把孩子送回家里 - 回家里看望孩子

R인 '进/回'는 경성이고 '밖에서 안으로'라는 의미를 지니지만, 더 많은 경우 허화의미의 '동작의 일치성'을 나타낸다. 이로 볼 때 '把+O+V+L' 구문에서 R의 탈락은 R의 문법화와 밀접한 관련이 있음을 확인할 수 있다.

③ 把孩子放在/到1我那儿。
④ 把花生扔到/进嘴里。
⑤ 把这猴抱到2你们家。
⑥ 把烟雾吐向天花板。
⑦ 把车开上马路。
⑧ 把桌上的烟装回自己的口袋。
⑨ 把元豹揪出人群。
⑩ 把他拉下车。

위에서 ③, ④의 격표지는 자유롭게 탈락할 수 있고, ⑤~⑧은 L 뒤에 방위사 또는 방향사를 첨가해야 하며, ⑨, ⑩에서는 격표지를 탈락시킬 수 없다. 격표지 탈락 상황을 살펴보면, 개사와 방향사를 충당하는 격표지는 하나의 연속체에 분포된다. 격표지 탈락은 개사 '在/到'에서 쉽게 발생하는 반면, 방향동사 '下', '出'에서 격표지 탈락이 어렵다. '在'와 호환 가능한 개사 '到₁'에 비해 호환이 불가능한 '到₂'에서 격표지 탈락은 좀 더 어렵다. R 탈락의 등급은 다음과 같다.

在/到₁〉到₂〉进/入/上/回…/〉向/往…〉下/出…

위의 사실에 대해 두 가지 측면으로 설명할 수 있다.

첫째, '进, 入, 上, 回' 등의 탈락이 '到'보다 약한 이유는 '到'는 복원하기 쉽기 때문이다. ④, ⑦, ⑧이 이에 해당한다.

둘째, '向/往' 등은 탈락할 수 있으며, 탈락 후 의미가 달라진다.

   ⑥ a. 把烟雾吐向天花板。
      b. 把烟雾吐天花板上。
   ⑪ a. 把我抬往急救室。
      b. 把我抬急救室去。

위의 두 예문에서, a에서 L은 물체의 이동방향을, b에서 L은 물체의 이동종점을 나타낸다. ⑥a에서 '烟雾'의 이동방향은 '天花板'이지만, 화자의 발화시 '烟雾'가 '天花板'에 도달하지 않을 수도 있다. ⑥b에서 '烟雾'는 이미 종점 '天花板'에 도달하였음을 나타낸다. 따라서 b의 L 뒤에는 이동종점과 관련된 방위사 또는 방향사를 부가해야 한다. 그렇지 않은 '*把烟雾吐天花板', '*把我抬急救室'은 부적격하다. 이처럼 격표지 탈락 전후의 구문 의미는 달라진다.

3) 장소목적어 L과 '把'뒤의 O의 의미특징

'把+O+V+L'에서 L은 가장 중요한 구성성분이며, 동사의 필수성분이다. 이 구문에서 L은 장소격으로 공간에서 위치를 나타내며, 동사의 위치에 대한 선택이 다르며, 그에 따른 격표지가 출현한다.

L은 O가 존재하는 장소 또는 사건의 발생장소이며, 개사 '在', '到' 등이 격표지로 쓰인다. 이 경우 L이 선택하는 것은 일반적으로 비이동동사이다.

① 我把衣服卷成团夹在自行车后座上。
② 为什么把包留在这儿呢？

L은 위치이동의 O가 마주한 방향이며, 개사 '向, 往, 到' 등이 격표지로 쓰인다. 이러한 L을 선택한 것은 주로 타동이동동사이다.

③ 刘女士把上身探向前，头一点一冲地说。
④ 分局长把一肚子怒火都喷射到他头上。

L은 위치 이동하는 O의 기점이고, 격표지는 방향동사 '出', '下' 등이다. 이러한 L을 선택한 것은 타동이동동사, 자동이동동사, 수반이동동사이다.

⑤ 几个小伙子把韩健拖死狗似的拖出水面。
⑥ 我抓住她的肩膀，把她拉下车。

L은 위치 이동하는 O의 종점이며, 격표지는 '进, 上, 回, 到'이다. '把+O+V+L' 구조에서 자주 쓰이는 형식이며 L을 선택한 것은 주로 위치이동동사이다.

⑦ 杜梅拾盆进来，把盆"哐啷"一声扔进一摞盆里。

⑧ 她父亲叫嚷，试图把高晋带回自己房间照料。

'把+O+V+L'에서 L은 O가 위치 이동 과정에서 처한 다른 상황을 나타낼 수 있다.

L이 O가 존재하는 장소 또는 사건 발생하는 장소를 나타낼 경우 R은 탈락할 수 있다.

⑨ 把包留在这儿。(把包留这儿。)

⑩ 把车锁在路边。(把车锁路边。)

L이 이동하는 O의 종점일 때, 어떤 경우 R은 탈락된다.

⑪ 把垒球棒放回门后。(把垒球棒放门后。)

L이 O의 이동 방향을 나타낼 때 R은 탈락할 수 있으나 탈락 전후 문장의 의미는 달라진다.

L이 이동하는 O의 기점일 때 R은 탈락할 수 없다.

⑫ 把他拉下车。(*把他拉车。)

⑬ 把韩健拖出水面。(*把韩健拖水面。)

L이 이동의 종점일 때, R이 탈락되면 L 뒤에 방위사를 부가해야 한다.

⑭ 把其余硬币装进裤袋。(把其余硬币装裤袋里。/*把其余硬币装裤袋。)

⑮ 把裤子挽到大腿。(把裤子挽大腿上。/*把裤子挽大腿。)

'把+O+V+L'구조에서 동사가 선택할 수 있는 '把' 뒤의 목적어는 다양한 의미 기능을 하고 있다.

⑯ 眼下我们只好把他的书放在儿童物柜台出售了。[수동자]
⑰ 一不小心，把她掉在水里。[행위자]
⑱ 夏红光顾笑没留神抬肘把一个碟子碰到地上打碎了。[피동자]
⑲ 我早说过，你别把我掺和进你那些臭事里。[공동자]
⑳ 该把精力都用在学习上。[사동자]
㉑ 我便把我的电话号码写在她的本子上。[결과자]
㉒ 他开始把希望寄托在张燕生身上。[경험자]
㉓ 她把报纸糊在我的脸上。[도구]

'把'의 목적어가 행위자일 때, L은 O가 존재하는 장소만을 나타내며 가장 탈락하기 쉽다. 『王朔文集』에서 출현한 404개의 '把+O+V+L'에서 '把' 뒤의 목적어가 행위자인 문장은 10개 밖에 되지 않으며, 그 중의 9개는 격표지가 탈락될 수 있다. '把' 뒤의 목적어가 대상일 때 뒤의 L은 O의 다양한 역할을 충당하며 탈락되는 경우가 많다. '把' 뒤의 목적어가 대상일 때, 뒤의 L이 피동자, 공동자, 사동자, 결과자, 경험자, 도구일 경우 L은 존재의 장소가 될 수 없으며 주로 물체의 이동 기점을 나타내며 탈락 가능성이 적다. 따라서 R의 탈락은 다음과 같은 추세가 보인다.

행위자〉수동자〉피동자/공동자/사동자/결과자/도구

4) 음절

음절 길이는 문장의 구조에 많은 영향을 미친다. 음절 길이는 음운과 밀접한 관련이 있으며, 음율 조절의 객관적 근거 중의 하나는 리듬을 배정할 때 선택제약된다(张斌 1998). '把+O+V+L'에서 이러한 선택제한은 격표지 탈락을 결정한다. 격표지 탈락은 아래와 같은 몇 가지 요소의 영향을 받는다.

(1) V의 음절 영향

『王朔文集』(第四卷)에 대한 통계에 따르면, 본 연구에 부합하는 예문에서 쌍음절 동사 뒤의 격표지 탈락은 다음과 같은 8개의 예문에 불과하였다.

> ① 把阵阵寒嗦传遍他的全身。
> ② 把脸贴近玻璃。
> ③ 把陈北燕靠树按坐地上。
> ④ 把你扭送公安局。
> ⑤ 把每一个弯回凸凹铭记脑海。
> ⑥ 把我绑赴刑场。
> ⑦ 孙国仁把赵航宇扶离会议桌。
> ⑧ 总指挥板着脸招呼刘顺明，请人把这老太太带离现场。

위의 쌍음절 동사는 두 가지 종류로 나뉜다. 하나는 동보식구조 '传遍, 贴近'류 이고, 다른 하나는 수식구조 '按坐, 扭送, 铭记, 绑赴, 扶离, 带离'류 이다. 동보식 쌍음절 동사 모두가 격표지를 탈락시킬 수 있는 것은 아니다. 여기서의 동보식은 주로 단음절 동사와 부사 '遍, 近, 满'이 결합한 경우이다. 이러한 부류의 쌍음절 동사는 장소를 나타내는 명사와 긴밀하게 결합하기 때문에 동사 뒤에 격표지를 부가할 필요가 없다. 말뭉치 언어자료에 의하면 '按倒, 放倒, 推倒'와 같은 동보식이 출현했으며, 이러한 동사는 격표지를 탈락시킬 수 없다.

> ⑨ 我冲过去把她推倒在床上。(*我冲过去把她推倒床上。)
> ⑩ 他把我按倒在草垛上一通乱啃。(*他把我按倒草垛上一通乱啃。)

⑪ 杨重一个绊把他摔倒在当院。(*杨重一个绊把他摔倒当院。)

격표지가 탈락되는 수식구조의 쌍음절 동사는 두 가지로 나뉜다. 하나는 격표지가 탈락 후 복원할 수 있는 '按坐', '扭送', '铭记' 등이다.

⑫ 把陈北燕靠树按坐地上。(把陈北燕靠树按坐在地上。)
⑬ 把你扭送公安局。(把你扭送到公安局。)
⑭ 把每一个弯回凸凹铭记脑海。(把每一个弯回凸凹铭记于脑海。)

다른 하나는 격표지가 필요 없는 부류로 동사 자체에 강력한 방향성을 지니고 있으며, 장소와 결합이 매우 긴밀한 '绑赴', '扶离', '带离' 등이다.

(2) L의 음절과 O의 길이의 영향

L의 음절 길이는 격표지 탈락에 영향을 미친다. L의 음절이 길면 R은 탈락하지 않으며 R이 '在/到'인 경우도 포함된다. 다음의 예문을 비교해 보자.

⑮ 把鞋插到元豹身后的地上。(*把鞋插元豹身后的地上。/把鞋插地上。)
⑯ 把手放进老虎的血盆大口中。(*把手放老虎的血盆大口中。/把手放口中。)

만일 O가 단음절 또는 쌍음절 명사일 경우 격표지 R은 탈락하기 쉽다. 만일 O가 간단한 명사구로 이루어졌을 경우 음절이 짧으면 격표지 R이 탈락하는 경우가 많다. 구무에서 O의 앞에 긴 음절의 관형어가 출현할 때 R은 탈락하지 않는다.

⑰ 把一篮篮菜筐似的大簇花卉抬上舞台。(*把一篮篮菜筐似的大簇花卉抬舞

台上。/把花抬舞台上。)

⑱ 把一个个盛满红葡萄酒的瓶子握在手里。(*把一个个盛满红葡萄酒的瓶子
握手中。/把瓶子握手里。)

(3) V 앞의 부사어 음절의 영향

V 앞의 부사어 길이는 격표지 탈락에 직접적인 영향을 미친다. 동사
앞에 위치한 부사어가 단음절이면 격표지 탈락이 쉽다.

⑲ 把香蕉直塞到嗓子眼儿。(把香蕉直塞嗓子眼儿)

동사 앞에 위치한 부사어 음절이 긴 경우 격표지 탈락이 쉽지 않다.

⑳ 把腿笨重地搭在练功杆上。(*把腿笨重地搭练功杆上。)
㉑ 把那些肥肉又一片片夹到桌上。(*把那些肥肉又一片片夹桌上。)

위에서 보듯이, '把+O+V+L'에서 격표지를 탈락은 짧은 음절을 선택
했을 경우이다. '把+O+V+L'는 주로 구어에서 사용되는 구문인데, 구어
의 음절에 대한 요구는 격표지 탈락의 조건에 부합한다. 대체적으로 격
표지 탈락 조건은 먼저, 동사 자체의 음절이고, 다음으로, '把' 뒤의 목적
어와 장소목적어의 길이이고, 그 다음으로 동사 앞의 수식어의 길이 등
의 요구에 부합되어야 한다.

동사의 음절 〉'把' 뒤의 목적어와 장소목적어의 음절 〉동사 수식어의

음절

(단음절)　　　　　　　(수식어가 없음)

(단음절)

5) 문장 완결 성분

胡明扬·劲松(1989)에 의하면 중국어의 단락은 독립적 단락과 비독립

적 단락으로 나뉜다. 단락의 독립은 문장이 구조적으로 필수적 성분을 지니는지 여부에 달려있으며, 이러한 구조성분은 '문장 완결 성분'으로 불린다. 胡明扬·劲松에 의하면, 문장 완결 성분은 조사, 부사가 있고, 그밖에 어순, 부정, 의문, 청유 등의 어기를 나타내는 요소 역시 완결 작용을 한다고 하였다.

문장 완결 성분은 언어환경에 의존하거나 텍스트에 의존하지 않고, 반드시 갖춰야 하는 문장성분이다. 문장 완결 성분은 언어표현상 독립적으로 문장을 이뤄 문장을 완결시키는 기능을 지니고 있으며, 통사 구조에서의 문장 완결 조건이다.

다음의 예문을 비교해보자.

    A. 把衣服晾外头。
       把车停路边。
       把画挂墙上。
    B. *把包掉水里。
       *把车翻沟里。
       *把水洒床单上。

명령문에서 A는 성립되는 반면, B는 비문이다. 명령에 들어가면 화용적 제약을 받기 때문이다. '把'자 청유문의 사용 상황에서 가장 중요한 화용적 결속은 화자가 청자에게 지시를 내릴 때, 청자에게 화자 자신의 요구를 집행할 수 있는지에 대해 합리적이고 정확한 예측을 해서 청자에게 명확한 지시를 내려야 한다는 것이다. 즉, 청자는 화자의 지시를 받았을 때 반드시 무엇을 해야 하고 어떻게 해야 할지를 인식해야 한다는 것이다. 그렇지 않으면 명령문은 그에 대응하는 의사소통의 기능을 할 수 없게 된다. A류의 언어환경에서 제시하는 의미는 명확하고, 수용

가능한 반면, B류의 동사가 유발한 결과는 모두 소극적이며, 언어환경에서 제시하는 의미는 모호하다. 이러한 경우 청자가 수용하기 어렵기 때문에 비문으로 간주된다.

위의 용례를 평서문으로 바꾸면 모두 비문이 된다.

    A. *他把衣服晾外头。
      *我把车停路边。
      *他把画挂墙上。
    B. *他把包掉水里。
      *我把车翻沟里。
      *我把水洒床单上。

위의 두 부류의 문장은 완결되지 않은 어감을 지닌다. 청자는 후속 내용을 확인하고자 하므로 위의 문장은 자족적이지 못하다. 다음의 용례는 모두 적격하다.

    A. 他把衣服晾外头了。
      我把车停路边了。
      他把画挂墙上了。
    B. 他把包掉水里了。
      我把车翻沟里了。
      我把水洒床单上了。

위의 두 부류의 문장은 모두 성립된다. '他把衣服晾外头'는 미완결된 어감이지만 '了'를 부가한 '他把衣服晾外头了'는 성립된다. 여기서 어기조사 '了'는 문장 완결 성분이다.

문장의 완결 성분은 '了' 외에 '吧', '正……呢' 등도 있다.

他正把画挂墙上呢。
把车停路边吧！

문장 완결 성분 '了'를 부가한 B류를 살펴보자.

*把包掉水里。(把包掉水里了。)
*把车翻沟里。(把车翻沟里了)
*把水洒床单上。(把水洒床单上了)

위에서 '了'를 삭제한 후 비문으로 간주된 것은 의미적 측면에서 고려된 것이다. 하지만 통사적 측면에서는 성립되며, '了'의 부가에 따라 문장의 의미는 달라진다. 이러한 문장에서 '把' 뒤의 목적어는 대부분 행위의 피해자이며 동사는 [-자주성]의 의미특징을 지닌다. 위에서 동사 '掉', '翻'의 [-자주성]의 의미특징은 '洒'보다 강력하기 때문에 앞의 두 문장은 명령문이 될 수 없다. '把水洒床单上'은 고의적 행위로 명령문에 속하는 반면, '把水洒床单上了'는 고의적이지 않은 행위로 간주된다.

구문의 언어환경에 대한 의존은 비교적 강하다. 실제 언어 사용에서 의미가 영향을 받지 않는다는 전제 하에 대체로 격표지가 탈락된 형식이 사용한다. 탈락은 원래 북경어 구어의 특수한 언어 현상이지만, 사회가 발전하면서 북방방언을 통한 언어교류에서 의미가 허락하는 범위에서 탈락된 형식을 선택하는 경향이 나타난다. 탈락 현상이 구어에서 보편적인 이유는 언어의 경제성 원리에 부합하기 때문이다. 구어 색채가 농후한 명령문과 의문문에서 격표지가 자주 탈락되며, '把+O+V+L' 구문의 영향으로 명령문을 사용하는 장면이 의문문보다 훨씬 많다.

① 这不是逼着我把人民币砸手里么？
② 你把他搁哪儿？

② 你把书放这儿，那怎么行？

④ 你别把人家作者晾这儿，中午请人家吃一顿吧。

⑤ 把篮子搁凳子上。

⑥ 你把书扔床上！

위에서 ①～③은 의문문에 속하고, ④～⑥은 명령문에 속한다. '把+O+V+L'는 감탄문으로는 쓰이지 않는다. 감탄문에서 격표지가 탈락되는 예문은 발견되지 않았다. 문장 완결 성분의 측면에서, '把+O+V+L' 구문의 격표지 탈락 난이도는 다음과 같은 분포를 나타낸다.

명령문〉의문문〉평서문〉감탄문

언어 표현은 일반적으로 두 가지 결속을 받는다. 하나는 언어를 전면적이고 정확하게 표현하기 위해 형식과 의미 간에 도상성 추구이고, 다른 하나는 언어 표현에 효율성과 경제성 추구이다. 언어 표현에서 표지 모형은 좋은 해결 방안이다. 자주 쓰이는 무표지항은 형식에서 음성 간화 또는 음성 약화되기 때문에 언어의 도상성과 경제성 원칙을 모두 준수한다. '把+O+V+L' 구조에서 격표지 탈락 현상은 표지모형의 원리를 구현하고 있다.

2. 공간이동에서 주관적 참조 '來/去'의 인지·화용 규칙

현대중국어 공간범주는 방위체계, 범위체계, 위치체계의 세 가지로 이루어졌다. 공간이동은 어떤 물체가 다른 물체에서의 위치 변화를 가리킨다. 여기서 '다른 물체'는 문장에서 '참조위치'의 역할을 한다. 완전한 공간이동표현을 위해 출발점(A), 이동궤적(B), 종점(C)은 필수조건이다. 그런데 기점과 종점 개념만 있는 이동표현은 완전하지 않는 반면,

이동궤적만 있는 경우는 완전한 문장을 이룰 수 있다. 즉, 물체의 위치 이동을 나타내기 위해 A, B, C를 갖춰야 하지만, B는 단독으로 이동을 나타낼 수 있다는 것이다. 이동궤적은 이동의 방향을 나타내는데, 방향을 통해 물체가 공간에서 차지하는 위치와 참조위치 간의 관계를 살펴볼 수 있다.

문장에서 참조위치는 현저 또는 은폐된다. 문장에서 명시적 참조위치는 지시성을 지니고 있는 장소가 있다는 것을 의미하고, 은폐된 참조위치는 화자와 청자의 의식 속에 공통된 인식으로 존재한다.

① 从树上飘下来几片枯叶。
② 他来了。

①에서 '树上'은 명시적 참조위치이며, 물체 '几片枯叶'의 이동은 '树上'를 참조위치로 삼는다. ②는 명시적 참조위치가 없으며 '他来了'는 '他'가 화자가 발화시의 위치를 향해 이동한다는 것을 의미한다. 화자의 발화 위치는 은폐된 참조위치이며 문장에서 장소구로 표현하지 않고 '来'나 '去'를 통해 표현하였다. '来/去'로 표시된 참조위치는 구체적인 장소가 필요치 않기 때문에 이를 주관적 참조라고 부른다.

공간이동의 '来/去'가 나타낸 주관적 참고 기능에 관해서는 국내외의 다양한 논저에서 찾아볼 수 있다. 刘月华 외(1983)의 『实用现代汉语语法』에서 상세히 설명하고 있다. Fillmore(1966)는 come, go, bring, take류의 이동동사가 포함된 '공간 직시'(space deixis)의 의미를 논하였다. 기존의 논의를 고찰할 결과 다음과 같은 점을 보충해야 한다. ① '来/去'의 의사소통 기능에 관해서는 화용적 측면에서 논의되어야 한다. ② '来/去'에 내재된 민족성을 충분히 반영해야 한다. 화용적 측면에서 언어마다 '来/去'의 의미 차이가 있기 때문이다.

공간이동에서 주관적 참조인 '来/去'의 화용 의미는 세 가지 요소의 영향을 받는다. ① 공간이동의 물체와 화자의 관계, ② 발화시간과 공간이동 시간의 관계, ③ 화자와 청자의 관계이다. 본 절에서는 이와 관련해 논할 것이다. 먼저 '来/去'의 주관적 참조위치를 살펴본 후, '来/去'가 공간방향을 지시할 때의 규칙을 귀납하고 설명하기로 한다.

1) 실재위치와 가상위치

공간이동을 하는 물체와 화자의 관계에 근거해 '来/去'가 지시하는 참조위치는 실재위치와 가상위치로 나뉜다. 실재위치는 문장에서 공간이동의 물체와 화자 간에 실제적 변화 관계가 존재한다는 것을 의미한다.

> ① 他来了。
> ② 你去吧！
> ③ 从朋友那儿拿来一本书。

위에서 동작주체 또는 동작객체의 이동방향은 화자가 주관적으로 서술한 것이다. 따라서 화자가 처한 위치는 화자가 '来/去'를 선택하는 근거가 된다. ①은 화자와 행동주체인 '他'가 원래 마주보고 서있었으며 '来'가 시작된 후 동작주체 '他'가 화자의 방향으로 이동했음을 의미한다. ②는 화자가 행위주체 '你'와 원래 같은 방향을 향해 서있었으며 '去'가 시작된 후 동작주체가 화자와 멀어지는 방향으로 이동했음을 의미한다. ③에서 동작객체 '书'의 이동은 '从朋友那儿'에서 화자의 위치로 이동하며 이동방식 '拿'를 통해 표현된다. 이러한 문장에서 화자는 드러나지 않지만 화자는 명백히 존재하며, 실제로 문장에 참여한다. '他来了'는 '他向我走来了'로, '你去吧'는 '你离我去吧', '从朋友那儿拿来一本书'는 '一本书从朋友那儿给我拿来了'로 이해할 수 있다. 실제위치는 화자의 주관적 태도를 반영하며 화자가 문장에 출현하면 1인칭에 속하는 '我' 또는 '我们'으로 표현한다.

(1) 실재위치에서 나타난 "来/去"의 화용 의미

실재위치에서 '来/去'의 화용적 의미는 다음과 같다.

의미1 : '来/去'가 공간에서 어떤 물체가 화자를 향해 근접하거나 먼 이동을 한다는 것을 의미한다.

의미1을 통해 다음과 같은 규칙을 얻을 수 있다.

규칙1 : 의미1을 지닌 문장은 1인칭을 써서 화자의 위치, 즉 참조위치를 보충할 수 있다.

   A. 他来了。
     他们去了。
   B. 我来了。
     我们去了。

형식적 측면에서 A와 B의 차이는 인칭대사에 있다. 그런데 화자의 실재위치에도 차이가 있다. 만일 문장에 출현하지 않은 화자를 환원시키면 '我', '我们'이 된다. 1인칭 '我/我们'이 이동물체가 되는 문장과 3인칭 '他/他们'이 이동물체가 되는 문장에서 이동물체와 화자의 관계에는 차이가 있다. '他来了', '他们去了'에서 '他', '他们'의 이동방향은 화자 '我'의 위치를 근거로 표현한 것이다. '我来了', '我们去了'에서 '我', '我们'의 이동방향 역시 화자 '我'의 위치에 근거한 것이다. 여기서 '我/我们'은 화자 '我'와 동시에 존재하며 서로 영향을 미치기 때문에 모순이 발생한다. 따라서 '我来了', '我们去了'가 의미1을 지닌 경우 적격하지 않다. 1인칭으로 이루어진 공간이동을 나타내는 경우 문장에 기점이나 종점을 명확하게 나타낼 수 있는 낱말을 부가해야 한다.

④ 我从北京来。
⑤ 我们到北京去。

위의 방식은 '来/去'가 지시한 화자의 위치를 나타낸다. ④에서 화자는 '北京'의 기점과 마주한 종점 위치에 있다. 3인칭으로 이루어진 문장은 이처럼 특수한 문맥이 없어도 자연스럽다. 따라서 의미1은 다음과 같은 규칙도 얻을 수 있다.

규칙2 : 의미1을 지닌 문장은 이동물체를 1인칭으로 나타낼 수 없다.

(2) 가상위치에서 나타난 "来/去"의 화용 의미

공간이동을 하는 물체와 화자 간에 의존관계가 없을 경우 '来/去'가 나타내는 물체이동 방향은 화자의 가상장소를 근거로 삼는다.

⑥ 成岗看到, 许石峰......迈步向楼下走去。
⑦ 王芹芹从遥远的北疆为旦旦带来一张贺年卡。
⑧ 通往县城的大路上走来了一老一少两个人。
⑨ 孟庄水面上漂来了许多上游村庄人们使用的物品, 让人看了心酸。

위에서 동작주체나 동작객체의 이동방향은 화자의 객관적 서술이다. 문장에서 이동물체와 화자 간에 가상의 의존관계가 존재한다. 이는 가상위치이며, 이는 두 가지로 나뉜다.

하나는, 화자가 문장에 참여하고 문장에서 3인칭으로 출현한 어떤 인물과 같은 위치에 있음을 가정한 것이다. ⑥, ⑦이 이에 속한다. ⑥에서 화자는 자신의 위치를 许石峰이 있는 위치에 설정하였다. 许石峰은 원래 위층에 있었는데 그 위치는 참조위치이다. '向楼下走去'는 许石峰가 원래 있던 위치에서 벗어났음을 나타낸다. 이를 다음과 같이 수정할 수 있다.

成岗看到, 许石峰……迈步向楼下走来。

화자는 자신의 위치를 成岗이 있는 아래층으로 설정하였다. '许石峰向楼下走来'는 成岗이 있는 위치로 이동한다는 의미이며 '成岗'은 참조위치이다. 마찬가지로 '王芹芹从遥远的北疆为旦旦带来一张贺年卡'에서 화자의 위치는 '旦旦'과 동일하며, '贺年卡'는 '旦旦'을 향해 이동하며 시간이 흐름에 따라 '旦旦'과 점차 가까워진다. 반면, '王芹芹从遥远的北疆为旦旦带去一张贺年卡'에서 화자의 위치는 '王芹芹'과 동일하며 '贺年卡'는 '王芹芹'과 반대 방향으로 이동하므로 '王芹芹'과 점점 멀어진다. '旦旦'과 '王芹芹'의 위치는 '来'와 '去'가 참여한 참조위치이다.

다른 하나는, 화자는 문장에서 언급한 장소에 있음으로 가정한 것이다. ⑧, ⑨가 이에 속한다. '通往县城的大路上走来了一老一少两个人', '县城', '一老一少两个人', '孟庄水面上漂来了许多上游庄人们使用的物品'에서 화자는 자신의 위치를 '孟庄的水面上'으로 설정했으며, '许多上游村庄人们使用的物品'은 '孟庄的水面上', 즉 화자의 방향을 향해 이동한다. '县城'과 '孟庄的水面上'은 참조위치이다. 가상위치는 가까워짐을 나타내는 '来'가 주로 쓰이고 멀어짐을 나타내는 '去'는 드물게 쓰인다.

가상위치는 '来/去'의 첫 번째 화용적 의미를 나타낸다.

의미2: '来/去'가 공간에서 어떤 물체가 화자의 가상위치를 향해 가까운 방향으로의 이동이나 먼 방향으로의 이동을 한다는 것을 의미한다.

의미2를 통해 다음과 같은 규칙을 얻을 수 있다.

규칙3 : 의미2를 가진 문장에서 이동물체는 객관적 제3인칭으로 표시
한다.

규칙4 : 의미2를 가진 문장에서 1인칭으로 참조위치를 표시하지 않
고, 참조위치는 보통 문장에서 출현한 기타 이동하지 않은
물체가 담당한다.

2) 현재위치와 먼 위치

① 明天你到我家去。
② 明天你到我家来。

①에서 화자의 위치는 '我家'가 아니다. '去', '我家'는 '你'가 화자와
반대되는 방향 '我家'로 향해 이동한다는 것을 의미한다. ②에서 화자의
위치는 두 가지 가능성이 있다. 하나는 '我家'에 있고, '你'는 화자의 위
치를 향해 '我家'로 올 것이라는 의미이다. 다른 하나는 화자의 위치는
'我家'가 아니고 '我家' 외의 다른 곳에 있다는 것을 의미한다. 여기서
'来'를 쓰면 화자가 자신의 위치를 '明天'이라는 시간으로 한정시킨다는
것을 의미한다. 즉 '到我家'라는 동작을 완료한 후 화자의 위치이다. 이
로부터, 두 예문에서 '来'와 '去'에 대한 이해는 시간요소와 관련된다는
것을 알 수 있다. 화자가 발화시간이 현재이고 그 당시 화자가 처한 위
치를 '현재위치'라고 부른다. 반면, 화자의 발화시간이 이후에 발생하고,
그 이후에 화자가 처한 위치를 '먼 위치'라고 부른다. 이는 화자의 발화
시간과 공간이동시간의 다르다는 것에 근거해 생성된 두 가지 위치이
다. 현재위치와 먼 위치에서 '来/去'가 공간이동을 나타내는 의미를 다
음과 같이 정리할 수 있다.

의미3 : '来/去'는 공간에서 어떤 물체가 화자의 위치에 가까워지거나

먼 방향으로 이동하는 것을 나타낸다.

의미4 : '来/去'는 공간에서 어떤 물체가 화자의 참고시점에 있는 위치의 방향에 가까워지거나 먼 방향으로 이동하는 것을 나타낸다.

(1) 현재위치를 나타내는 "来/去"의 화용적 의미

먼저 '我来了', '我们去了'를 살펴보자. 의미1을 지니는 경우 두 문장은 성립하지 않는 반면, 의미3을 지니는 경우 모두 성립한다. 그 이유는 '来/去'의 화용적 의미에 시간 요소를 첨가했기 때문이다. '我来了'는 '我来(到这儿)了'로 이해할 수 있으며, '这儿'은 화자가 발화시 처한 위치이다. 화자는 '这儿'까지 이동한 후 이동을 종료하였다. '我们去了'는 '我们(离这儿)去了', '我们去(那儿)了'로 이해할 수 있으며, 화자의 위치는 '那儿'가 아니라 '这儿'이다. 이는 화자의 이동이 '这儿'로부터 시작되었음을 의미한다. 의미3을 통해 아래와 같은 규칙을 얻을 수 있다.

규칙5 : 의미3을 지닌 문장에서 '来'는 일반적으로 이동의 종점과 관련되며, '去'는 이동의 기점과 관련된다.

규칙5에 따르면 '他来了'에서 화자의 위치는 '他'가 이동한 종점이 되고, '他去北京了'에서 '北京'은 '他'가 이동한 종점이며 화자의 위치는 '他'가 이동한 기점이다.

    A. 我来北京了。
       他来北京了。
    B. 我去北京了。
       他去北京了。

A에서 화자의 발화 위치는 '北京'이며 물체 '我'와 '他'는 '来北京'으로 이동을 마쳤다. 반면, B에서 화자의 발화위치는 北京이 아니지만 '去北京'으로 이동을 마쳤는지에 따라 두 문장의 의미는 달라진다. '我去北京了'는 '去北京'으로 이동은 완료되었으며, 이는 다음과 같은 문맥에서만 성립된다. 즉, '我去北京了, 你们在家注意安全'이다. 이 경우 화자의 발화 위치는 '家'이며 '去北京'로의 이동은 아직 시작하지 않았다. '他去北京了'에서 '去北京'로의 이동은 여전히 미완료일 가능성도 있다. '他去北京了, 现在可能要到了' 또는 '他去北京了, 三天前就去了' 가 이에 속한다.

따라서 다음과 같은 규칙을 얻을 수 있다.

규칙6 : 의미3을 지닌 문장에서 이동물체가 1인칭일 때 '来'는 물체의 이동이 종료되었음을 의미하고, '去'는 이동이 종료되지 않았음을 의미한다.

(2) 먼 위치에서 나타난 '来/去'의 화용적 의미

    A. 昨天我去北京了。
       今天我去北京。
       明天我去北京。
    B. 明天我来北京。

A에서 시간사가 과거를 나타내든 현재 또는 미래를 나타내든 화자의 위치를 발화 시점에 고정시킬 수 있다. 그러나 '明天我来北京'에서 화자는 자신의 위치를 '明天'의 참조시간으로 설정했으며 '明天'에 '北京'에 있을 것으로 예상하고 '来北京'이라고 발화한 것이다.

주목할 만한 것은 '明天我来北京'과 같은 문장은 대화 문맥에서만 성립한다는 것이다. 예컨대, 베이징에 있는 지인과 통화하는 상황에서 출현할 수 있다. 청자가 결여되어 있거나 청자가 이 일과 관련이 없는 상황에서 '明天我来北京'과 문장은 출현할 수 없다. 다시 말해서, 먼 위치를 나타낼 때 언어환경에 의존해야 한다. 예를 들어, '明天你到我家来'에서 화자와 청자의 대화는 '我家'에서 이루어지지 않을 수도 있지만, 청자 '你'는 화자 '我'가 '明天' 처할 위치를 청자의 이동방향의 참조점을 삼은 것을 알고 있어야 한다. 만일 이와 같은 언어환경을 벗어나면 위의 의미를 전달하기 어렵다. 따라서 의미4에서 다음과 같은 규칙들을 얻을 수 있다.

> **규칙7** : 의미4를 지닌 문장에서 중국어의 습관에 따라 오로지 '来'로만 먼 위치를 나타내고, '去'는 먼 위치를 나타내지 않는다.
>
> **규칙8** : 의미4를 지닌 문장은 일반적으로 언어환경이 존재한다.
>
> **규칙9** : 의미4를 지닌 문장에서는 미래 시간을 나타내는 어휘가 빈번하게 출현한다.

(3) 문장에서 '来'가 나타내는 먼 위치의 두 가지 표현 방식

문장에서 장소사를 써서 어떤 참조시간에 화자가 처한 위치를 나타낼 수 있다. 예를 들어, '明天我来北京'에서 '北京'이 그러하고, '明天你到我家来'에서 '我家'가 그러하다. 이러한 위치는 '먼 위치'라고 불린다.

먼 위치를 나타내는 문장에서 '来' 뒤에 반드시 장소구를 부가해야 하는 것은 아니다. 예를 들어, '我家', '北京' 등 뒤에 장소사를 부가하지 않을 수 있다.

② 请你明天过来。

동작주체 '你'는 '明天'에 화자가 처한 위치로 이동한다. 그러나 화자가 처한 위치는 화자와 청자의 의사소통이 이루어졌을 때 처한 위치일 수도 있고, 그렇지 않을 수도 있다. 예를 들어, 화자가 '阅览室'에서 '明天过来'라고 발화했다면 청자에게 내일 '阅览室'로 오라는 것일 수 있으며, 이 경우 '来'는 발화 당시의 위치이다. 또는 화자는 청자에게 내일 자신이 자주 있는 곳, 예컨대 사무실, 숙소 등으로 가라고 했을 수도 있는데 이때의 '来'는 먼 위치를 나타낸다. 이러한 먼 위치는 문장에서 전문적인 장소 지시사로 나타내지 않기 때문에 청자와 화자의 배경지식 속에 존재한다. 따라서 '배경의 먼 위치'라고도 불린다.

3) 자신의 위치 와 타인의 위치

(1) 자신의 위치와 타인의 위치를 나타내는 '来/去'의 화용적 의미

위에서 '我来了'와 같은 문장에 대해 살펴보았다. 의미3을 나타낼 때 이러한 문장은 '我来(这儿)了'로 이해할 수 있으며, '这儿'은 화자가 발화시의 위치이다. 그러나 다음과 같은 언어환경에 출현하는 문장 역시 성립할 수 있다.

① 甲：明天咱们见个面吧。在你家还是在我家？
   乙：我来吧，你在家呆着就是了。
② 甲：(在门外)老张，你的电话！
   乙：来了，来了，我马上就来。

①에서 '我来吧'는 의미3이 아니라, '我来(你那儿)吧'로만 이해할 수 있다. '你那儿'은 화자가 발화시 처한 위치가 아니라 청자가 처한 위치이다. ②에서 '我马上就来'에서 '来'의 이동은 화자의 방향을 향해 진행한 것이 아니라 청자가 있는 위치로 향해 이동한 것이다. 청자가 있는

위치는 '门外'가 아니라 '甲'이 대화하기 전에 처해있던 '电话边'이다. 따라서 '我来了'에서 '来'는 화자의 방향으로 이동함 또는 청자의 방향으로 이동함으로 이해할 수 있다. 전자를 '자신의 위치'라고 부르기로 하고, 후자를 '타인의 위치'라고 부르기로 하자. 자신의 위치와 타인의 위치는 화자와 청자의 관계를 설명해주기 때문에 '来/去'는 다음과 같은 화용적 의미를 나타낼 수 있다.

> 의미5 : '来/去'는 공간에서 어떤 물체가 청자가 발화내용을 들었을 때 처한 위치로 향하거나 또는 발화내용을 듣지 않았을 때 처한 위치를 향해 가까이 이동하거나 멀리 이동한다는 것을 나타낸다.

사실상 위의 설명은 모순되는 것처럼 보인다. '我来那儿了'에서 화자는 어떻게 '来'를 사용해 먼 방향의 이동을 나타낼 수 있는가? 이러한 용법은 화용론적 측면의 '예의의 관점 이동' 규칙으로 이해할 수 있다. 즉, 화자는 자신을 참조점을 삼지 않고 청자가 있는 위치로 참조점을 전이시킴으로써 '我去'대신 '我来'로 써서 상대방을 존중하는 화법을 사용한 것이다(何兆熊 1989).

의미5를 통해 다음과 같은 규칙을 얻을 수 있다.

> 규칙10 : 의미5를 지닌 문장에서 이동의 물체는 통상적으로 제1인칭으로 나타낸다.

> 규칙11 : 의미5를 지닌 문장은 언어환경이 존재한다.

(2) 이동 물체가 1인칭인 경우

③ 我们一起来吧。

위에서 '我们'은 개체가 아니라 집단을 의미한다. 하지만 여기서 '我们'은 반드시 청자를 포함하지는 않는다. '来'는 화자를 대표하는 집단이 청자가 처한 위치를 향해 가까이 이동한다는 사실을 나타낸다.

    ④ *咱们一起来吧！
    ⑤ 咱们一起去吧！

④가 성립되지 않은 이유는 '咱们'에 청자를 포함시켰기 때문이다. 이처럼 '咱们'이 대표하는 집단이 '来/去'에 대한 이해를 하는데 모순을 초래시킬 수 있다. 화자는 관점이동의 방법을 사용하는 반면, 청자의 입장에서 '来'는 비관점 이동을 사용한다. ⑤에서 '咱们'은 청자를 포함하지만, 화자가 비관점 이동의 방법을 사용하였기 때문에 청자의 이해와 완전히 일치한다. 이는 화자가 청자로 하여금 자신과 같은 입장에서, 화자의 발화시 위치를 기준으로 '去'의 이동방향을 이해하도록 했을 것이다. 또는 각자 자신의 입장에서 발화 또는 청취했을 때 처한 위치를 기준으로 '去'의 이동방향을 이해하도록 했을 것이다. '去'는 화자나 청자의 입장에서 보면, 그들이 처한 위치해서 멀리 이동함을 나타낸다. 따라서 ⑤는 성립된다.

따라서 규칙10에 대해 다음과 같이 수정을 해야 한다.

규칙10 : 의미5를 지닌 문장에서 이동의 물체는 통상적으로 1인칭으로 나타내는 반면, '咱们'을 사용할 수 없다.

만일 '来/去'를 동태위치를 나타내는 공간지시어로 간주한다면 '这儿/那儿'은 정태위치를 나타내는 공간지시어로 볼 수 있다. 화자의 발화위치를 기준으로, '这儿'은 화자의 위치에 근거해 근접지시의 의미를 지니고 있는 반면, '那儿'은 원접지시의 의미를 지니고 있다. 따라서 화자의 입장에서, '来'는 '这儿'과 연결하고, '去'는 '那儿'과 연결하는 것이다. '我来这儿了'와 '我去那儿了'는 화자의 발화 위치를 기준으로 동태를 나타내는 '来/去'와 정태를 나타내는 '这儿/那儿'과 공기한다. 의미 5를 나타내는 문장은 청자가 발화내용을 들었을 때의 위치를 기준으로 삼기 때문에 '来/去'와 '这儿/那儿'의 공기는 위에서 제시한 규칙과 상반된다.

이에 따라 다음과 같은 규칙을 얻을 수 있다.

규칙12 : 의미5를 지닌 문장에서 '来'는 '那儿'와 공기할 수 있고, '去'는 '这儿'과 공기할 수 있다.

규칙12를 통해 '来/去' 외에 '这儿/那儿' 역시 관점 전이 방식이 있음을 알 수 있다. 즉, 문장에서 '这儿/那儿'을 써서 공간에서 어떤 물체가 처한 '타인의 위치'를 나타낼 수 있다. 다음에서 아래의 예문을 재차 살펴보자.

⑥ 我来你这儿吧！
⑦ 我来你那儿吧！
⑧ 我去你这儿吧！
⑨ 我去你那儿吧！

공간에서 물체 '我'가 이동할 때 ⑥의 '来'와 '这儿'은 모두 청자의 위치를 기준으로 삼았으며, '来'가 나타내는 위치는 '전체 타인위치'로 불린다. ⑦의 '来'는 청자의 위치를 기준으로 삼았으며, '那儿'은 화자의 위치를 기준으로 삼았기 때문에 '来'가 나타내는 위치는 '반타인위치'라고 불린다. ⑧의 '去'는 화자의 위치를 기준으로 삼은 반면, '这儿'은 청자의 위치를 기준으로 삼았기 때문에 '去'가 나타내는 위치는 '반 자신위치'라고 불린다. ⑨의 '去'와 '那儿'은 화자의 위치를 기준으로 삼았기 때문에 '去'가 나타내는 위치는 '전체 자신위치'라고 불린다. 위의 상황을 〈표 4-1〉으로 나타낼 수 있다.

〈표 4-1〉

	"来/去"관점 전환 용법	"来/去"관점 전환 용법	"来/去"가 표시한 위치
"来"+"这儿"	+	+	전 타인위치
"来"+"那儿"	+	-	반 타인위치
"去"+"这儿"	-	+	반 자신위치
"去"+"那儿"	-	-	전 자신위치

따라서, 규칙12는 '반 타인의 위치'와 '반 자신위치'에 관한 규칙이다. 일반적인 맥락적 상황에서 '我来那儿'와 '我去这儿'의 용법이 드물고, 주로 '这儿/那儿'의 앞에 '你'를 첨가해 상대방을 존중하는 의미를 명확하게 한다. '전체 자신위치'를 나타내는 문장 외에 기타 세 가지 방식은 만일 '你'를 첨가하지 않으면 '这儿/那儿'의 '손짓 용법(gestural use)'만을 사용할 수 있다. 화자가 손짓으로 청자에게 자신이 위치를 지시했을 때 이러한 방식으로 의사소통이 이루어진다.

(3) 이동의 물체가 3인칭인 문장

'他来这儿了'는 중의성을 지닌다. '这儿'이 만일 화자가 처한 위치를 가리키면 '来'는 의미1을 나타낸다. 만일 청자의 위치를 가리키면 '来'는 일종의 '관점 전이' 용법이며 의미5를 나타낸다. 이러한 중의성을 피하기 위해 문장에서 '这儿'은 구체적인 장소사로 나타낸다.

⑩ 他已经来你家了。
⑪ 他来办公室找你了。

위의 문장은 상황적 맥락이 필요하다. '他'는 '我'와 '你'가 대화를 했을 때 언급한 제3자로, '가상위치'의 제3자가 아니라 '실재위치'의 제3자이다. ⑩에서 '你家'는 청자가 이야기를 들었을 때 처한 위치이며, 화자는 '你家'에 있거나 없을 수 있다. ⑪에서 '办公室'은 청자가 자주 출현하는 장소로 청자가 들었을 때와 화자가 발화했을 때 그들 모두 '办公室'에 있거나 없을 수 있다. 따라서 '来/去'가 의미 표시할 때 다음과 같은 규칙을 추가할 수 있다.

규칙13: 의미5를 지닌 문장에서 이동의 물체는 어떤 경우 제3인칭으로 표시하고 문장에서 '来/去'이동 방향을 지시하는 장소사가 분명히 존재한다.

(4) 결론

위에서 논의한 '来/去'가 표시한 주관적 참조위치를 다음과 같이 〈표 4-2〉로 정리한다.

〈표 4-2〉

분류 기준	주 참조 위치 명칭		예문
공간 이동의 물체가 화자와의 관계에 근거	실제 위치		他来了。
	가상 위치	화자가 문장에서의 인물과 같은 위치에 처함	许云峰……向楼下走来。
		화자가 자신의 위치를 문장에서 제시한 어떤 장소에 설정함	通往县城的大路上走来一老一少两个人。
발화 시간과 공간 이동 시간의 관계에 근거	현재 위치		他来了。/许云峰……向楼下走来。
	먼 위치	문장에서 먼 위치	明天你到我家来。
		배경 먼 위치	请你明天过来。

분류 기준	주 참조 위치 명칭		예문
화자와 청자의 관계에 근거	자신의 위치	전체 자신의 위치	他来了。/我去你那儿。
		반 자신의 위치	我去你这儿。
	타인의 위치	전체 타인의 위치	我来你这儿。
		반 타인의 위치	我来你那儿。

〈표 4-2〉는 서로 다른 참조위치 간에 복잡한 대립 교차 관계가 존재함을 반영한다.

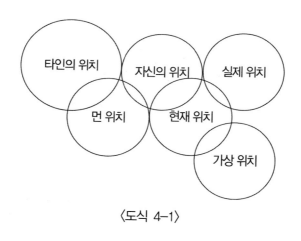

〈도식 4-1〉

'중국어 '来'와 '去'가 이동동사로 쓰일 때 영어의 come와 go만큼 복잡하지 않다'(何自然 1988)라는 견해에는 문제가 있다. 중국어 '来/去'가 물체의 이동을 나타낼 때 지시 기능은 매우 복잡하다. 위에서 언급한 규칙 외에 더 많은 규칙이 필요하기 때문이다. 중국어 '来/去'와 영어의 come/go의 비교를 통해 '来/去'의 화용적 의미를 전면적으로 이해할 필요가 있다.

3. 공간 이동 중 객관 참조인 'P+N'의 화용 의미

위에서 공간이동에서 주관적 참조인 '来/去'의 화용적 의미에 대해 논하였다. '来/去'가 은폐된 참조위치인 이유는 문장에서 전문적인 장소 사가 반드시 존재해야 할 필요가 없기 때문이다. 이를 주관적 참조라고 한다. 명시적 참조위치는 이러한 참조위치는 문장에는 전문적으로 쓰이 는 장소사가 있어야 한다. 이를 객관적 참조점라고 한다.

A. 一行字在<u>黑板</u>上写着。
　　他在<u>火车</u>上遇见朋友。
　　火车从<u>北京</u>开来。
　　火车开向<u>北京</u>。

B. 一帮人挤上<u>火车</u>。
　　小王急忙跳下<u>汽车</u>。
　　老师走进<u>教室</u>。
　　金丝鸟飞出<u>牢笼</u>。

위의 예문에서 밑줄 친 부분은 장소를 나타내며 명시적 참조위치이 다. '火车从北京开来'에서 물체 '火车'의 이동은 '北京'을 참조점으로 삼 았다. '一帮人挤上火车'에서 물체 '一帮人'의 이동은 '火车'를 참조점으 로 삼았다. A와 B의 장소구의 위치는 다르다. A는 개사 뒤에 B는 방향동 사의 뒤에 있다. 따라서 명시적 참조위치를 나타내는 장소구는 '개사+ 장소구' 또는 '동사+방향동사+장소구'의 두 가지 구조에서 출현할 수 있다. 본 절에서 논의되는 객관적 참조는 주로 A류이다. B류의 객관적 참조는 다음 절에서 살펴보기로 한다. '개사+장소구'는 P+N으로, '동사 +방향동사+장소사'는 D+Q+M으로 표기하기로 한다.

Fillmore의 격문법에 의하면, 중국어 개사의 '격 부여'기능에 대한 인식은 일치한 것으로 보인다. 즉, 중국어에서 어떤 '격'은 개사의 표지로 볼 수 있고, 대부분의 학자가 언급한 장소격, 즉 P+N은 공간 장소를 지시하는 기능이 있다. 참조위치의 문제에 관해 일부 학자는 공간의 위치 확정은 P+N 구조를 사용할 수 있다고 주장했으며, P는 주로 '在, 从, 到, 向'등의 개사가 담당한다고 하였다. 본 절은 기존의 연구 성과를 바탕으로 공간체계의 측면에서 출발해 화용 범위에서 P+N이 공간이동에서 가지는 객관적 참조위치를 나타내는 기능을 살펴보기로 한다. 본 절에서는 '명사+'P+N'+동사'를 공간위치를 나타내는 보편적 구조로 간주해 이를 살펴보기로 한다. P+N이 기타 위치에 처하거나 공간위치를 반영하는 보편적이지 않은 구조에 대해서는 논하지 않는다.

공간이동에서 객관적 참조인 P+N이 나타내는 화용적 의미는 다음과 같은 요소의 영향을 받는다. ① 공간이동 물체와 참조위치 간의 관계, ② 공간이동 물체와 이동 장소의 관계, ③ 공간이동 물체와 이동 방식의 관계. 본 절에서는 위의 세 가지를 위주로 살펴보기로 한다. P+N이 나타내는 객관적 참조 위치를 고찰한 후, 현대중국어에서 P+N이 공간위치를 지시할 때 나타내는 규칙에 대해 규명하기로 한다. 여기서의 '물체'는 광의의 '물체'이며 유생물과 무생물을 모두 포함한다.

1) 정태위치와 동태위치

하나의 물체가 공간에서 차지하는 위치는 그 물체 자체가 공간에서 차지하는 하나의 점 외에 참조위치의 확정 여부에도 달려 있다. 상대적으로 정지된 물체이든 절대 운동하는 물체이든 그들이 차지하는 위치는 또 다른 참조 물체의 위치와의 관계에 달려 있기 때문이다. 예를 들어, '一本书在桌子上放着'에서 '书'의 위치는 '桌子'라는 참조위치와 상대적이며, '火车向北京开去'에서 '火车'의 이동은 참조물 '北京'을 향한다. 따라서 '书'와 '火车'가 차지하는 공간위치는 동일하지 않다. '书'가 차지한 위치는 참조물인 '桌子'에 있어서 정지해 있으며, '火车'는 참조물인 '北京'을 향해 운동한다. 이처럼 물체가 차지하는 위치에 따라 정태위치와 동태위치로 나뉜다.

(1) 정태위치에서 나타난 'P+N'의 화용적 의미
　의미1 : P+N은 공간에서 어떤 물체가 이 위치에서 정지 상태로 존재
　　　　　함을 의미한다.
　개사 '在'는 장소를 나타내며 동사 앞에 쓰였을 때 동작의 발생장소 또는 사물의 존재장소를 가리키며, 의미1을 통해 다음과 같은 규칙을 얻을 수 있다.
　규칙1 : 의미1을 지닌 구문에서 P는 주로 '在'가 쓰인다.

　　A.　一行字在黑板上写着。
　　　　一个人在沙发上坐着。
　　　　纽扣在袖口上钉着。
　　B.　＊　一行字在黑板上写。
　　　　＊　一个人在沙发上坐。
　　　　＊　纽扣在袖口上钉。

　A는 성립하는 반면, B는 그렇지 못하다. '黑板上'의 '一行字', '沙发上'의 '一个人'와 '袖口上'의 '纽扣'는 상태적 존재에 있으며, 상태성은 동사 뒤에 '着'를 통해 나타난다. 다시 말해서, 동사 뒤에 '着'를 부가하면 B 역시 성립할 수 있다. 이를 통해 규칙2를 얻을 수 있다.
　규칙2 : 의미1을 지닌 구문에 동사 뒤에 반드시 조사 '着'를 부가해야

한다.

동사 뒤에 조사 '着'를 부가한 문장이 모두 의미1을 지니는지를 다음의 C와 A의 비교를 통해 살펴보자.

　C. 一群人在路上走着。
　　　许多污水在水沟里流着。
　　　一只白鸽在天空中飞着。

A와 C는 동일한 구조이지만 내포된 의미구조 관계는 차이가 있다.

　一行字在黑板上写着→ 黑板上写着一行字→*黑板上有一行字在写着
　纽扣在袖口上钉着→袖口上钉着纽扣→*袖口上有纽扣在钉着
　一群人在路上走着→ 路上走着一群人→路上有一群人在走着
　许多污水在水沟里流着→ 水沟里流着许多污水→水沟里有许多污水在流着

변환식의 차이는 A류와 C류의 동사가 다르다는 것을 의미한다. A류의 동사는 [-동작] [+상태] [+부착]의 의미특징을 지니고 있는 반면, C류의 동사는 [+동작] [+이동] [-상태] [-부착]의 의미특징을 지니고 있다. 따라서 만약 A류가 의미1을 나타내는 반면, C류는 의미1을 나타낸다고 할 수 없다.

규칙3 : 의미1을 지닌 문장은 동사가 반드시 [-동작] [+상태] [+부착] 의 의미특징을 지니고 있다.

물체의 이동에는 공간과 시간의 변화가 수반된다. 시간운동 개념을 도입하면, A류와 C류의 차이에 관한 이론적 근거를 찾을 수 있다. 시간변화를 횡적 X축으로, 공간변화를 종적 Y축으로 설정해 보자. 정태위치를 차지하는 물체의 운동은 공간축에서 시작상태에 있기 때문에 '0'으로 표시된다. 시간축의 운동은 '0'이나 '1'로 표시된다. '0'을 초과한 어떤 운동 상태는 모두 '1'로 표시할 수 있다. A류의 문장은 시간축과 공간축에서 모두 시작단계를 나타내며, (0, 0)로 표시한다. C류의 문장은 (1, 0)으로 표시된다. 만일 (0, 0)을 절대적 정태위치로 본다면 (1, 0)는 상대적 정태위치에 속한다.

C류 동사는 이동동사이며, 공간위치에서의 이동성은 이동동사 뒤에 쓰인 '着'의 기능이 약화됨에 따라 동작지속으로 변화해 하나의 위치점에 머물게 된다. 넓은 의미에서 '점, 선, 면, 체적' 등의 다양한 형태를 포함한다. C류의 구문 역시 정태위치를 나타낼 수 있으며 P+N이 나타내는 또 다른 화용적 의미를 얻을 수 있다.

의미2 : P+N은 공간에서의 어떤 물체가 이 위치에서 시간축의 운동만 하고 공간축에서 시작 단계에 처해 있음을 의미한다. 따라서 규칙4를 얻을 수 있다.

규칙4 : 의미2를 지닌 문장은 동사가 [+동작] [+이동] [-상태] [-부착]의 의미특징을 지닌다.

(2) 동태위치에서 나타난 P+N의 화용적 의미

현대중국어 공간위치체계에서 물체이동을 나타내기 위해 두 가지 조건이 필요하다. 하나는 이동의 기점과 종점이 있어야 하며 형식적으로 기점과 종점은 개사 '从, 到, 向'와 장소사가 결합해서 나타낸다. 다른 하나는 이동방향이 있어야 하며 형식적으로 동사 뒤에 방향동사 '来/去', '上/下', '进/出' 등을 쓰거나, '来/去' '上/下', '进/出'로 직접 표시하거나, 일부 이동동사로 나타낼 수 있다. 이동의 물체가 차지하는 위치는 동태위치이다.

A. 一群人在路上走着。

許多污水在水沟里流着。
一只白鸽在天空中飞着。
B. 一群人从前面走来。
許多污水沿着水沟里流去。
一只白鸽向天上飞去。

A에서 밑줄 친 부분은 물체이고, 물체가 차지한 위치는 정태위치이다. B에서 밑줄 친 부분은 물체인데, 물체가 공간에서 이동하게 되며 차지하는 위치는 동태위치이다. 체계기능 문법이론에 따르면, 물질 구조의 실체는 정지된 시·공간 관계에서 실제일 수도 있고, 변화의 시·공간 관계에서 실체일 수도 있다. [변화]의 의미특징에서 살펴보면, A는 정태로 간주되며 [-변화]의 의미특징을 지닌다. B는 [+변화]의 의미특징을 지니고 있다. 따라서 다음과 같이 정리할 수 있다.

의미3 : P+N은 공간의 어떤 물체가 이 위치에서 참조위치에 근거해 방향을 지니고 이동한다는 것을 의미한다.

규칙5 : 의미3을 지닌 구문에서 동사는 [+이동]의 의미특징을 지니고 있다.

2) 기점위치, 종점위치 및 경유위치

B의 구문은 동태위치를 나타내지만, 물체와 장소의 관계를 고려했을 때 세 구문의 동태위치는 차이가 있다. 이러한 차이는 물체 공간관계의 변화를 반영한다. 물체의 공간관계의 변화 과정은 기점에서 시작해 경유 위치를 거쳐 종점에서 마친다. 따라서 의미3을 바탕으로 다음과 같이 정리할 수 있다.

의미4 : P+N은 공간의 어떤 물체의 이동이 이 위치로부터 시작되었음을 의미한다.

의미5 : P+N은 공간의 어떤 물체의 이동은 반드시 이 위치를 경유한
다는 것을 의미한다.

의미6 : P+N은 공간의 어떤 물체의 이동은 이 위치에서 종료됨을
의미한다.

따라서 다음과 같은 규칙을 얻을 수 있다.

규칙6 : 의미4를 지닌 구문에서 P는 주로 '从, 自, 打'등이 쓰인다.

규칙7 : 의미5를 지닌 구문에서 P는 주로 '沿着, 顺着, 围着'등이
쓰인다.

규칙8 : 의미6을 지닌 구문에서 P는 주로 '向, 朝, 往, 到'등이 쓰인다.

다음의 예문을 통해 기점과 종점 위치를 살펴보자.

  A. 那些鸟都从笼子里飞去了。
     一群人从前面走来。
     火车自北京开来。
  B. 小王从汽车里跳下来。
     25军从包围圈里逃出来了。
     乘客自车厢里涌下来。

통사구조를 분석하면 위의 용례에서 이동한 물체는 주어에 위치하는
데 다음과 같이 구조를 변화시킬 수 있다.

    那些鸟都从笼子里飞去了 →笼子里的那些鸟都飞去了
    25军从包围圈里逃出来了 →包围圈里的25军逃出来了
    乘客自车厢里涌下来 →车厢里的乘客涌下来

따라서 다음과 같은 규칙을 얻을 수 있다.

규칙9 : 의미4를 지닌 구문에서 주어 위치의 물체가 이동시키는 동사
는 [+이동]의 의미특징을 지닌다.

B류의 문장은 다음과 같이 변환시킬 수 있다.

小王从汽车里跳下来→小王跳下汽车→*小王从汽车里跳下

25军从包围圈里逃出来→25军逃出包围圈→*25军从包围圈里逃出

乘客自车厢里涌下来→乘客涌下车厢→*乘客自车厢里涌下

변환식과 원문을 비교하면 다음과 같이 발견할 수 있다.

1) 변환식에 P+N이 없으며, P가 소실되고, N 뒤의 방위명사가 탈락
된다. 그러나 원문에서 P+N은 보류되어야 한다.

2) 변환식의 '来/去'는 생략할 수 있는 반면, 원래 문장은 그렇지 않다.
따라서 규칙9는 다음과 같이 수정해야 한다.

규칙9 : 의미4를 지닌 구문은 주어 위치의 물체를 이동시키는 동사는
[+이동]의 의미특징을 지니고 있으며, 동사 뒤의 '来/去'는 생
략할 수 없다.

① 李华从家里扔出去好多东西。
② 王芹芹从遥远的北疆寄来一张贺年卡。
③ 老王从南方捎来一封信。

위에서 주어는 공간이동을 하지 않는다. ①에서 '好多东西'는 위치이
동을 했으며, '李华'는 위치이동을 하지 않았다. '好多东西'의 이동은
'家里'의 위치에서 시작된다. ②, ③에서 '一张贺年卡'와 '一封信'이 위
치이동을 했으며, '王芹芹'과 '老王'은 위치이동을 하지 않았다. 위의 동
사를 고찰하면 다음과 같은 사실을 확인할 수 있다. 어떤 경우 동사 자
체는 [+이동]의 의미특징을 지니고 있는데 '扔'이 그러하다. 어떤 동사

는 [+이동]의 의미특징을 지니지 않는데 '寄' '捎' 등이 그러하다. '寄',
'捎'와 같은 동사의 이동성은 동사 뒤의 '来/去'에 의존한다.

위의 예문은 다음과 같이 변환할 수 있다.

王芹芹从遥远的北疆寄来一张贺年卡➝王芹芹从遥远的北疆寄一张贺年卡来
老王从南方捎来一封信➝老王从南方捎一封信来

따라서 동사+'来/去'라는 구조는 [+이동]의 의미특징을 지니고 있다.
다음과 같이 규칙5를 수정해야 한다.

규칙5 : 의미3을 지닌 구문에 동사나 동사구는 [+이동]의 의미특징이
있어야 한다.

또한 의미4를 나타내는 구문은 다음과 같은 규칙을 보충해야 한다.

규칙10 : 의미4를 지닌 구문에는 목적어 위치의 물체를 이동시키는
동사는 반드시 [+이동]의 의미특징이 있어야 하는 것은 아
니지만, 동사구는 반드시 [+이동]의 의미특징을 지니고 있
어야 한다.

아래에서 변환식을 살펴보자.

火车往北京开去➝火车开往北京
小船向对岸划去➝小船划向对岸
人群又一次向火堆扑去➝人群又一次扑向火堆

여기서는 '명사+'P+N'+동사'를 공간위치를 반영하는 구조로 간주했
지만 실제 언어에서는 종점위치를 나타낼 때 변환식이 쓰이는 경우가
훨씬 많다. 우리가 사건 발생의 선후 순서에 따라 서술하며, 물체 공간
이동을 표현할 때 기점, 경유, 종점이라는 순서를 준수하기 때문이다.
따라서 종점 개념을 나타내는 단어는 문말에 위치하는 경향이 있다. 동

시에 기점 위치와 경유 위치를 나타내는 P+N이 동사의 앞에만 출현할 수 있기 때문에 종점위치를 나타내는 P+N 역시 동사 앞에 놓이면 문장이 간결하지 않은 결과를 초래할 수 있다. 따라서 실제 언어에서 기점, 경유, 종점이 동시에 출현하면 '기점+경유+동사+종점' 형식이 쓰이며, 동사는 '从……到'의 사이에 위치한다.

④ 轮船从上海沿着海岸驶向大连。(??轮船从上海沿着海岸向大连驶去。)
⑤ 他从上海来到北京。(??他从上海到北京来。)

다음과 같은 규칙을 얻을 수 있다.

규칙11 : 의미6을 지닌 구문은 P+N이 주로 동사의 뒤에 위치한다.

위의 예문에서 보듯이, 의미6을 지닌 구문에서 일부 P의 용법은 차이가 있다. 따라서 규칙8에 대해 수정해야 한다.

규칙8 : 의미6을 지닌 문장은 P는 '向, 朝, 往, 到' 등이 쓰이고, 그 중에서 '朝'는 동사 앞에, '到'는 동사 뒤에 쓰인다.

동사 뒤에 쓰이는 P가 종점 위치를 나타낼 때의 차이를 살펴보자.

A. 火车开到北京。
   小船划到对岸。
B. 火车开向北京。
   小船划往对岸。

A의 '北京', '对岸'은 '火车'와 '小船'의 이동 종점을 나타내고, B의 '北京', '对岸'은 '火车', '小船'의 이동이 종료될 종점을 나타낸다. A의 '火车', '小船'은 이미 종점에 도착했고, B의 '火车', '小船'은 과정에 있으며 '北京', '对岸'의 종점에 반드시 도착하기 때문이다. A의 종점을 '도착종점'으로 B의 종점을 '바라보는 종점'이라고 불린다. 따라서 다음과 같이 규칙11에 대해 수정해야 한다.

규칙11 : 의미6을 지닌 구문에서 P+N은 주로 동사의 뒤에 위치한다. 개사 '到'가 쓰인 P+N은 종점의 위치를 나타내고, 개사 '向, 往'이 쓰인 P+N은 종점을 바라보는 위치를 나타낸다.

3) 주체위치, 객체위치와 수반체 위치

위에서 논의하였던 예문을 다시 살펴보기로 하자.

① 25军从包围圈里逃出来了。
② 李华从家里扔出去好多东西。

①, ②에서 이동을 발생한 물체가 문장에서의 위치가 다르다. 통사적 분포에서, ①의 '25军'은 주어 위치에 있고, ②의 '好多东西'는 목적어의 위치에 있다.

이제 구문 의미와 표현기능의 측면에서 고려해 동사의 의미특징을 살펴보기로 한다. Halliday에 따르면, 문장의 의미구조는 '물질의미구조(material)'와 '심리의미구조(mental)'로 나뉘며, 이와 관련된 논항과 동사의 관계 또한 물질과 심리로 구분된다. 위의 예문에서 논항과 동사의 관계는 물질관계이다. 공간위치체계에서 이러한 관계를 고찰하면 다음과 같은 상황을 설명할 수 있다. ①에서 동작을 실행하고 이동하는 것은 주어 위치의 '25军'이며, ②에서 '李华'은 동작을 실행하는 주체이고 이동 물체는 '好多东西'이다. 두 예문의 근본적 차이는 ①의 '25军' 자체가 동작주체인 반면, ②의 '好多东西'는 동작객체인 데 있다.

③ 小王从院子里搬进来几张椅子。
④ 他从学校带回来一张报纸。
⑤ 大伙儿把小兔子送到实验室。
⑥ 妈妈把两碗面送到病房。

위에서 공간위치에서 이동한 것은 동작객체 '几张椅子' '一张报纸' '小兔子' '两碗面'이다. ③은 동작 '搬'이 수행된 후 동작주체 '小王'은 이동의 기점인 '院子里'를 벗어나 '几张椅子'와 함께 공간이동을 하였다. ④는 '送'의 동작이 발생한 후 동작주체 '大伙儿'은 동작객체 '小兔子'와 함께 이동종점 '实验室'에 도달하였다. 따라서 동작주체만 이동하거나 동작객체만 이동하는 것과 차이가 있다. ③~⑥의 이동은 '수반이동'이라고 부르자.

따라서 공간 이동의 물체와 이동방식의 관계에 따라 다음과 같은 결론을 얻을 수 있다.

의미7 : P+N은 공간에서 동작주체가 이러한 위치와 관련 있음을 의미한다.

의미8 : P+N은 공간에서 동작객체가 이러한 위치와 관련 있음을 의미한다.

의미9 : P+N은 공간에서 동작주체와 동작객체 모두 이 위치와 관련 있음을 의미한다.

위의 세 가지 이동 상황은 〈표 4-3〉으로 정리할 수 있다.

〈표 4-3〉[6]

[동작]		[이동]		
동작주체	동작객체	동작주체	동작객체	
+	O	+	O	주체 이동
+	-	-	+	객체 이동
+	-	+	+	수반체 이동

....
6) 위의 〈표 4-3〉에서 '+'는 그러한 의미특징을 지니고 있음을, '-'는 의미특징이 없음을, 'O'는 그러한 물체가 존재하지 않음을 가리킨다.

다음의 예문을 살펴보자.

⑦ 小王从汽车上跳下来。
⑧ 25军从包围圈里逃出来了。
⑨ 李华从家里扔出去好多东西。
⑩ 王芹芹从遥远的北疆寄来一张贺年卡。

⑦, ⑧에서 '小王'과 '25军'은 동작주체이며, ⑨, ⑩에서 이동을 한 것은 동작객체인 '好多东西'와 '一张贺年卡'이다. 위의 예문에서 이동물체는 '기점'과 관련되며 물체의 이동은 이로부터 시작된다. 따라서 다음과 같은 규칙을 얻을 수 있다.

규칙12 : 의미7을 지닌 구문에 P+N은 동시에 기점을 나타낼 수 있다.
규칙13 : 의미8을 지닌 구문에 P+N은 동시에 기점을 나타낼 수 있다.

⑦, ⑧에서 주체의 위치는 '주체이동의 기점'으로, ⑨, ⑩에서 객체의 위치는 '객체이동의 기점'이라고 부른다.
다음의 예문을 살펴보자.

⑪ 他走到体育馆。
⑫ 小王奔向终点线。

위에서 이동주체는 종점개념과 관련되며, 동작주체의 이동은 이미 도착했거나 도착할 예정이라는 것을 의미한다.

⑬ 他从静安寺走到体育馆。
⑭ 小王沿着跑道奔向终点线。

⑬, ⑭에서 기점개념, 또는 종점 개념과 관련된 단어가 출현했지만 동작주체의 이동은 여전히 종점과만 연결되어 있다. 이는 다음과 같은 이유에서 기인된다. 첫째, 예문에서 종점 개념을 없앤 '他从静安寺走'는 자연스럽지 못하다. '小王沿着跑道奔'은 방위를 나타내는 단어가 결여 되어서 위치를 나타낼 수 없다. 둘째, 'V到', 'V向' 뒤의 장소구는 문장의 서술 중심이기 때문에 삭제할 수 없다.

따라서 다음과 같은 규칙을 얻을 수 있다.

규칙14 : 의미7을 지닌 문장에서 P+N은 종점위치를 동시에 나타낼 수 있다.

이러한 위치는 주체완성 이동위치라고 부른다.

⑮ 老李把钱甩到桌子上。
⑯ 小张把一大把石子扔向水塘。

동작객체는 종점개념과 관련되며, 동작객체의 이동은 이미 도착했거 나 도착할 예정이다. 규칙11 때문에 이러한 문장에서 동사는 두 가지 목적어를 이끌어내야 한다. 하나는 동작의 대상, 즉 객체이며, 다른 하 나는 동작과 관련된 장소, 즉 동작이 도착하거나 향하는 종점이다. 따라 서 동작객체는 통상적으로 개사를 사용해 동사 앞으로 위치시켜야 한 다. 다음과 같은 규칙을 얻을 수 있다.

규칙15 : 의미8을 지닌 문장에 P+N은 동시에 종점 위치를 표시할 수 있으며, 동작객체는 개사 '把'를 사용해 동사 앞으로 이 동해야 한다.

이러한 위치는 '객체완성 이동위치'라고 불린다.

⑰ 火车开到北京。

⑱ 小船划往对岸。

위에서 개사 '把'가 출현하지 않으면, 주어 위치에 있는 '火车', '小船'을 동작주체로 볼 수 없다. '火车', '小船'은 자체 이동 의미를 가지고 있지 않으며, 공간이동이 발생한 것은 다른 물체가 동작을 수행했기 때문이다. 만일 동작주체가 출현한다면 ⑰, ⑱은 여전히 ⑮, ⑯과 같다.

⑲ 司机把火车开到北京。
⑳ 小李把小船划往对岸。

여기서 '把'는 필수적이다. 따라서 규칙 15를 수정해야 한다.
규칙15 : 의미8을 지닌 문장에서 P+N은 동시에 종점 위치를 표시할 수 있다. 만일 동작주체가 출현하면 동작객체는 '把'를 써서 동사 앞으로 전치시켜야 한다.

㉑ 小王从院子里搬进来几张椅子。
㉒ 他从学校带回来一张报纸。
㉓ 大伙儿把小兔子送到实验室。
㉔ 妈妈把两碗面送到病房。

㉑, ㉒의 수반 이동은 기점 개념과 관련되는 반면, ㉓, ㉔의 수반 이동은 종점 개념과 관련된다. 따라서 수반체는 수반체 기점 이동위치와 수반체 완성 이동위치로 나눌 수 있다.

규칙16 : 의미9를 지닌 문장에서 P+N은 기점 위치와 종점 위치를 동시 나타낼 수 있다. 종점 위치를 나타낼 때 동작객체는 개사 '把'를 써서 동사 앞으로 이동해야 한다.

이상의 논의를 정리하면 〈표 4-4〉와 같다.

〈표 4-4〉

분류 기준	참조 위치의 명칭		예문
공간 이동의 물체와 참조 위치의 관계	정태 위치	절대 정태 위치	一行字在和班上写着。
		상대 정태 위치	一群人在路上走着。
	동태 위치		小王从汽车里跳下来。
공간 이동의 물체와 이동 장소의 관계	기점 위치		小王从汽车里跳下来。
	경유 위치		小王沿着跑道奔向终点站。
	종점 위치	종점 도착 위치	火车开到北京。
		종점 향한 위치	火车开向北京。
공간 이동의 물체와 이동 방식의 관계	주체 위치	주체 이동 기점 위치	25军从包围圈里逃出来了。
		주체 이동 완성 위치	他从静安寺走到体育馆。
	객체 위치	객체 이동 기점 위치	李华从家里扔出去好多东西。
		객체 이동 완성 위치	小张把一大把石子扔向水塘。
	수반체 위치	수반체 이동 기점 위치	小王从院子里搬进来几张椅子。
		수반체 이동 완성 위치	大伙儿把小兔子送到实验室。

여기서는 다음과 같은 요소가 P+N의 화용적 의미의 표현과 관련이 있다고 본다.

주관적 참조 '来/去'는 P+N의 화용적 의미 표현에 영향을 미칠 수 있다. '来/去'가 물체 이동의 과정에서 가까운 방향이나 먼 방향의 이동으로 나타나며, '기점/종점 위치', '주체/객체 위치'와 직접적 관련이 없다. 하지만 '来/去'의 특징 및 '来/去'가 방향동사로서 다른 동사 뒤에 위치할 때의 문법적 특징은 '来/去'의 사용이 P+N에 영향을 미친다. 이는 다음과 두 가지로 나누어 볼 수 있다.

1) '来/去'가 직접동사로 쓰이면 뒤에 종점을 나타내는 장소구가 올 수 있다. 예를 들어, '来到北京', '去向学校'('去+'P+N''의 용법은 드물다)는 있으나 주체 이동만을 나타낼 수 있다.

2) '来/去'가 방향보어로 쓰이면 뒤에 장소목적어를 쓸 수 없다. 'V+'来/去''는 기점과 관련된다.

방향동사 '上/下, 进/出……+장소구'는 '기점 위치', '종점 위치'와 직접적인 관계를 이룰 수 있다. 예를 들어, '走上楼, 登上火车, 搬进屋子, 涌进运动场' 등의 장소구는 모두 종점의 개념이다. '走下船, 跳下火车, 逃出包围圈, 挤出房门' 등의 장소구는 기점과 관련된다. '上, 进, 回' 등 방향동사는 종점과 관련된다. '上/下, 进/出……+장소사'가 부가된 문장에서 P+N은 대부분 기점이다. 이와 달리 '下, 出, 开……+장소구'가 있는 문장은 장소구가 문말에 위치하기 때문에 문장에서 종점 위치를 나타내는 P+N은 더 이상 출현할 수 없다. 이 밖에 '上/下, 进/出……' 등은 방향보어로 쓰일 때 앞의 동사가 [+이동]의 의미특징을 지니면 오로지 주체와 관계를 이룬다. '我走上楼', '他跳下火车'가 그러하다. 앞의 동사가 [-이동] [+동작]의 의미특징을 지닐 때 수반이동을 나타낸다. '他把书带上楼', '小孝把一捆书抗下火车'가 그러하다.

현대중국어 공간이동에서 P+N의 기능을 논하기 위해 P+N의 화용적 기능에서 출발해서 더 큰 화용 범위에서 고찰해야 한다. 본 절에서 화용적 의미의 일부분만을 다루었기 때문에 더 많은 문제가 남아 있다. 예를 들어 P+N의 공기 조건도 P+N의 의미에 영향을 미칠 수 있다.

㉕ 轮船从长江的出海处吴淞口沿着黄浦江慢慢地驶向十六铺码头。

위의 문장을 아래와 같이 변환하면 자연스럽지 못하다.

㉖ ？轮船沿着黄浦江从长江的出海处吴淞口慢慢地驶向十六铺码头。

하나의 문장에 여러 개의 P+N이 출현했을 때 다양한 어순이 어떠한 의미를 도출하는지 등의 문제는 주목할 만하다.

4. 공간 이동 중 객관적 참조 'D+Q+M'의 화용적 의미

본 절에서는 객관적 참조 D+Q+M의 화용적 의미를 살펴보기로 한다.

현대중국어 방향동사는 '来, 去, 上, 下, 进, 出, 回, 过, 起, 开, 到' 등과 '上来, 上去, 下来, 下去……' 등이 있다. '来, 去'와 '上, 下, 进, 出'의 차이는 참조점에서 나타나는데, 전자는 사람의 위치를 참조점으로 삼고, 후자는 사람 외의 사물이 차지하는 위치를 참조점으로 삼는다. 이들의 차이는 통사 기능에서도 나타난다. 전자의 뒤에는 일반명사만 쓰일 수 있고 장소구가 쓰일 수 없는 반면, 후자의 뒤에는 일반명사, 장소구가 쓰일 수 있다. '来, 去'와 '上, 下, 进, 出'가 결합한 '上来, 上去, 下来, 下去……'는 '来, 去'의 특징을 지니고 있기 때문에 뒤에 장소구를 부가할 수 있다. 본 절에서 논하는 D+Q+M에서 Q는 '上, 下, 进, 出, 回, 过, 起, 开'만을 지시한다. 여기서는 '上来, 上去, 下来, 下去……'등 복합 방향동사는 논하지 않는다.

기존연구에서 방향동사가 동사 뒤에 위치할 때 방향을 나타낼 수 있다고 설명했지만, 그렇지 않은 경우도 있다.

　A. 小王走上台阶。
　　　女孩子一转身就挤下舞台。

她把头发塞进帽子里。
　　许明辉被别人推出楼门。
B.　小王挂上电话。
　　他一咬牙买下了皮大衣。
　　眉眉终于听进了别人的劝告。
　　好多人献出了自己的青春。

　　A에서 방향동사는 방향을 나타내고, B에서 방향동사는 반드시 방향을 나타내는 것이 아니고 결과 등의 의미를 나타낸다. D+Q+M이 방향을 나타내는지의 여부는 Q 뒤의 'M'에 의해서만 결정되는 것이 아니다. M이 장소구일 때 D+Q+M은 공간 장소를 지시하는 기능을 지니는지와 동사가 이동성을 지니는지도 달려있다. 본 절에서는 공간체계의 시각을 가지고 화용적 측면에서 A류와 같은 구문을 논할 것이다. 본 절에서 'M+D+Q+M장소'를 공간위치를 반영하는 상용구조로 삼아 살펴보기로 한다. 동시에 'M+D+Q+M일반명사'를 비상용 구조로 보고 특수한 상황에서는 이를 논할 것이다.

1) 수직 위치와 수평 위치

　　공간이동은 다양한 방향으로 진행된다. 공간 이동 물체가 처한 위치를 0으로 표기하면, 0으로부터 서로 다른 방향으로 하는 이동은 대략 세 가지로 나눌 수 있다. 즉, 수직방향이동, 수평방향이동, 복합방향이동이다. 복합방향 이동은 방향동사 '上, 下, 进, 出+'来/去'로 표시한다. 이에 관해서는 다음 절에서 논할 것이다.

　　수직 위치가 D+Q+M으로 나타내는 화용적 의미는 다음과 같다.

　　의미1 : D+Q+M은 공간의 어떤 물체가 수직방향으로 이동할 때 이
　　　　　　위치와 관련이 있음을 의미한다.

일반적으로 방향동사 '上'이 물체가 낮은 곳에서 높은 곳으로 향한다는 것을 의미한다. 반면, '下'는 물체가 높은 곳에서 낮은 곳으로 향한다는 것을 의미한다. 따라서 의미1을 통해 다음과 같은 규칙을 얻을 수 있다.

규칙1 : 의미1을 지닌 구문에서 Q는 '上', '下'가 쓰인다.
아래의 예문을 비교하자.

　A. 小王走上台阶。
　　　他们登上山顶。
　　　女孩子一转身就挤下舞台。
　　　他"扑通"一声跳下水。
　B. 大妈把一碗饭端上桌子。
　　　我们把客人送上船。
　　　老王没几分钟就被替下球场。
　　　奶奶把孙子拉下窗口。

A와 B에서 D+Q 뒤의 M은 모두 장소구이다. A에서 '小王', '女孩子'의 수직이동은 '小王'이 낮은 곳에서 높은 곳으로, '女孩子'가 높은 곳에서 낮은 곳으로 향하는 특징을 지닌다. 하지만 B에서 이동물체 '客人', '老王'의 이동방향은 불분명하고, '客人'의 '送上船'처럼 수직이동의 가능성을 가지며, '老王'의 '替下球场'처럼 비수직이동의 가능성도 있다. 사실상 '送上船'은 '客人'이 '船'에 가까워짐을 의미하고, '替下球场'은 '老王'이 '球场'에서 멀어짐을 의미한다. 따라서 A와 B의 차이는 D+Q의 차이로 인해 발생한 것이다. A의 D+Q는 [-가까워짐/멀어짐], [+수직이동]의 의미특징을 지니고 있는 반면, B에서 D+Q는 [+가까운짐/멀어짐] [-수직이동]의 의미특징을 지닌다.

규칙2 : 의미1을 지닌 구문에서 D+Q는 [-가까워짐/멀어짐]의 의미특징을 지니고 있어야 한다.

다음의 예문을 살펴보자.

① 体育场上空升起一只大彩球。
② 大路上飞起了尘土。
③ 妈妈把一枚针小心地从地上拾起。

위에서 D+Q+M의 Q는 일반적으로 '起'가 충당하며, D+Q+M의 M은 장소사가 아니라 일반명사이다. 그러나 이동물체 '大彩球', '尘土'는 여전히 낮은 곳에서 높은 곳으로 이동한다. 따라서 규칙1은 수정해야 한다.

규칙1 : 의미1을 지닌 구문에서 Q는 일반적으로 '上', '下'가 쓰이지만 어떤 경우 '起'가 쓰인다.

규칙2 역시 수정해야 한다.

규칙2 : 의미1을 지닌 구문에서 Q는 '上', '下'가 쓰이며, D+Q는 [-가까워짐/멀어짐]의 의미특징을 지닌다.

'D+上', 'D+起'는 낮은 곳에서 높은 곳으로 하는 수직이동함의 의미를 나타내며, 이러한 D+Q는 다음과 같은 차이가 있다.

(1) 공간의미에서 볼 때 'D+上'의 이동은 종점 개념과 관련되며 '爬上楼'에서 '楼'는 물체가 위로 이동 후의 종점이다. 'D+起'의 이동은 종점 개념과 무관하며, '升起大彩球'에서 '大彩球'가 이동하여 올라가서 도착하는 종점은 명확하지 않다.

(2) D+Q+M에서 M의 특징으로 볼 때 'D+上'의 뒤에 장소사를 첨가할 수 있으나 'D+起'의 뒤에는 장소구를 첨가할 수 없다. 예를 들어, '升起上空', '飞起大路'라고 표현할 수 없으며, 'D+起'의 뒤에 주로 일반명사가 온다.

(3) 문장구조의 측면에서 볼 때 'D+上'이 있을 경우 문장은 'M$_{행위자}$+D+Q+M$_{장소}$' 형식을 많이 사용하고, 'D+起'가 있을 경우 'M$_{장소}$+D+Q+M$_{행위자}$'형식만을 사용한다.

이러한 차이를 근거로 'D+上+M', 'D+下+M'류의 명확한 종점과 기점이 없는 수직위치를 '근거가 있는 수식위치'라고 칭하고, 'D+起+M'류의 명확한 종점과 기점이 없는 수식위치를 근거가 없는 수직 위치라고 칭한다. 따라서 다음과 같은 규칙을 얻을 수 있다.

규칙3 : 의미1을 지닌 구문에서 Q가 '起'로 충당할 때, D+Q의 뒤에 장소사를 부가할 수 없다.

규칙4 : 의미1을 지닌 구문에서 Q가 '上', '下'로 충당할 때, 'M$_{행위자}$+D+Q+M$_{장소}$' 형식이 많이 쓰이며, 'Q'가 '起'로 충당할 때 'M$_{장소}$+D+Q+M$_{행위자}$' 형식을 주로 사용한다.

아래의 예문에서 물체의 이동방향은 수직은 아니다.

④ 她把头发塞进帽子里。
⑤ 许明辉被别人推出楼门。
⑥ 老王不声不响地跑回厨房。
⑦ 她果然顺顺当当地跨过这条沟。

위에서 '进', '出', '回', '过' 등 방향동사는 밖에서 안으로, 안에서 밖으로, 원래 출발점으로, 경유 등의 수평방향의 이동을 나타내며 D+Q+M의 다른 화용적 의미를 나타낸다.

의미2 : D+Q+M은 공간에서 물체가 수평방향으로 이동할 때 이 위치와 관련이 있음을 의미한다.

따라서 다음과 같은 규칙을 얻을 수 있다.

규칙5 : 의미2를 지닌 구문에서 Q는 일반적으로 '上', '下'가 아닌

'进', '出', '回', '过'로 충당한다.

다음은 Q에 '进', '出', '回', '过'가 사용된 예문이다.

A. 她把头发塞进帽子里。
   胡书记自己先钻进车内。
   许明辉被别人推出楼门。
   我使了好大劲才挤出人群。
B. 车篷宽把刘亚叫进自己的办公室。
   他又被莫名其妙地请进了学习班。
   学校把小赵派出国进修。
   你们把他调出学校吧！

A에서 D+Q는 행위를 실행한 물체의 이동을 나타낸다. 위에서 '胡书记自己先钻进车内'는 '胡书记钻 + 胡书记进(车内)出来'로, '我一转身就挤出人群'은 '我挤 + 我(从人群中)出来'로 이해할 수 있다. A에서 D+Q는 행위자가 동작을 실행함으로써 행위자가 이동을 하는데 이러한 이동은 작용력에 의해 초래된다. 위에서 '她把头发塞进帽子里'는 '她塞头发 +(使)头发进帽子里'로 이해할 수 있다. '塞'의 작용력에 의해 '头发'이 이동하게 된다. '许明辉被别人推出楼门' 역시 마찬가지이다. B에서 '车篷宽把刘亚叫进自己的办公室'는 '车篷宽叫刘亚 + 刘亚进办公室'으로 이해할 수 있지만, '刘亚'의 '进'은 '叫'의 작용력에 의한 것은 아니다. '叫'는 동작동사로 이동의 특징을 지니고 있지 않으며, B류의 기타 예문 역시 마찬가지이다. 따라서 공간이동의 의미를 지닌 구문은 A류에 해당한다.

　　규칙 6 : 의미2를 지닌 구문의 동사는 [+동작] [+이동]의 의미특징을 지니고 있다.

⑧ 她把小石子扔进河里。
⑨ 小草终于在一星期后钻出泥土。
⑩ 火箭笔直向上, 穿过云层, 消失在太空中。

위에서 이동물체 '小石子', '小草', '火箭'의 이동은 수직방향이다. D+Q+M의 Q가 '进', '出', '过' 등의 행위를 할 때 이동 물체가 이동 전후의 위치가 같은 수평선 또는 수평선에 가까울 때 그 이동은 수평방향이 된다.

규칙7 : 의미2를 지닌 구문에서 M+D+Q+M의 Q가 '进', '出', '过'일 때 이동하는 물체가 차지하는 위치와 장소사가 나타나는 위치는 동일한 수평선에 있다.

2) 기점 위치, 종점 위치와 경유 위치

위에서 기점, 종점, 경유를 언급하였는데 이러한 공간이동 물체와 이동장소의 관계에 따라 이루어진 다양한 참조위치는 D+ Q+M에서도 나타난다. 위에서 보듯이 명시적 참조위치는 두 가지 형식으로 나타낼 수 있다. D+Q+M을 써서 명시적 위치를 나타내는 구문은 물체의 공간위치의 변화과정을 나타낸다. 즉, 기점에서 시작해 경유를 거쳐 종점에 도달한다.

의미3 : D+Q+M은 공간의 어떤 물체의 이동은 이 위치로부터 시작된다.
의미4 : D+Q+M은 공간의 어떤 물체의 이동은 반드시 이러한 위치를 경유한다.
의미5 : D+Q+M은 공간의 어떤 물체의 이동은 이 위치에서 끝난다.
아래의 예문 D+Q+M에서 'M은 기점 위치를 표시한다.

① 女孩子一转身就跳下舞台。
② 她慢吞吞地走下楼去。
③ 我使了好大劲才挤出人群。
④ 老王十二就离开家了。

규칙8 : 의미3을 지닌 구문에서 Q는 일반적으로 '下', '出', '开'로 충당한다는 것을 의미한다.

기점 위치를 나타내는 구문에서 Q는 '下', '出', '开' 등이 쓰인다. D가 신체나 물체 자체가 이동하는 동사인 동시에, Q가 '下', '出'일 때 문말의 M은 장소만을 나타낸다. 장소구가 문장 안쪽으로 이동되기 위해 장소구 앞에 '从', '自' 등의 개사가 쓰인다.

女孩子一转身就跳下舞台→女孩子一转身就从舞台(上)跳下(来)
她慢吞吞地走下楼去→她慢吞吞地从楼(上)走下去
我使了好大劲才挤出人群→ 我使了好大劲才从人群(中)挤出(去)
小王准时地走出教室→小王准时地从教室(里)走出(去)

D가 물체를 이동시키며 위치 변화하는 동사이면서 Q가 '下', '出'일 때 M은 장소나 행위자를 나타낼 수 있다.

'D+Q+M장소'   'D+Q+M수동자'
搬下舞台   搬下一把椅子
架下汽车   架下一个人
捞出水面   捞出许多破烂
推出房间   推出好几个不听话的学生

동사가 두 개의 목적어가 출현해야 경우 두 가지 방법을 사용할 수 있다. 하나는 개사 '从', '自'를 써서 장소목적어를 앞으로 위치시키는 것이고, 다른 하나는 개사 '把'를 써서 행위자목적어 앞으로 위치시키는 것이다. 목적어 두 개를 동사 앞에 놓고 앞뒤 순서를 바꿀 수도 있다.

从舞台(上)搬下一把椅子 ➝ 把一把椅子搬下舞台 ➝ 从舞台(上)把一把椅子搬下(来) ➝ 把一把椅子从舞台(上)搬下(来)
从房间(里)推出好几个不听话的学生 ➝ 把好几个不听话的学生推出房间 ➝ 从房间(里)把好几个不听话的学生推出(来) ➝ 把好几个不听话的学生从房间(里)推出(来)

위의 분석을 통해 알 수 있듯이 기점 위치를 나타내는 D+Q+M에서 D와 M의 특징과 무관하게 모두 아래의 규칙을 얻을 수 있다.

규칙9 : 의미3을 지닌 문장에서 Q가 '下', '出'일 때 D+Q+M에서 M은 개사를 사용해 문장 중간에 위치시킬 수 있다.

그러나 다음과 같이 '从', '自'를 써서 장소목적어를 전치시키는 변환식은 성립하지 않는다.

跳下水 ➝ *从水(上)跳下(来)➝ 跳到水(里)
咽下肚子➝ *从肚子(上)咽下(去)➝咽进肚子(里)
走出门外 ➝ *从门外走出(来)➝ 走到门外
扔出院子外 ➝ *从院子外扔出(去) ➝扔到院子外

따라서 Q가 '下', '出'로 쓰일 때 항상 기점 위치를 나타내는 것은 아니다. 위의 왼쪽 변환식에서 M은 종점 위치를 나타내는데 그 이유는 다음과 같다. '下'는 높은 곳에서 낮은 곳으로 이동함을 의미하고, '下' 뒤의 M은 낮은 곳을 의미한다. 낮은 곳은 인지적으로 지평선보다 더 낮으면 기점이 아닌 종점을 나타낸다. 마찬가지로, '出' 자체는 안에서 밖으로 이동함을 의미하는데, '出' 뒤의 M이 외부를 의미할 때 더 이상 기점이 아닌 종점을 나타낸다. 따라서 또 하나의 규칙을 부가해야 한다.

규칙10 : 의미3을 지닌 구문에서 Q가 '下'일 때 뒤의 장소구가 나타내
는 장소는 인지적으로 지평선보다 낮지 않으며, Q가 '出'일
때 뒤의 장소사는 외부를 의미하지 않는다.

다음의 예문에서 D+Q+M의 Q는 경유 위치를 나타낸다.

⑤ 吓得他脸上变了色, 跳过墙头逃跑了。
⑥ 越过高山, 越过平原, 飞机一直往东飞。
⑦ 穿过那个菜场就到小学校了。
⑧ 他把手伸过桌子, 和我握手。

일반적으로 '过'가 Q를 충당하는 문장에서 D는 주로 신체나 물체 자
체가 이동하는 동사이다. 예문 ④처럼 D가 물체를 이동시켜 위치변화를
일으키는 동사일 때 개사 '把'를 써서 이동물체를 문장의 중간으로 위치
시키는 경우는 드물다.

그밖에 D+Q+M은 모두 아래와 같이 변환할 수 있다.

跳过墙头→从墙头跳过(去)
越过高山→ 从高山(上空)越过
穿过那个菜场→ 从那个菜场穿过(去)
把手伸过桌子→ 从桌子(上)伸过手(来)

여기서 '从'은 기점이 아닌 경유를 의미한다. 따라서 아래와 같은 규
칙을 얻을 수 있다.

규칙11 : 의미4를 지닌 문장에서 Q는 '过'로 충당하며, D+Q+M에서
M은 경유 의미를 나타내는 개사 '从'을 써서 문장의 중간으
로 위치시킬 수 있다.

마지막으로 종점위치를 나타내는 D+Q+M에 대해 논하기로 한다. 아래의 예문에서 M은 종점 위치를 나타낸다.

⑨ 他们登上山顶。
⑩ 妈妈把一碗面端上楼去。
⑪ 老师走进教室。
⑫ 她把头发塞进帽子里。

다음과 같은 규칙을 얻을 수 있다.
규칙12 : 의미5를 지닌 구문에서 Q는 '上', '进'가 쓰인다.

⑬ 江化急急忙忙地赶回保定。
⑭ 小张跑回寝室，拿出自己写的那封信。
⑮ 天黑之前必须把孩子送回家。
⑯ 他小心翼翼地把钱放回保险箱。

위에서 '赶回保定'는 '赶到保定'으로, '放回保险箱'은 '放到保险箱(去)'으로 이해할 수 있다. 따라서 '回'는 종점 위치를 나타낸다. 규칙12는 다음과 같이 수정해야 한다.

규칙12 : 의미5를 지닌 문장에서 Q는 '上', '进', '回'가 쓰인다.

그러나 '上', '进'이 Q를 충당하는 구문은 '回'가 Q를 충당하는 문장의 종점 위치와 다르다. '江化赶回保定'에서 '江化'가 이전에 있었던 위치는 '保定'이기 때문에 '保定'은 이동의 종점이며 이동 물체가 처한 위치이다. 따라서 물체가 회귀 이동을 통해 원래의 출발점으로 돌아간 것으로 볼 수 있다. 마찬가지로 ⑯에서 '钱'은 원래 '保险箱'에 있었지만 '登上山顶', '走进教室'의 '山顶', '教室'는 물체가 원래 차지하던 위치는 아니다. '上', '进' 뒤의 종점 위치는 일회종점위치라고 불리고, '回' 뒤의

종점 위치는 회귀종점위치라고 불린다. 따라서 의미5를 일회종점위치
로부터 이루어진 의미라고 볼 수 있다.

    의미6 : D+Q+M은 공간에서 물체가 이동해 이 위치에서 종료되며
                이러한 위치 또한 어떤 물체가 원래 차지했던 위치라는 것을
                의미한다.

기점 위치를 나타내는 Q와 달리 종점 위치를 나타내는 Q는 문장 중
간에 위치시킬 수 없다. 만일 D+Q+M에 M이 두 개가 있으면 수동자
목적어를 개사 '把'를 써서 문장 중간으로 위치시킬 수 있다. 일부는
'D+M$_{수동자}$+Q+M$_{장소}$'로 변환할 수 있기 때문이다.

> 妈妈把一碗面端上楼去→妈妈端一碗面上楼去
> 她把头发塞进帽子里→ *她塞头发进帽子里
> 天黑之前必须把孩子送回家→天黑之前必须送孩子回家
> 他小心翼翼地把钱放回保险箱→ *他小心翼翼地放钱回保险箱

따라서 다음과 같은 규칙을 얻을 수 있다.

    규칙13 : 의미5와 의미6을 지닌 구문에서 D+Q 뒤에 목적어 두 개가
                있을 때 'M$_{수동자}$'는 '把'를 사용해 구문의 중간으로 이동할
                수 있는데, 'D+M$_{장소}$'는 반드시 D+Q 뒤에 위치해야 한다.

3) 고정위치와 변동위치

공간체계에서 D+Q+M의 화용적 기능을 논하기 위해 공간이동 물체
와 이동 물체가 차지하는 위치 관계를 고려해야 한다.

> ① 女孩子一转身就跳下舞台。
> ② 我使了好大劲才挤出人群。
> ③ 妈妈把一碗面端上楼去。

④ 她把头发塞进帽子里。

물체의 이동은 인류의 보편적 인지와 일치하다. 예를 들어, '女孩子'의 이동은 높은 곳에서 낮은 공간으로 향하며, 객관적으로 D+Q+M의 화용적 의미를 참조해 이동한 것이다. '头发'는 '她'의 '塞'의 동작을 통해 밖에서 안으로의 이동이 발생한다. 이 경우 이동물체가 차지하는 위치는 일반 규칙을 준수한 위치이며, 물체의 이동방향은 상대적으로 고정되었으며 기점, 종점 개념의 관계 역시 고정된다. 이러한 위치는 정점위치라고 부른다.

규칙7 : D+Q+M은 이 위치와 관련된 물체가 이동을 한다는 것을 의미한다.

방향은 상대적으로 고정되어 있으며 기점, 종점 개념과의 관계 또한 고정되어 있는데 이는 인간의 보편적 인지와 일치하다.

위의 ①, ②에서 이동한 물체가 동작을 실행한 물체이기 때문에 고정위치를 자동고정위치라고 부를 수 있다. 이러한 구문의 특징은 다음과 같다.

1) 동사는 [+동작] [+자체 이동] [-외부 힘에 의한 이동] 의미특징을 지닌다.
2) 결합·기능적 측면에서 동사는 목적어를 가질 수 없다.
3) 이러한 구문에 '把', '被'를 쓸 수 없다.

女孩子一转身就跳下舞台→*被女孩子一转身就跳下舞台
我使了好大劲才挤出人群→*把我使了好大劲才挤出人群

따라서 다음과 같은 규칙을 얻을 수 있다.

규칙14 : 의미7을 지닌 문장에서 이동물체가 동작을 실행한 물체 자체이면 문장의 동사는 [+동작] [+자체 이동] [-외부 힘에 의한 이동]의 의미특징을 지니고 있으며, 결합 기능의 측면에서 문장의 동사는 목적어를 가질 수 없으며 이러한 문장에 '把', '被'를 쓸 수 없다.

위의 ③, ④에서 이동한 물체는 차제 이동한 물체가 아닐 수도 있다. 두 문장 간에 차이는 다음과 같다. ③에서 '妈妈'는 '端'의 과정에서 '一碗面'과 함께 '上了楼'하는 반면, ④에서 '她'는 '头发'과 함께 '帽子'에 '进'하지 않는다. 두 문장 간에는 공통점도 존재한다. '妈妈'가 '端'이라는 동작을 실행함으로써 '一碗面'이 '上了楼'하게 되었고, '她'가 '塞'라는 동작을 실행함으로써 '头发'가 '帽子'에 '进'하게 된다. 이러한 고정위치를 타동고정위치라고 부를 수 있다. 이러한 구문의 특징은 다음과 같다.

1) 동사는 [+동작] [-자체 이동] [+외부 힘에 의한 이동] [±수반이동]의 의미특징을 지닌다.
2) 결합·기능면에서 문장에서 동사는 목적어를 가질 수 있다.
3) '把'구문과 '被'구문의 형식을 쓸 수 있다.

妈妈把一碗面端上楼去→一碗面被妈妈端上楼去
她把头发塞进帽子里→头发被她塞进帽子里

따라서 다음과 같은 규칙을 얻을 수 있다.

규칙 15 : 의미7을 지닌 문장에서 이동한 물체가 동작을 실행한 물체는 반드시 자체적으로 이동한 물체가 아닌 경우, 문장의 동사는 [+동작] [-자체 이동] [+외부 힘에 의한 이동] [±수반이동]의 의미특징을 지니고 있으며, 결합·기능적 측면에서 문장의 동사는 목적어를 가질 수 있으며 '把'구문과 '被'구문의 형식을 쓸 수 있다.

위와 같은 문장에서 고정위치로 볼 수 없는 예문도 존재한다.

跳下水→ *从水(上)跳下(来)→ 跳到水(里)
咽下肚子→ *从肚子(上)咽下(去)→咽进肚子(里)
走出门外 → *从门外走出(来)→ 走到门外
扔出院子外 → *从院子外扔出(去) →扔到院子外

위와 같은 예문이 적은 것은 물체의 이동이 인류의 보편적 인지와 부합하지 않고 D+Q+M에서 Q에 대한 인식에도 부합하지 않기 때문이다. 예를 들어, '跳下水'는 높은 곳에서 낮은 곳으로의 이동을 나타내며, '水'는 이동의 기점이 아니라 종점이다. '走出门外'는 안쪽에서 밖으로의 이동이며, '门外'은 공간이동에서 기점이 아니라 종점이다. 고정위치와 다르게 이해하는 원인은 이동 물체가 처한 위치가 일반적이지 않으며, 기점 개념과 종점 개념과의 관계가 상반되기 때문이다. 이런 위치를 변화위치라고 부른다.

의미8 : D+Q+M은 이 위치와 관련된 물체가 이동하는 것을 의미한다. 방향은 고정된 개념이지만 기점, 종점 개념과 관계가 상반되며 인간의 보편적 인지와 일치하지 않는다.

⑤ 他跳下水去。
⑥ 他把眼泪咽下肚子去。

위에서 물체의 이동은 높은 곳에서 낮은 곳으로의 상하이동이며, 이러한 이동과 관련된 변화위치를 상하변화위치라고 한다. 상하변화위치 구문은 다음과 같은 특징을 지닌다.
1) D+Q+M의 Q는 '下'만 가능하다. 즉, '上'은 종점 개념만 나타내고 '下'는 기점, 종점 개념 모두 나타낼 수 있다.

2) D+Q+M에서 M은 이동물체가 처한 위치보다 낮다. 하나는 실제로 낮은 것으로 ⑤의 '水'는 인지적 측면에서 수평선보다 낮다. 다른 하나는 가상적으로 낮은 것으로 ⑥의 '肚子'가 그러하다. '肚子'가 수평선보다 낮지 않지만 화자가 이동물체의 위치를 '肚子'보다 높은 위치를 설정하기 때문이다. 따라서 다음과 같은 규칙을 얻을 수 있다.

규칙16 : 의미8을 지닌 문장에 물체의 이동이 상하이동이면 D+Q+ M에서 '下'가 Q를 충당하고, M의 위치는 물체가 처한 위치보다 낮은 것을 의미한다.

⑦ 他不声不响地走出门外。
⑧ 小王把一堆脏衣服扔出院外。
⑨ 后卫把球踢出端线外。

위에서 물체의 이동은 수평방향의 이동이다. 물체이동과 관련된 변화위치를 안팎 변화위치라고 부른다. 안팎 변화위치를 나타내는 구문의 특징은 다음과 같다.

1) D+Q+M에서 Q는 '出'이 쓰이며, '进'은 종점 개념만 나타내고 '出'은 기점, 종점 개념을 모두 나타낼 수 있다.

走出大门从(大门走出去)≠走出门外(*从门外走出去)↔走进门里
扔出院子≠扔出院子外↔扔进院子里

2) 방위사가 참조위치를 지시할 때 두 가지 상황으로 나뉜다. 하나는 사물 안쪽인 '(桌子)上', '(天空)下', '(院子)里' 등이고, 또 다른 하나는 사물 바깥인 '(两幢房子)间', '(图书馆)旁', '(大门)外' 등이 있

다. D+Q+M에서 M은 일반적으로 '일반명사+방위사'로 이루어지
며 방위사는 '外'가 쓰인다.

따라서 다음과 같은 규칙을 얻을 수 있다.

규칙17 : 의미8을 지닌 문장에서 물체의 이동이 안팎이동이면 D+Q
+M에서 Q는 '出'이 쓰이고, M은 '일반명사+방위사'로 이루
어지며 방위사는 '外'가 쓰인다.

위에서 논의한 D+Q+M이 표시한 객관 참조 위치를 도표로 정리하면
다음과 같다.

〈표 4-5〉

분류 기준	참조 위치 명칭		예문
공간이동물체와 이동방향의 차이	수직위치	도구있는 수직위치	小王走上台阶。
		도구없는 수직위치	从地上拿起了一块钱。
	수평위치		她把头发塞进帽子里。
공간이동물체와 장소의 차이	기점위치		女孩子一转身就跳下了舞台。
	경유위치		穿过那个菜场就是学校了。
	종점위치	일회성 종점위치	小王走上台阶。
		회귀 종점 위치	小张跑回寝室。
공간이동물체와 이동물체가 차지하는 위치의 차이	고정위치	자동 고정위치	女孩子一转身就跳下了舞台。
		타동 고정위치	她把头发塞进帽子里。
	변화위치	상하 변화 위치	他跳下水去。
		안팎 변화 위치	他不声不响地走出门外。

아래의 요소는 D+Q+M의 화용적 의미와 관련된다.

주관적 참조인 '来/去'는 D+Q+M의 화용적 표현에 영향을 미친다.
비록 '来/去'가 물체의 이동과정에서 가까운 방향 또는 먼 방향의 이동
을 주로 나타내는 반면, D+Q+M이 나타내는 수직/수평위치, 기점/경유
종점위치, 고정위치, 변화위치와 직접적인 관련이 없다. 그러나 '来/去'

동사 자체의 특징 및 '上, 下, 进, 出'등과 복합방향보어를 이룰 수 있는 특징은, '来/去'의 사용이 D+Q+M의 화용적 의미의 표현에 영향을 미치게 한다. 이를 정리하면 다음과 같이 설명할 수 있다.

1) '来/去'가 단독으로 방향보어로 사용하며 동사 뒤에서 쓰인 'D+来/去'의 구조는 목적어를 가질 수 없다. 즉, 'M+D+Q+M장소'와 같은 구조를 이룰 수 없다.

2) '来/去'는 '上, 下, 进, 出'등 방향동사와 쓰여 복합방향보어를 이루며 동사 뒤에 쓰인 'D+Q+来/去' 구조는 'M+D+Q+M장소사'와 같은 구조를 이룰 수 없다. 따라서 'D+Q+来/去' 구조는 일반적으로 비연속형식으로 목적어를 부가하며, '走上楼来', '拿进屋去' 등이 그러하다.

3) 'D+Q+来/去' 구조는 비연속형식으로 장소목적어를 취하며 어떤 경우 '来/去'의 사용에 따라 참조위치의 특징에 영향을 미친다. 예컨대 상하변화위치 표현에서 먼 방향을 나타내는 '去'를 사용하며, 가까운 방향의 '来'를 사용하지 않는다. 이는 D+Q+M의 M이 이동물체의 위치보다 낮고, 화자가 발화시 처한 위치보다 낮기 때문이다.

'개사+장소구' 형식, 즉 앞서 논의했던 P+N 또한 D+Q+M의 화용적 의미 표현에 영향을 미친다. 이는 두 가지 표현 방식이 기점/경유/종점 위치를 표시할 수 있기 때문이다. 기점/경유/종점 위치를 나타낼 때 차이가 있다.

1) D+Q+M 형식만 쓰이는 경우 주로 종점 개념과 관련된 위치이다. 즉 '小王走上台阶', '小张跑回寝室', '他跳下水去', '他不声不响地走出门外'와 같은 종점 위치, 변화 위치이다. 이러한 어순이 이루어진 원인은 기점에서 종점으로 서술하기 때문이다. 문장에서

P+N이 기점 개념을 나타낸 후 종점개념을 나타내는 기능은 D+Q +M만 가능하다.

2) P+N 형식만 취할 수 있는 것은 도구가 없는 수직위치이다. '从地上拿起了一块铁'이 그러하다. 이는 D+起+M에서 M이 행위자나 수동자이기 때문이다. 행위자인 경우, '(在)大路上飞起一层尘土'처럼 '(P)+N장소+V+起+N행위자'의 형식을 쓰고, 수동자인 경우 '他从地上拿起了一块铁'처럼 'N행위자+P+N장소+V+起+N수동자'형식을 써야 한다.

3) 두 형식을 모두 사용할 수 있는 경우 주로 기점 개념, 경유 개념과 관련된 위치이다. '女孩子一转身就跳下舞台-女孩子一转身就从舞台(上)跳下(来)', '跳过墙头-从墙头跳过(去)'가 그러하다.

현대중국어 공간이동에서 D+Q+M의 기능에 관한 논의는 교제기능과 넓은 의미의 화용적 측면에서 살펴봐야 한다. 본 절은 화용적 의미의 일부를 분석하였다. 추후에는 '小张把一本书从图书馆带回家里来了'처럼 주관적 참조 '来/去'와 객관적 참조 P+N과 D+Q+M이 동시 나타나는 경우 지시 참조점의 화용적 의미에 관한 분석을 논의하고자 한다.

참고문헌

北京语言学院语言教学研究所编著(1986), 现代汉语频率词典, 北京：北京语言学
　　院出版社
毕凤云(1999), 述补(趋向补语)短语的自由和粘着问题, 新疆大学学报(哲社版) 第1期
曹广顺(1995), 近代汉语助词, 北京：语文出版社
陈昌来(1994), 动后趋向动词性质研究述评, 汉语学习 第2期
＿＿＿(1994), 论动后趋向动词的性质——兼谈趋向动词研究的方法, 烟台师范学
　　院学报 第4期
陈健民(1984), 汉语口语, 北京：北京出版社
陈满华(1994), 从外国学生的病句看方位词的用法, 语言教学与研究 第3期
陈茂山(1985), 定襄话的非动作后置"行", 语文研究 第2期
陈　平(1987), 话语分析说略, 语言教学与研究, 第3期
＿＿＿(1988), 论现代汉语时间系统的三元结构, 中国语文 第6期
＿＿＿(1994), 试论汉语中三种句子与语义成分的配位原则, 中国语文 第3期
陈前瑞(2003), 现时相关性与复合趋向补语中的"来", 语法化与语法研究(一), 北京：
　　商务印书馆
陈信春(1982), 同复合趋向补语并见的宾语的位置, 中国语文通讯 第5期
陈　瑶(2003), 方位词研究五十年, 深圳大学学报 第2期
程琪龙(1994), 系统功能语法导论, 汕头：汕头大学出版社
程　远(1980), 语言的不对称现象, 中国语文 第1期
储泽祥(1995), 现代汉语名词的潜形态——关于名词后添加方位词情况的考察, 古
　　汉语研究(增刊)
＿＿＿(1996), 汉语空间方位词短语历史演变的几个特点, 古汉语研究 第1期
＿＿＿(1997), 现代汉语方所系统研究, 武汉：华中师范大学出版社
崔希亮(2000), 空间方位关系及其泛化形式的认知解释, 语法研究与探索(十), 北
　　京：商务出版社
＿＿＿(2001a), 汉语空间方位场景与论元的凸显, 世界汉语教学 第4期
＿＿＿(2001b), 空间方位场景的认知图式与句法表现, 中国语言学报 第10期
＿＿＿(2002), 空间关系的类型学研究, 汉语学习 第1期

戴浩一(1981), 现代汉语处所状语的两种功能, 宋玉柱译, 徐州师范学院学报 第2期

_____(1988), 时间顺序和汉语的语序, 黄河译, 国外语言学 第1期

_____(1994), 以认知为基础的汉语功能语法刍议, 戴浩一, 薛凤生主编, 功能主义与汉语语法, 北京：北京语言学院出版社

戴耀晶(1991), 现代汉语表示持续体的"着"的语义分析, 语言教学与研究 第2期

戴昭铭(2000), 动词情状成分"下去₃"的形式特征、语法功能和分布规律, 语法研究和探索(九) 北京：商务印书馆

邓守信(1983), 汉语及物性关系的语义研究, 黑龙江大学科研处译

邓永红(1998), "在X上"格式的多角度考察, 湖南教育学院学报 第6期

_____(1999), "在X下"格式及与"在X上"之比较, 湖南教育学院学报 第4期

丁声树 等(1961), 现代汉语语法讲话, 北京：商务印书馆

董淑慧(1999), "V+过类"准动趋向结构的自主性问题, 天津师大学报 第4期

董昭赢(1979), 谈谈句首的方位词和方位词组的语法功能, 河北师范大学学报 第3期

段益民(2001), "形趋结构"的组织结构和语义特点, 青海民族学院学报 第4期

范方莲(1963), 存在句, 中国语文, 第5期

_____(1963), 动词和趋向性后置成分的结构分析, 中国语文 第2期

_____(1982), 论介词短语"在+处所", 语言研究 第1期

范开泰(1985), 语用分析说略, 中国语文 第6期

_____(1988), 语义分析说略, 语法研究和探索(四), 北京：北京大学出版社

方经民(1987a), 汉语"左""右"方位参照中的主视与客视, 语言教育与研究 第3期

_____(1987b), 现代汉语方位参考聚合类型, 语言研究 第2期

_____(1999a), 汉语空间方位参照的认知结构, 世界汉语教学, 第4期

_____(1999b), 论汉语空间方位参照认知过程中的基本策略, 中国语文 第1期

_____(2002), 现代汉语空间方位参照系统认知研究, 上海师范大学博士学位论文

方绪军(1997), 与"从北京开会回来"相关的结构, 语文建设 第5期

房玉清(1992), 实用汉语语法, 北京：北京语言文化大学出版社

高桥弥尔彦(1992), 是用"上"还是用"里", 语言教学与研究 第2期

高顺全(2001), 体标记"下来"、"下去"补议, 汉语学习 第3期

古川裕(2002), 〈起点〉指向和〈终点〉指向的不对称性及其认知解释, 世界汉语教学 第3期

桂诗春(1991), 认知和语言, 外语教学与研究 第1期

郭　锐(2002), 现代汉语词类研究, 北京：商务印书馆

郭錫良(1997), 先秦汉语构词法的发展, 汉语史论集, 北京：商务印书馆

郭　熙(1986), "放到桌子上"、"放在桌子上"、"放桌子上", 中国语文 第1期

何乐士(1992), 敦煌变文与《世说新语》若干语法特点的比较, 隋唐五代汉语研究,
　　　济南：山东教育出版社

何天祥(1987), 兰州方言里的"上"与"下", 兰州大学学报 第4期

何兆熊(1989), 语用学概要, 上海：上海外语教育出版社

何自然(1988), 语用学概论, 长沙：湖南教育出版社

贺　阳(1994), 汉语完句成分试探, 语言教学与研究 第4期

侯精一、温端政(1993), 山西方言调查研究报告, 太原：山西高校联合出版社

侯兰生(1985), 《世说新语》中的方位词, 西北师范学院学报 第1期

侯　敏(1992), "在+处所"的位置与动词的分类, 求是学刊 第2期

胡明扬(1988), 海盐方言的存在句, 中国语文 第1期

胡明扬、劲松(1989), 流水句初探, 语言教学与研究 第4期

胡裕树主编(1981), 现代汉语, 上海：上海教育出版社

胡裕树、范晓(1996), 动词研究综述, 太原：山西高校联合出版社

胡裕树、范晓主编(1995), 动词研究, 开封：河南大学出版社

胡壮麟等(1989), 系统功能语法概论, 长沙：湖南教育出版社

黄伯荣(1996), 汉语方言语法类编, 青岛：青岛出版社

黄国文(1989), 语篇分析概要, 长沙：湖南教育出版社

黄南松(1994), 试论短语自主成句所应具备的若干语法范畴, 中国语文 第6期

黄宣范(1977), *Proceeding of Symposium on Chinese Linguistics*, 台北：学生书局

贾　钰(1998), "来/去"作趋向补语时动词宾语的位置, 世界汉语教学 第1期

江蓝生(1998), 后置词"行"考辨, 语文研究 第1期

＿＿＿＿(2000), 近代汉语探源, 北京：商务图书馆

蒋绍愚(1990), 唐诗语言研究, 郑州：中州古籍出版社

＿＿＿＿(1994), 近代汉语研究概况, 北京：北京大学出版社

蒋　勇(2001), 复合空间理论与关联理论相似的语言哲学观, 山东外语教学 第1期

今井敬子(1987), 现代汉语趋向结构的层次, 山西大学学报 第2期

金昌吉(1995), 方位词的语法功能及其语义分析, 内蒙古民族学院学报 第3期

金立鑫(1993), "把OV在L"的语义、句法、语用分析, 中国语文 第5期

＿＿＿＿(2002), 现代汉语中趋向补语和宾语的位置及其认知解释, 对外汉语教研论
　　　丛 第二辑

竟　成(1996), 汉语的成句过程和时间概念的表述, 语文研究 第1期

居　红(1992), 汉语趋向动词及动趋短语的语义和语法特点, 世界汉语教学 第4期

孔令达(1994), 影响汉语句子自足的语言形式, 中国语文 第6期

蓝　纯(1999), 从认知角度看汉语的空间隐喻, 外语教学与研究 第4期

李崇兴(1992), 处所词发展历史的初步考察, 近代汉语研究, 北京：商务印书馆

李冠华(1985a), 处宾动趋结构初探, 安徽师大学报 第4期

＿＿＿＿(1985b), 由"上、下、进、出"充当的趋向补语对处所宾语的语义制约, 汉语
　　　　学习 第6期

＿＿＿＿(1986), 谓动宾趋结构初探, 安徽教育学院学报 第2期

李建校、曹　梦(2002), 趋向动词的语法化机制, 晋中师范高等专科学校学报 第3期

李临定(1986), 现代汉语句型, 北京：商务印书馆

＿＿＿＿(1987), 汉语比较变换语法, 北京：中国社会科学出版社

＿＿＿＿(1990), 现代汉语动词, 北京：中国社会科学出版社

李　讷、石毓智(1997), 汉语语法化的历程——形态句法发展的动因和机制, 北京：
　　　　北京大学出版社

李　强(2001), "动+趋1+宾+趋2"的语义及结构分析, 西南民族学院学报专辑

李清华(1980), 外国留学生在方位词使用上的几个问题, 语言教学与研究 第1期

李　荣主编(1996), 现代汉语方言大词典, 南京：江苏教育出版社

李泰洙(2000), 古本、谚解本《老乞大》里方位词的特殊功能, 语文研究 第2期

李　婷(1998), 谈谈"动趋结构", 北京第二外国语学院学报 第6期

李英哲(1990), 实用汉语参考语法, 北京：北京语言学院出版社

＿＿＿＿(2001), 汉语历时共时语法论集, 北京：北京语言文化大学出版社

李宇明(1999), 空间在世界认知中的地位, 湖北大学学报 第3期

利奇、斯瓦特威克[英](1987), 交际英语语法, 张婉琼、葛安燕译, 北京：北京出版社

廖秋忠(1983), 现代汉语篇章中空间和时间的参考点, 中国语文 第4期

＿＿＿＿(1989), 空间方位词和方位参考点, 中国语文 第1期

林　笛(1993), 汉语空间方位词的语用考察, 语言学论丛(十八), 北京：北京大学出
　　　　版社

林杏光等(1994), 现代汉语动词大词典, 北京：北京语言学院出版社

刘丹青(2001), 语法化中的更新、强化与叠加, 语言研究 第2期

＿＿＿＿(2002), 汉语中的框式介词, 当代语言学 第4期

刘广和(1999), 说"上2、下2……起来2"——兼谈趋向补语、动趋式, 汉语学习 第2期

刘　坚(1995), 论诱发汉语词汇语法化的若干因素, 中国语文 第3期

刘宁生(1994), 汉语怎样表达物体的空间关系, 中国语文 第3期

刘叔新(1985), 试论趋向范畴, 语法研究和探索(三), 北京：北京大学出版社

刘月华(1980), 关于趋向补语"来"、"去"的几个问题, 语文战线 第3期

_____(1982), 状语与补语的比较, 语言教学与研究 第 1期

_____(1983), 状语的分类及多项状语的顺序, 语法研究和探索(一) 北京：北京大
　　　学出版社

_____(1988a), 几组意义相关的趋向补语语义分析, 语言研究 第1期

_____(1988b), 趋向补语的语法意义, 语法研究和探索(四) 北京：北京大学出版社

_____(1989), 表示状态意义的"起来"与"下来"比较, 汉语语法论集 北京：现代出版社

_____(1998), 趋向补语通释, 北京：北京语言文化大学出版社

刘月华、潘文娱等(1983), 实用现代汉语语法, 北京：外语教学与研究出版社

龙治芳(1987), 试论多维空间词汇意义的认知原则, 湘潭大学学报 第2期

卢英顺(2000), "下去"句法、语义特点探析, 语法研究与探索(十一) 北京：商务印书馆

陆俭明(1985), 关于"去+VP"和"VP+去"句式, 语言教学与研究 第4期

_____(1993), "V来了"试析, 现代汉语句法论, 北京：商务印书馆

_____(2001), "VA了"述补结构语义分析补议——对读者意见的回复, 汉语学习 第6期

_____(2002), 动词后趋向补语和宾语的位置问题, 世界汉语教学 第1期

吕叔湘(1965), 方位词使用情况的初步考察, 中国语文 第3期

_____(1990a), 助词说略, 吕叔湘文集(二), 北京：商务印书馆

_____(1990b), 指示代词的二分法和三分法, 中国语文 第6期

吕叔湘 主编(1980), 现代汉语八百词, 北京：商务印书馆

马庆株(1992), 汉语动词和动词性结构, 北京：北京语言学院出版社

_____(1997), "V来/去"与现代汉语动词的主观范畴, 语文研究 第3期

马希文(1987), 北京方言里的"着", 方言 第1期

梅祖麟(1988), 汉语方言里虚词"著"字三种用法的来源, 中国语言学报 第3期

孟庆海(1986), 动词+处所宾语, 中国语文 第4期

孟　琮(1987), 动趋式语义举例, 句型和动词, 北京：语文出版社

孟　琮等(1999), 汉语动词用法词典, 北京：商务印书馆

缪锦安(1990), 汉语的语义结构和补语形式, 上海：上海外语教育出版社

木村秀树(1987), 汉语方位补语"来"、"去"的两个功能, 王志译, 徐州师范学院学报
　　　第3期

聂文龙(1989), 存在和存在句的分类, 中国语文 第2期

潘允中(1980), 汉语动补结构的发展, 中国语文 第1期

齐沪扬(1997), 位移句中VP的方向价研究, 现代汉语配价语法研究(2), 北京：北京
　　　大学出版社

_____(1998), 现代汉语的空间系统, 世界汉语教学 第1期

_____(2000), 动词移动性功能的考察和动词的分类, 语法研究和探索(十), 北京：
　　　商务印书馆

齐沪扬、唐依力(2004), 带处所宾语的"把"字句中V后格标的脱落, 世界汉语教学 第
　　　3期

钱乃荣(1997), 上海话语法, 上海：上海人民出版社

桥本万太郎(1983), 语言地理类型学, 余志鸿译, 北京：北京大学出版社

邱广君(1997), 谈"V下+宾语"中宾语的类、动词的类和"下"的意义, 语文研究 第4期

权正容(1995), "在X下"格式的结构特点与语义分析, 汉语学习 第5期

任学良(1981), 汉语造词法, 北京：中国社会科学出版社

杉村博文(1983), 试论趋向补语"下"、"下来"、"下去"的引申用法, 语言教学与研究
　　　第3期

邵敬敏(1982), 关于"在黑板上写字"句式分化和变换分析的若干问题, 语言教学与研
　　　究 第3期

沈家煊(1994), "语法化"研究综观, 外语教育与研究 第4期

_____(1998), 实词虚化的机制, 当代语言学 第3期

_____(1999a), 不对称和标记论 南昌：江西教育出版社

_____(1999b), 语法研究的分析和综合, 语言文字学 第2期

_____(2000), 语法中的"标记颠倒"现象, 语法研究与探索(十), 北京：商务印书馆

施尖淦(1981), 关于"在+Np+V+N"句式的分化问题, 语文研究 第2期

石毓智(2000a), 汉语的有标记和无标记语法结构, 语法研究与探索（十）北京：商
　　　务印书馆

_____(2000b), 语法的认知语义基础, 南昌：江西教育出版社

_____(2001a), 肯定和否定的对称与不对称, 北京：北京语言文化大学出版社

_____(2001b), 语法的形式和理据, 南昌：江西教育出版社

石毓智、李　讷(2001), 汉语语法化的历程, 北京：北京大学出版社

史有为(1994), "下来"还是"进来"？, 汉语学习 第3期

_____(1997), 完句和完句标志, 汉语如是观, 北京：北京语言文化大学出版社

束定芳(2000), 隐喻学研究, 上海：上海教育出版社

宋玉柱(1982), 定心谓语存在句, 语言教学与研究 第3期

宋再前(1981), 现代汉语动词情态初探——兼谈"趋向动词"的范围问题, 丹东师专学
报 第1期

汤廷池(1981), 国语语法研究论集, 台北：学生书局

_____(1988a), 汉语词法句法论集, 台北：学生书局

_____(1988b), 英语认知语法：结构、意义与功用, 台北：学生书局

唐钰运(1992), 论古代汉语的处所方位名词, 华南师范大学学报 第1期

鹈殿伦次(1993), 汉语趋向性复合动词与处所宾语, 日本近、现代汉语研究论文选,
北京：北京语言学院出版社

田宇贺(1998), 有关动趋式研究的两个问题, 南通师专学报 第3期

_____(2001), 名词性成分在"V+趋+来"结构中的位置制约因素, 广西社会科学 第4期

_____(2002), 对"动+趋+名"结构的初步考察, 广西社会科学 第1期

王国栓(2003), 现代汉语中的事态助词"去", 语文研究 第2期

王红旗(1999), 动趋式述补结构配价研究, 语言研究 第1期

王　还(1957), 说"在", 中国语文 第2期

_____(1980), 再说说"在", 语言教学与研究 第3期

王　力(1980), 汉语史稿, 北京：中华书局

王希杰(2002), "上"：视点和对称, 湘潭师范学院学报 第1期

王　锳(1995), 唐诗方位词使用情况考察, 吕叔湘先生九十华诞纪念文集, 北京：商
务印书馆

文　炼(1984), 处所时间与方位, 上海：上海教育出版社

_____(1986), 句子的解释因素, 语文建设 第4期

_____(1989), 格律诗语言分析三题, 上海师大学报 第3期

_____(1990), 语言单位的对立和不对称现象, 语言教学与研究 第4期

_____(1992), 句子的理解策略, 中国语文 第4期

吴淑雄(2000), 汉语方位构词的隐喻认知结构, 面临新世纪挑战的现代汉语语法研
究——98 现代汉语语法学国际学术会议论文集, 济南：山东教育出版社

吴延枚(1984), 在现代汉语中, 处所名词可以直接作补语, 语言文学 第1期

吴　云(2003), 认知框架下的空间隐喻研究, 修辞学习 第4期

吴之翰(1965), 方位词使用情况的初步考察, 中国语文 第3期

肖双荣(2000), 趋向结构中的客观参照和主观参照, 娄底师专学报 第1期

肖秀妹(1992), "动+来+名"和"动+名+来"两种句式的比较, 语言教学与研究 第1期

萧国政、邢福义(1984), 同一语义指向的"动/趋来", 华中师范学院研究生学报 第3期

徐　丹(1998), 浅谈这/那的不对称性, 中国语文 第6期

＿＿＿＿(1992), 汉语里"在"与"着(著)", 中国语文 第6期

＿＿＿＿(1994), 关于汉语里"动词+X+地点词"的句型, 中国语文 第3期

＿＿＿＿(2000), 动补结构中的上字和下字, 语法研究与探索(十), 北京：商务印书馆

徐静茜(1982), "趋向动词"应归属何种词类, 嘉兴师专学报 第2期

＿＿＿＿(1983), 说"来、去", 语言教学与研究 第1期

＿＿＿＿(1985a), 趋向动词研究综述 语文导报 第10期

＿＿＿＿(1985b), 也论"下来"、"下去"的引申用法, 汉语学习 第4期

薛　红(1985), 后项虚化的动补格, 汉语学习 第6期

杨伯峻、何乐士(1992), 古汉语语法及其发展, 北京：语文出版社

杨德峰(1988), 趋向述补短语的自由和黏着, 语文研究 第4期

＿＿＿＿(2001), "动+趋+了"和"动+了+趋"补议, 中国语文 第4期

杨　宁(1998), 从空间到时间的汉语语义结构塑造, 语言研究的新思路, 上海：上海
　　教育出版

＿＿＿＿(1999), 上海话和北京话的"上", 语文研究 第2期

杨石泉(1986), 趋向补语及其引申意义——说补语(二), 逻辑与语言学习 第1期

杨　云(2001), 方位词"上"和"下"的空间定位, 云南师范大学学报(哲社版) 第2期

尹　玉(1957), 趋向补语的起源, 中国语文 第9期

游汝杰(1993), 中国文化语言学引论, 北京：高等教育出版社

于根元(1983), 关于动词后附"着"的使用, 语法研究与探索(一), 北京：北京大学出
　　版社

余　维(1997), 时间指示的语用对比分析, 世界汉语教学 第2期

余志鸿(1983), 元代汉语中的后置词"行", 语文研究 第3期

＿＿＿＿(1984), 汉语前后置词混用的实质, 杭州大学学报(增刊)

＿＿＿＿(1987), 元代汉语"一行"的语法意义, 语文研究 第2期

＿＿＿＿(1992), 元代汉语后置词系统, 民族语文 第2期

袁明军(1998), 非自主动词的分类补议, 中国语文 第4期

袁毓林(1993), 祈使句式和动趋式的类, 现代汉语祈使句研究, 北京：北京大学出版社

＿＿＿＿(1994), 关于认知语言学的理论思考, 中国社会科学 第1期

＿＿＿＿(1996), 认知科学背景上的语言研究, 国外语言学 第2期

岳中奇(1994)，"V去O"和"VO去"的语义、语用分析，汉语学习 第4期

张安生(1993)，甘肃临夏一带方言的后置词"哈"、"啦"，宁夏社会科学 第6期

张　斌(1998)，汉语语法学，上海：上海教育出版社

张　斌主编(2001)，现代汉语虚词词典，北京：商务印书馆

张伯江(1991a)，动趋式里宾语位置的制约因素，汉语学习 第6期

_____(1991b)，关于动趋式带宾语的几种语序，中国语文 第3期

张国宪(1995)，语言的有标记与无标记现象，语言教学与研究 第4期

_____(1998)，语言单位的有标记与无标记现象，句法结构中的语义研究，北京：北
　　　京语言文化出版社

张嘉宾(1984)，动补结构与其宾语之间的语义、语法关系，求是学刊 第1期

张　健(1991)，关于带"了"的动趋结构，汉语学习 第2期

张　敏(1998)，认知语言学与汉语名词短语，北京：中国社会科学出版社

张世禄(1996)，先秦汉语方位词的语法功能，河北大学学报 第1期

张雪涛(1992)，"V趋+N+了"句与"N+V趋+了"句，北京大学学报 第6期

张谊生(2000a)，"把+N+V"祈使句的配价分析，配价理论与汉语语法研究，北京：语
　　　文出版社

_____(2000b)，现代汉语副词研究，上海：学林出版社

赵秉璇(1993)，灵石方言中的后置词"行"，语言教育 第2期

赵金铭(1995)，现代汉语补语位置上的"在"和"到"及其弱化形式"·de"，中国语言学报
　　　第7期

赵艳芳(1995)，语言的隐喻认知结构，外语教学与研究 第3期

_____(2001)，认知语言学概论，上海：上海外语教育出版社

赵元任(1979)，汉语口语语法，北京：商务印书馆

钟兆华(1985)，趋向动词"起来"在近代汉语中的发展，中国语文 第5期

_____(1986)，动词"起去"和它的消失，中国语文 第5期

周前方(1995)，方位称谓词的语言文化分析，世界汉语教学 第4期

周　榕(2001)，隐喻认知基础的心理实现性——时间的空间隐喻表征的实验依据，外
　　　语教学与研究 第2期

周统全(2003)，"上"与"下"不对称的认知研究，语言科学 第1期

周小兵(1992)，谓语前介词结构的同现和次序，第七次现代汉语语法学术讨论会论文

朱德熙(1980)，现代汉语语法研究，北京：商务印书馆

_____(1982)，语法讲义，北京：商务印书馆

_____(1990), "在黑板上写字"及相关句式, 语法论稿, 上海：上海教育出版社

朱敏彻(1991), "朱子语类"句法研究, 武汉：长江文艺出版社

邹韶华(1984), 现代汉语方位词的语法功能, 中国语文 第3期

祖生利(2000), 元代白话碑文中方位词的格标记作用, 语言研究 第4期

Charles J. Fillmore(1966), Deictic Gategories in the Semantics of 'come', Foundations of Language, Vol. 2, No.3

Chen, Chung-yu(陈重瑜)(1978), Aspectual Features of the Verb and the Relative Position of the Locatives, JCL(中国语言学报) 8.1

Clark, Herbert H.(1973), Space, Time, Semantics and the Child, Cognitive Development and the Acquisition of Language, edited by Timothy E. Moore N.Y: Academic Press.

F. Ungerer & H. J. Schmid(1996), An Introduction to Cognitive Linguistics, Oxford: Clarendon Press(北京：外语教学与研究出版社, 2001)

Hopper. P & E. Traugott(1993), Grammaticalization, Beijing: Foreign Language Teaching and Research Press & London: Cambridge University Press.

John Y. Hou(侯炎尧)(1977), Two Locative in Chinese: Toward a Relational Analysis, 中国语言学会论文集, 台北：学生书局

Lakoff, G.(1987), Women, Fire, and Dangerous Things, Chicago: The University of Chicago Press.

Lakoff, G. & M. Johnson(1980), Metaphors We Live by, Chicago: The University of Chicago Press.

Taylor, J. R.(1995), Linguistics Categorization: Prototypes in Linguistics Theory, Beijing: Foreign Language Teaching and Research Press & London: Cambridge University Press.

| 저자 소개 |

齐沪扬

중국 상하이사범대학교 현대중국어문법 전공 박사
현재 상하이사범대학교 대외한어단과대학 학장, 교수
언어학 및 응용언어학 전공 박사과정 지도교수
출판 전공 저서 십여 권, 논문 백여 편
주요 저서: 《现代汉语空间问题研究》(1998), 《现代汉语短语》(2000), 《语气词与语
气系统》(2002), 《现代汉语》(2007) 등

| 역자 소개 |

이운재李雲宰

서울대학교 중어중문학과 박사학위
현재 서울대학교, 한국방송통신대학교 강의
박사 논문: [시·공간 개념에 근거한 현대중국어 어순 연구]
주요 논문: [유형학적 관점에서 본 중국어 명사구의 지시적 특징]
　　　　　[인지언어학에 접근한 장소구문의 의미기능 연구]
　　　　　[현대중국어 중첩식 V着V着에 관한 대조 분석]
　　　　　[1차원 분류사의 범주 확장에 관한 연구]
주요 저서: 인지언어학과 중국어 어순, 인지언어학과 문법 도상성(역서),
　　　　　중국어 문법(공저)

주기하朱紀霞

중국 산동(山東) 출생
서울대학교 중어중문학과 박사학위
현재 충북대학교 중어중문학과 부교수 재직
박사 논문: [현대중국어 부사 '就'의 의미기능과 문법화 연구]
주요 논문: [부사 '反正'의 어휘화와 의미기능 연구]
　　　　　['X+爲'류 부사의 어휘화 현상 및 '爲'의 의미기능 연구]
　　　　　["V/A+透"中补语"透"的语义及语用分析]
　　　　　[副词"却"的语法化與语义功能研究] 등이 있다.

현대중국어 현실공간의 인지연구

초판 인쇄   2019년 2월 20일
초판 발행   2019년 2월 28일

저   자ㅣ 齐沪扬
역   자ㅣ 이운재 · 주기하
펴 낸 이ㅣ 하운근
펴 낸 곳ㅣ 學古房

주   소ㅣ 경기도 고양시 덕양구 통일로 140 삼송테크노밸리 A동 B224
전   화ㅣ (02)353-9908 편집부(02)356-9903
팩   스ㅣ (02)6959-8234
홈페이지ㅣ http://hakgobang.co.kr/
전자우편ㅣ hakgobang@naver.com, hakgobang@chol.com
등록번호ㅣ 제311-1994-000001호

ISBN   978-89-6071-872-2 93720

값 : 19,000원

이 도서의 국립중앙도서관 출판예정도서목록(CIP)은 서지정보유통지원시스템 홈페이지
(http://seoji.nl.go.kr)와 국가자료공동목록시스템(http://www.nl.go.kr/kolisnet)에서 이용하
실 수 있습니다.(CIP제어번호: CIP2019006895)